टिप्पणी-प्रारूप

टिप्पणी-प्रारूप

शिवनारायण चतुर्वेदी

वाणी प्रकाशन

वाणी प्रकाशन
4695, 21-ए, दरियागंज, नयी दिल्ली 110 002

शाखा
अशोक राजपथ, पटना 800 004

फ़ोन: +91 11 23273167 फ़ैक्स: +91 11 23275710

www.vaniprakashan.in
vaniprakashan@gmail.com

TIPPANI-PRAROOP
by Shiv Narayan Chaturvedi

ISBN : 81-7055-545-0

Linguistic

संस्करण 2003
आवृत्ति 2012

मूल्य : ₹ 325

मेहरा ऑफ़सेट, नयी दिल्ली-110002 में मुद्रित

वाणी प्रकाशन का लोगो मक़बूल फ़िदा हुसेन की कूची से

आमुख

फाइलों पर टिप्पण लेखन का अपना एक विशिष्ट (महत्त्व) स्थान है। जब भी कोई मामला विचारार्थ प्रस्तुत होता है तो उच्च श्रेणी क्लर्क या सहायक मामलों को स्पष्ट करने के लिए फाइल पर आवश्यकतानुसार विस्तार से टिप्पणी लिखता है और यही टिप्पणी एक अधिकारी से होते हुए उस सक्षम अधिकारी तक पहुँच जाती है, जिसे उस पर अंतिम निर्णय लेना है या आदेश देना है। आवश्यक होने पर मामला मंत्री महोदय एवं मंत्रिमंडल तक भी जा सकता है। इस प्रक्रिया में टिप्पणी के माध्यम से जो भी अंतिम निर्णय होता है उसी के आधार पर मसौदा तैयार होकर स्वीकृति के लिए प्रस्तुत कर दिया जाता है। इस भाँति मामले के समुचित निपटान व निस्तारण के लिए टिप्पणी ही एक ऐसा सशक्त माध्यम है, जो सरकारी कामकाज को उचित दिशा में परिचालित करता है।

'टिप्पणी' का वास्तविक अर्थ क्या और वर्तमान रूप में उसका प्रयोग किस अर्थ में हो रहा है, उसकी जानकारी प्राप्त कर लेना भी मनोरंजक होने के साथ-साथ ज्ञानवर्द्धक है :

'टिप्पणी' शब्द संस्कृत भाषा से ही ले लिया गया है जिसकी व्युत्पत्ति कई प्रकार से की गई है : (टिप+क्विप, टिपा पन्यते स्तूयते), (टिपृ+पनृ+अचृ+डिनेष) (टिप+करणे त्युट दुवेषच)। टेपयति व्याख्यायते नया। इस प्रकार संस्कृत टिप्पणी या 'टिप्पणी' से निम्नलिखित अर्थों का बोध होता है :

1. किसी वाक्य प्रसंग का विस्तार के साथ अर्थ सूचित करने वाला विवरण।
2. टीका/व्याख्या/भाष्य
3. कभी-कभी भाष्य पर लिखी गई व्याख्या के लिए भी।

हिन्दी में 'टिप्पणी' का प्रयोग अंग्रेजी शब्द 'नोटिंग' के अर्थ में किया जाने लगा। अंग्रेजी में नोट का प्रयोग Abstract, brief record of statement के अर्थ में 15 वीं शती से ही होने लगा था। आगे चलकर अगली शताब्दी में Comment, annotation, short letter अर्थ में प्रचलित हो गया। यह शब्द लैटिन Nota पुरानी

लैटिन gnoscere (to know) से विकसित हुआ है जो Marks, sign, written character, critical remarks के अर्थों में चलता था। (ऑक्सफर्ड व्युत्पत्ति कोश)।

हिन्दी में विभिन्न अर्थों—संक्षिप्त रूप में किसी मामले को प्रस्तुत करना अथवा प्रारंभ में नया मामला प्रस्तुत करना अथवा संपूर्ण मसले का सारांश प्रस्तुत करते हुए स्वयंपूर्ण नोट प्रस्तुत करने में 'टिप्पणी' का प्रयोग किया जाने लगा है। इस शब्द का दूसरी सरल बहु-प्रयुक्त वर्तनी 'टिप्पनी' संभवतः इसलिए छोड़ दी गई है क्योंकि उसका अर्थ उसके विकसित रूप 'टीपना' का प्रयोग जन्मपत्री/जन्म-कुण्डली के अर्थ में किया जाने लगा। वैसे मध्य प्रदेश सरकार में इसके लिए ही विकसित रूप 'टीप' का प्रयोग 'नोटिंग' के अर्थ में किया जाता है।

केंद्र तथा सभी हिन्दी भाषी राज्यों में हिन्दी को राजभाषा के रूप में पूर्ण मान्यता मिल चुकी है। और अब प्रशासन के सभी स्तरों पर हिन्दी में कामकाज प्रारंभ हो चुका है। क्लर्क-स्तर से लेकर उच्चतर अधिकारी भी फाइलों पर हिन्दी में टिप्पणी लिखने लगे हैं और हिन्दी में मसौदों का प्रारूप भी प्रस्तुत करने लगे हैं।

हिन्दी भाषी राज्यों में जाने वाले भारतीय प्रशासन के अधिकारियों को भी हिन्दी में ही कार्य करना है। प्रस्तुत पुस्तक उनके मार्गदर्शन करने के लिए सहायक सामग्री मात्र है।

अब आवश्यकता इस बात की है कि प्रशासन के विभिन्न अंगों पर अलग से पुस्तकें तैयार की जाएँ ! इस दिशा में यह एक महत्त्वपूर्ण प्रयास है। इस कार्य में डॉ. शिवनारायण चतुर्वेदी काफी वर्षों से निरंतर जुड़े हुए हैं और प्रशासनिक हिन्दी के विभिन्न पक्षों से जुड़ी हुई कई पुस्तकों की रचना भी उन्होंने की है। इसी दिशा में उनका यह महत्त्वपूर्ण प्रयास है। मुझे प्रसन्नता है कि उनके सतत् प्रयास से यह उपयोगी कार्य अब पूरा हुआ है। मैं उन्हें साधुवाद देता है। विश्वास यही है कि वे भविष्य में भी इसी लगन से कार्य करते रहेंगे।

मेरी शुभकामनाएँ सदा उनके साथ हैं।

—डॉ. कैलाश चंद्र भाटिया

भूतपूर्व प्रोफेसर हिन्दी तथा प्रादे. भाषाएँ
ला. ब. शास्त्री राष्ट्रीय प्रशासन अकादमी
भारत सरकार, मसूरी (उत्तर प्रदेश)

अपनी बात

हिन्दी भाषा को राजभाषा व संपर्क भाषा के रूप में भारत सरकार द्वारा स्वीकार किया जा चुका है। इसके साथ ही, समस्त हिन्दी भाषी राज्यों द्वारा भी अपने रोज़ के सरकारी कार्य के लिए हिन्दी को मान्यता प्राप्त हो चुकी है। प्रशासनिक स्तर पर केंद्र के अधिकांश मंत्रालयों व कार्यालयों में तथा हिन्दी भाषी राज्यों में जिला-स्तर से लेकर सचिवालय-स्तर तक आलेखन और टिप्पण का कार्य बड़ी तीव्र गति से प्रारंभ हो गया है और यह उत्तरोत्तर बढ़ता जा रहा है। लाल बहादुर शास्त्री राष्ट्रीय प्रशासन अकादमी में एक ओर तो भारतीय प्रशासन सेवा के सभी अधिकारियों को हिन्दी-प्रशिक्षण प्राप्त करना अनिवार्य है, वहीं दूसरी ओर हिन्दी भाषी राज्यों में जाने वाले अधिकारियों को प्रशासनिक हिन्दी का पर्याप्त ज्ञान कराया जाता है, क्योंकि उन्हें जिला-स्तर से लेकर सचिवालय-स्तर तक सभी कार्य हिन्दी में करना होता है। इसीलिए सरकारी कार्यालय-विधि में 'टिप्पणी' व 'आलेखन' का महत्त्वपूर्ण स्थान है। इस पुस्तक का प्रारंभिक रूप मेरे वहाँ के अध्यापनकाल में बना लिया गया था। शीतकालीन-अध्ययन-दौरों में मुझे हिन्दी भाषी राज्यों के सचिवालयों और कतिपय जिलों से सामग्री एकत्रित करने का अवसर मिला और पुस्तक को प्रारंभिक रूप दिया गया। मैं इसके लिए ला. ब. शास्त्री राष्ट्रीय प्रशासन अकादमी के सभी अधिकारियों का आभारी हूँ और उन्हें धन्यवाद देता हूँ।

प्रस्तुत कार्यालय-कार्यविधि के प्रमुख अंग 'टिप्पणी' से संबंधित हैं। अब समय आ गया है कि कार्यालय-कार्यविधि के प्रमुख विभिन्न अंगों पर स्वतंत्र रूप से अलग-अलग पुस्तकें तैयार की जाएँ। प्रस्तुत लेखक ने इस संबंध में पहला प्रयास 'आवेदन-प्रारूप' पुस्तक लिखकर किया था, जो सन् 1972 में 'अक्षर' प्रकाशन अंसारी रोड, दरियागंज, दिल्ली से प्रकाशित हुई थी। उस पुस्तक की बहुत सराहना हुई थी। उसी कड़ी में मैंने अन्य पुस्तकें जैसे 'प्रालेखन प्रारूप', 'प्रशासनिक शब्द-मालाएँ' और 'प्रशासनिक अभिव्यक्ति-कोश' तैयार किए। 'प्रशासनिक शब्द-मालाएँ' पुस्तक पर उत्तर प्रदेश के हिन्दी संस्थान, लखनऊ द्वारा सन् 1992-93 में पाँच

हजार रुपयों का पुरस्कार भी दिया गया। उसी प्रयास में यह 'टिप्पणी-प्रारूप' पुस्तक है और उसी कड़ी में आगे आने वाली पुस्तक 'आलेखन-प्रारूप' पुस्तक होगी।

सरकारी-कार्यविधि से संबंधित पुस्तकों में मौलिकता का दावा नहीं किया जा सकता, वह दावा यहाँ भी नहीं है। यही माना जा सकता है कि यह अपनी तरह का अनूठा व उपयोगी प्रयास है। मैं उन सभी हिन्दी लेखकों का हृदय से आभारी हूँ, जिनकी पुस्तकों से मैंने इस पुस्तक के लेखन में सहायता ली है।

इस पुस्तक में 'टिप्पणी' की अनिवार्यता व उपयोगिता की चर्चा है। इसके साथ-साथ मैंने केंद्रीय सचिवालय, मध्य प्रदेश के सचिवालय, आगरा जिले एवं भोपाल जिले की कार्यालय-पद्धति के साथ झाँसी जिला-कार्यालय की विभिन्न 'टिप्पणियों' के उदाहरण विस्तार से दिए हैं। कुछ उदाहरण ग्वालियर जिले से भी दिए गए हैं। नमूने के लिए रेलवे के एक डिवीजनल मुख्यालय (झाँसी) की टिप्पणियों के उदाहरण भी प्रस्तुत किए गए हैं। इस विषय में विस्तार में जाना संभव नहीं था, केवल तुलनात्मक दृष्टि से ही ये उदाहरण दिए गए हैं और कार्यालय-कार्यविधि के अंतर को रेखांकित करने के ही लिए प्रस्तुत किए गए हैं। परिशिष्ट में 'टिप्पणी' में प्रयुक्त होने वाले हिन्दी वाक्य, कुछ हिन्दी परिच्छेद, अंग्रेजी-हिन्दी वाक्य सहायक सामग्री के रूप में प्रस्तुत किए गए हैं। सहायक सामग्री इतने विस्तार में थी कि अनावश्यक रूप से पुस्तक का कलेवर बढ़ रहा था, अतः मोह का संवरण करना पड़ा।

लोगों का यह भी सुझाव था कि इसमें निजी कंपनियों, निगमों, निकायों और बैंकों की कार्य पद्धति का भी समावेश किया जाना था। यह क्षेत्र बड़ा विस्तृत है और उसे एक अध्याय में सतही तौर पर चर्चा करके समाप्त कर देना मुझे समीचीन नहीं जान पड़ा। इस विषय पर एक स्वतंत्र पुस्तक की आवश्यकता है। कभी भविष्य में समय मिला और पाठकों का उत्साह-वर्द्धन रहा, तो प्रस्तुत लेखन इस विषय में कार्य करने के लिए तत्पर है।

लाल बहादुर शास्त्री राष्ट्रीय प्रशासन अकादमी के हिन्दी विभाग के भूतपूर्व अध्यक्ष और प्रसिद्ध भाषाविद् एवं भाषा शास्त्री डॉ. कैलाशचन्द्र भाटिया के प्रति श्रद्धा-विनत हूँ, जिनके उत्साह-वर्द्धन के कारण ही यह कार्य समाप्त हो सका। उन्होंने इस पुस्तक में प्रारंभ से ही अत्यंत रुचि ली है और पुस्तक की रूपरेखा से लेकर उसे वर्तमान स्वरूप के प्रस्तुतीकरण में गहरी दिलचस्पी दिखाई है। मैं उनका हृदय से आभारी हूँ। विश्वास है कि उनका आशीर्वाद इसी तरह सदा मिलता रहेगा।

–शिवनारायण चतुर्वेदी

देवठान एकादशी,
3 नवंबर, 1995
देहरादून

विषय-सूची

आमुख 5

अपनी बात 7

अध्याय 1 : कार्यालय-कार्य-विधि 15-35

भूमिका

(क) डाक की प्राप्ति

(ख) डाक का अवलोकन

(ग) डायरी की जानेवाली आवतियों के प्रकार

(घ) डायरी न किए जानेवाली आवतियों के प्रकार

(ङ) कार्य-दिशा के संबंध में अधिकारियों के अनुदेश

(च) आवती को मिसिल में रखना

(छ) पृष्ठों पर संख्या डालना

(ज) पत्र का डाकेट (सन्दर्भ)

(झ) नई मिसिल खोलना और उस पर संख्या डालना

(ञ) मिसिल-हिस्से के रूप में (खंड मिसिल)

(ट) नेमी टिप्पणियाँ या कागज

(ठ) हवाला देना और पर्चियों का इस्तेमाल

(ड) मिसिलों पर प्राथमिकता की पर्ची लगाना

(ढ) मामले से संबंधित कागजों को रखने का तरीका

स्वयं शिक्षण–सामग्री

(i) केंद्रीय रजिस्ट्री अनुभाग

(ii) केंद्रीय रजिस्ट्री अनुभाग द्वारा पत्रों को छाँटना

(iii) केंद्रीय रजिस्ट्री अनुभाग द्वारा पत्रों का अंकन एवं बॉटना

(iv) अनुभाग के डायरीकार द्वारा डाक को अनुभाग-अधिकारी को देना

(v) अनुभाग अधिकारी द्वारा पत्रों पर संबंधित व्यक्तियों का नाम लिखना

(vi) डायरीकार द्वारा डाक का डायरी करना

(vii) डायरी की जानेवाली आवतियाँ

(viii) डायरी न की जानेवाली आवतियाँ
(ix) डायरीकार द्वारा डाक का वर्गीकरण एवं वितरण
(x) उच्चतर अधिकारियों द्वारा डाक का अवलोकन
(xi) उच्चतर अधिकारी द्वारा डाक पर कार्रवाई
(xii) केंद्रीय रजिस्ट्री अनुभाग (चार्ट) I
(xiii) डाक की प्राप्ति एवं वितरण (चार्ट) II
(xiv) अनुभाग में डाक का आना (चार्ट) III
(xv) उच्चतर अधिकारी का डाक देखना (चार्ट) IV
(xvi) मिसिल के भाग (चार्ट) V
(xvii) फाइल के बारे में
(xviii) आवती को मिसिल में लगाना (चार्ट) VI
(xix) पत्र को फाइल में रखने पर की जानेवाली कार्रवाई
(xx) पत्र को फाइल में पत्र-व्यवहार वाले भाग में रखने के बाद टिप्पणी वाले भाग में की जानेवाली कार्रवाई
(xxi) डार्केटिग से लाभ
(xxii) नई फाइल खोलना कब आवश्यक है
(xxiii) नई फाइल पर संख्या डालना

अध्याय 2 : आवतियों पर कार्रवाई-टिप्पणियाँ और आदेश **36-47**

(क) सहायक द्वारा आवतियों की जाँच
(ख) संगत सामग्री एकत्र करना
(ग) आवती को मिसिल में रखना
(घ) टिप्पणियाँ
(ङ) अनुभाग अधिकारी द्वारा कार्रवाई
(च) शाखा अधिकारी/अवर सचिव का टिप्पणी लिखना
(छ) उप सचिव द्वारा टिप्पणी व आदेश
(ज) तथ्यों का क्रमिक सार
(झ) मंत्री के लिए प्रेषणीय पत्र/मामले
(ञ) मौखिक आदेश वार्तालाप एवं अनुदेशों का अंकन
(ट) स्थायी निदेश मिसिल
(ठ) मिसिलों को पेश करने का मार्ग
(ड) अशासनिक पत्राचार पर टिप्पणियाँ
(ढ) टिप्पणी से संबंधित कुछ शीर्षक और उनका स्पष्टीकरण

अध्याय 3 : टिप्पणी-लेखन : सिद्धान्त, व्याख्या व अनुदेश 48-63

(क) भूमिका
(ख) टिप्पणी क्या है ?
(ग) टिप्पणी के प्रकार
(घ) टिप्पणी कब आवश्यक है ?
(ङ) कार्यालय की टिप्पणी का कार्यक्षेत्र व उद्देश्य
(च) टिप्पणियाँ लिखने के संबंध में सामान्य अनुदेश
(छ) टिप्पणी की भाषा
(ज) टिप्पणी-लेखन-विधि
(झ) उपसंहार
(ञ) टिप्पणी के विषय में विचारणीय बातें (चाट)

अध्याय 4 : टिप्पणियों के नमूने 64-99

भूमिका
केंद्र सरकार की टिप्पणियों के उदाहरण
(1) नियुक्ति संबंधित
उदाहरण-1
उदाहरण-2
उदाहरण-3
उदाहरण-4
(2) तदर्थ आधार पर नियुक्ति
उदाहरण-1
उदाहरण-2
उदाहरण-3
(3) वेतनमान के संबंध में
उदाहरण-1
उदाहरण-2
(4) चुनाव
उदाहरण-1
उदाहरण-2
(5) भर्ती नियम
उदाहरण-1
उदाहरण-2
उदाहरण-3
उदाहरण-4

उदाहरण-5
(6) पदोन्नति (प्रोन्नति)
उदाहरण-1
उदाहरण-2
(7) छुट्टी और पदोन्नति
उदाहरण-1
(8) अस्थायी पदों का जारी रखना
उदाहरण-1
(9) हवाई यात्रा की संस्वीकृति
उदाहरण-1
(10) विविध
उदाहरण-1
उदाहरण-2
उदाहरण-3
उदाहरण-4
उदाहरण-5
उदाहरण-6

अध्याय 5 : हिन्दी भाषी राज्यों एवं जिलों की कार्य-पद्धति तथा टिप्पणियों के उदाहरण **100-195**

(1) (क) भूमिका
(ख) मध्यप्रदेश शासन
(ग) डाक-प्राप्ति
(घ) डाक-निर्गमन
(ङ) मिसिल-पद्धति (सचिवालय) भोपाल
(च) मध्यप्रदेश सचिवालय
(i) स्थानांतरण उदाहरण-1
(ii) अनुत्तरदायित्व का परिचय उदाहरण-2
(iii) भ्रष्टाचार-आयोग उदाहरण-3
(iv) अनधिकृत रूप से अनुपस्थिति (अनुशासनिक कार्रवाई) उदाहरण-4
(v) तदैव उदाहरण-5
(vi) तदैव उदाहरण-6
(vii) तदैव उदाहरण-7

(2) आगरा जिला कार्यालय
(अ) स्थानीय डाक (लोकल)
(ब) बाहरी डाक (आउट साइड)

(स) मिसिल पद्धति
(3) उत्तर प्रदेश के एक जिले (झाँसी) की टिप्पणियों के उदाहरण
(i) नियुक्ति उदाहरण-1
(ii) स्थानांतरण एवं नियुक्ति
उदाहरण-1
उदाहरण-2
उदाहरण-3
उदाहरण-4
(iii) उपनियुक्ति उदाहरण-1
(iv) पदोन्नति उदाहरण-1
(v) दक्षतारोध पार करना व स्थायीकरण
उदाहरण-1
उदाहरण-2
उदाहरण-3
(vi) स्थायीकरण उदाहरण-1
(vii) छुट्टी उदाहरण-1
उदाहरण-2
उदाहरण-3
अर्जित अवकाश उदाहरण-4
(viii) निरीक्षण प्रतिवेदन उदाहरण-1
उदाहरण-2
(4) भोपाल कलेक्ट्रेट (जिला कार्यालय)
कार्यालय-कार्य-पद्धति
(कार्यालय-कार्य-पद्धति के संबंध में)
स्थायी आदेश (भोपाल)
(5) कार्यालय-कार्य-पद्धति के संबंध में स्थाई आदेश, सतना
जिला-स्तर पर पदोन्नति उदाहरण-1
अनुशासनात्मक कार्यवाई उदाहरण-1
विभागीय कार्यवाई उदाहरण-1

अध्याय 6 : रेलवे मुख्यालय की टिप्पणियों के नमूने **196-202**

(क) भूमिका
(ख) केंद्रीय रेलवे कार्यालय, झाँसी
(i) छुट्टी के संबंध में उदाहरण-1
(ii) पदोन्नति के संबंध में उदाहरण-1
(iii) छुट्टी बढ़ाने के संबंध में उदाहरण-1

परिशिष्ट **203-258**

(क) टिप्पणियों में प्रयुक्त होनेवाले वाक्य (हिन्दी)

(ख) संक्षिप्त टिप्पणियों के कुछ अनुच्छेद

1. पदों का सृजन, जारी रखना आदि
2. भर्ती, नियुक्ति, डॉक्टरी-परीक्षा आदि
3. तैनाती, तबादला, प्रतिनियुक्ति, प्रशिक्षण आदि
4. पदोन्नति, पदावनति, दक्षतारोध पार करना, वेतन नियत करना, वार्षिक वेतनवृद्धि आदि
5. स्थायिवत्ता, स्थायित्व, वरिष्ठता, सेवा-भंग की माफी आदि
6. छुट्टी
7. सेवा-पुस्तिका में प्रतिकूल प्रविष्टियाँ, अनुशासनिक कार्रवाई, स्पष्टीकरण आदि
8. सेवा-निवृत्ति, त्यागपत्र, पुनर्नियुक्ति, सेवा-अवधि-वृद्धि आदि
9. सामान्य भविष्य-निधि तथा पेंशन
10. विविध

(ग) नेमी कार्यालय टिप्पणियाँ संक्षिप्त टिप्पणियाँ (अंग्रेजी-हिन्दी)

अध्याय 1

कार्यालय-कार्य-विधि

भूमिका

सरकारी मंत्रालयों/कार्यालयों में आलेख (मसौदा) का अपना एक विशिष्ट महत्त्व है। कार्यालयों में विभिन्न क्षेत्रों, स्थानों, मंत्रालयों अन्य कार्यालयों एवं विभिन्न सार्वजनिक व्यक्तियों से आए सामान्य पत्रों, अर्द्ध सरकारी पत्रों व सरकारी पत्रों का सीधा उत्तर देने से पूर्व एक निर्धारित क्रियाविधि का पालन किया जाता है। पत्रों का अंतिम प्रारूप/मसौदा (आलेख) स्वीकार किए जाने से पूर्व विभिन्न अधिकारियों के मध्य टिप्पणी (नोटिंग) के माध्यम से विचार-विमर्श होता है और तब अंत में उत्तर की रूपरेखा बताते हुए सक्षम अधिकारी पत्र का आलेख (मसौदा) तैयार करने के लिए संबंधित सहायक को आदेश देता है। इस संपूर्ण क्रियाविधि में आए हुए पत्रों के महत्त्व तथा आकार के आधार पर कम या ज्यादा समय लगता है।

पत्र कहाँ आते हैं, कहाँ लिए जाते हैं और उनके निस्तारण के लिए क्या-क्या कार्रवाई होती है, इसकी जानकारी यहाँ दे देना समीचीन प्रतीत होता है। इस संपूर्ण प्रक्रिया को जान लेने के पश्चात् ही सरकारी कार्यालयों में आलेखन के कार्यक्षेत्र और उद्‌देश्य के संबंध में चर्चा करना समीचीन होगा।

(क) डाक की प्राप्ति

प्रत्येक मंत्रालय में बाहर से जानेवाली डाक को प्राप्त करने के लिए एक केंद्रीय रजिस्ट्री अनुभाग होता है। मंत्रालय से संबंधित पत्रादि व तार यहाँ लिए जाते हैं और बाद में अलग-अलग अनुभागों में बाँट दिए जाते हैं। जो पत्र अधिकारियों के अपने निजी नाम से आते हैं, वे बिना खोले उन अधिकारियों के पास भेज

दिए जाते हैं। कई सरकारी पत्र जो अधिकारी के नाम से हो वे भी अधिकारियों के निजी सचिव को भेज दिए जाते हैं। 'गुप्त' अथवा 'परम गुप्त' अंकित लिफाफे, जो किसी अधिकारी के नाम से न आए हों, ऐसे अधिकारी के पास भेज दिए जाते हैं जिसे इस तरह के पत्रादि लेने या खोलने का प्राधिकार प्राप्त हो। लिफाफों को खोल लिया जाता है और प्रत्येक आवती पर तारीख-मोहर लगाई जाती है फिर जिन अनुभागों को उन्हें भेजा जाना है उसका अंकन किया जाता है। क्रमसंख्या आदि डालने के पश्चात् सभी पत्र एक दैनिकी (डायरी) में बढ़ाए जाते है। तारों, टेलेक्स तथा टेलीप्रिंटर संदेशों को 'तत्काल' तथा 'प्राथमिकता' अंकित आवतियों को अन्य डाक से अलग कर लिया जाता है और उन पर पहले कार्यवाही की जाती है। इसमें ही कुछ संशोधन करके अन्य कार्यालयों में अपनाया जा सकता है।

(ख) डाक का अवलोकन

केंद्रीय रजिस्ट्री अनुभाग द्वारा भिन्न-भिन्न अनुभागों को भेजी गई डाक को उस अनुभाग का दैनिकी लेखक (डायरीकार) लेता है और अनुभाग अधिकारी की डाक ट्रे में रख देता है। अनुभाग अधिकारी उन आवतियों को पढ़ता है और प्रथमतः उन पत्रों को चुनता है जिन्हें उसे अवर सचिव (शाखा अधिकारी) या उच्चतर अधिकारियों को दिखाना है और उन पर उन अधिकारियों का पद नाम लिखा होता है। दूसरी आवतियाँ संबंधित सहायकों को अंकित कर देता है। इसके बाद वह सारी डाक (पावतियों) को दैनिकी-लेखक (डायरीकार) को लौटा देता है जो उसे अपनी डायरी में चढ़ाकर उन सहायकों/लिपिकों को दे देता है जिनके नाम वे अंकित किए गए हैं। अवर सचिव/शाखा अधिकारी और उच्चतर अधिकारियों के सामने प्रस्तुत की जानेवाली आवतियों को डायरीकार, डायरी होते ही 'अवलोकन के लिए डाक' के विशिष्ट लेबल वाले पैड में रखकर उनके पास भेज देता है।

(ग) डायरी की जानेवाली आवतियों के प्रकार

(1) निम्नलिखित प्रकार की सभी आवतियों को अनुभाग डायरी में अंकित किया जाना चाहिए :

(क) बाहर से आए सभी पत्रादि।

(ख) किसी अधिकारी/अनुभाग से प्राप्त सभी स्वतंत्र टिप्पणियाँ।

(ग) कार्यवाही के लिए किसी अनुभाग से प्राप्त कार्यालय ज्ञापनों, परिपत्रों, उद्धरणों इत्यादि की प्रतिलिपियों (नकलें) अथवा मिसिल की टिप्पणियों के उद्धरण।

(घ) अन्य अनुभागों से टीका-टिप्पणी इत्यादि के लिए प्राप्त मिसिलें अथवा नोट।

(2) अशासनिक रूप से किसी मंत्रालय/कार्यालय को भेजी गई मिसिल को वापस आने पर हर बार डायरी करना चाहिए परंतु हर प्रविष्ट (इंदराज) के सामने पहले और बाद की डायरी संख्या दे कर पिछले और बाद के हवालों को जोड़ देना चाहिए।

(3) अशासनिक पत्राचार और तार अनुभाग-डायरी में लाल स्याही से दर्ज किए जाने चाहिए।

(घ) डायरी न किए जानेवाली आवतियों के प्रकार

निम्नलिखित प्रकार की आवतियों को डायरी नहीं करना चाहिए :

(1) ऐसी आवतियाँ जिनको विशेष रूप से उसी काम के लिए बनाए गए रजिस्टरों में अलग से दर्ज किया जाता है। जैसे टेलीफोन बिल आदि।

(2) ऐसे पत्रादि जिन पर प्रेषक के हस्ताक्षर न हों और जिन पर अधिकारी का कोई निदेश न हो और कोई कार्यवाही न करनी हो।

(3) डाक द्वारा आए हुए तारों की पुष्ट प्रतियाँ।

(4) छोटे-मोटे आकस्मिक व्यय के बाउचर।

(5) आकस्मिक छुट्टी के आवेदन पत्र।

(6) प्रशासन या किसी और अनुभाग से भेजे एक सामान्य सूचना संबंधी पत्रावलियाँ, कार्यालय ज्ञापनों के उद्धरणों आदि की प्रतियाँ।

(7) समान प्रतिवेदन—इसमें सबसे पहली प्रति को ही डायरी करना चाहिए।

(8) अनुभाग की अपनी मिसिलें और टिप्पणियाँ जब वे दूसरे अनुभागों से वापस आएँ।

(9) अन्य सभी तरह की आवतियाँ, जो मंत्रालय में जारी किए गए किसी विशेष आदेश के अनुसार डायरी में दर्ज नहीं होने चाहिए और सचिव/शाखा अधिकारी प्राप्त डाक का वर्गीकरण करता है :

(1) जिन पत्रों का निपटान वह कार्यालय की सहायता के बिना स्वयं कर सकता है, उन्हें अपने पास पृथक् से रख लेता है।

(2) जो पत्र उच्चतर अधिकारियों द्वारा कार्यवाही की अपेक्षा रखते हैं, उन्हें उनके पास भेज देता है।

(3) बाकी डाक, जिन पर 'अवलोकनार्थ' लिखा होगा, हस्ताक्षर करके अनुभाग अधिकारी को लौटा देता है। जब उप सचिव, संयुक्त सचिव तथा सचिव

के पास डाक पहुँचती है, तब वे भी विशेष ढंग से अवलोकन करते हैं :

(1) कार्यालय की सहायता के बिना जिन आवतियों का निपटान कर सकते हैं, अपने पास रख लेते हैं।

(2) उच्चतर अधिकारियों के निर्देश के लिए डाक को अलग छाँट लेते हैं।

(3) शेष डाक को अपने आदेशों तथा निर्देशों के साथ या वैसे ही अवर सचिव/शाखा अधिकारी द्वारा संबंधित अनुभाग में वापस भिजवा देते हैं।

(4) वे प्रत्येक आवती पर अपने आद्यक्षर अवश्य करते हैं जिससे पता लग सके कि उन्होंने पत्र देख लिया है।

अशासनिक पत्राचार : अशासनिक रूप से किसी दूसरे मंत्रालय को भेजी गई मिसिल जब लौटकर आएगी तो वह उस अधिकारी के सामने डाक के साथ पेश कर दी जाएगी जिसने सबसे अंत में वह टिप्पणी लिखी हो और आमतौर पर वह स्वयं ही उस पर कार्यवाही करेगा।

(ङ) कार्य-दिशा के संबंध में अधिकारियों के अनुदेश

(1) अवर सचिव (शाखा अधिकारी), उप सचिव या अन्य उच्चतर (वरिष्ठ) अधिकारी की आवतियों पर काम की दिशा के संबंध में अनुदेश देने चाहिए। जब वह प्राप्त पत्र पर स्वयं कार्रवाई करना चाहे तो उसे मिसिल, संबंधित कागजों के साथ, बिना किसी टिप्पणी के अपने पास मँगवानी चाहिए। जिन आवतियों (प्राप्त पत्रों) पर उसे विशेष निदेश देना हो, उन पर अपने नाम के आद्यक्षर अंकित कर देने चाहिए, जिससे यह पता चल सके उन्हें देखा जा चुका है।

(2) अनुभाग अधिकारी जटिल समस्या वाली आवती पर व्यक्तिगत रूप से ध्यान देगा। ऐसी आवतियों पर वह स्वयं कार्रवाई करेगा या आवश्यकतानुसार संबंधित सहायक को विशेष अनुदेश देगा।

(3) सब अधिकारियों को डाक देखने के काम की सबसे अधिक प्राथमिकता देनी चाहिए। निजी सहायकों और आशुलिपिकों को चाहिए कि वे ऊपर से नीचे आने-जानेवाली डाक को 'तात्कालिक' समझें। प्रत्येक अनुभाग अधिकारी को इस बात का विशेष ध्यान रखना चाहिए कि कोई डाक कहीं रुक न जाए। जो कागज 24 घंटे के भीतर अधिकारियों के पास से लौटकर न आए; उनकी ओर डायरीकार अनुभाग अधिकारी का ध्यान आकर्षित करेगा।

(4) कार्य-प्रगति पर निगरानी रखने के विचार से अनुभाग अधिकारी अपनी

नोट-बुक या डेस्क कलेण्डर में ऐसी महत्त्वपूर्ण आवतियों के बारे में लिख लेगा जिन पर तुरंत या किसी खास तारीख तक कार्रवाई करना आवश्यक हो।

(5) पत्रों को प्रस्तुत करने की पद्धति नीचे से ऊपर की ओर है अर्थात् अनुभाग अधिकारी, अवर सचिव (शाखा अधिकारी) को, अवर सचिव उप सचिव को, उप सचिव संयुक्त सचिव को, संयुक्त सचिव सचिव को, और सचिव मंत्री को प्रस्तुत करेंगे।

इस प्रक्रिया में थोड़ा परिवर्तन भी किया जा सकता है। अनुभाग के कुछ योग्य सहायकों को यह अनुदेश दिया जा सकता है कि कुछ विशिष्ट प्रकार के पत्रों या मिसिलों को सीधे अवर सचिव (शाखा अधिकारी) को भेज दें। इसी प्रकार के अनुदेश के अंतर्गत अनुभाग अधिकारी उप सचिव को तथा संयुक्त सचिव भी मंत्री महोदय को सीधे पत्र भेज सकते हैं।

(च) आवती को मिसिल में रखना

जिस विषय की मिसिल हो उस पर यदि पहले से कोई मिसिल हो तो उसे चालू मिसिल में रखा जाएगा और यदि मिसिल नहीं हो तो आवती पर कार्रवाई आरंभ करने के लिए नई मिसिल खोली जाएगी।

मिसिल पद्धति :

मिसिल के दो मुख्य भाग होते हैं :
(क) टिप्पणी, (ख) पत्र-व्यवहार (पत्राचार)

(क) टिप्पणी भाग

मिसिल के इस भाग में विचाराधीन कागज पर लिखी गई टिप्पणियाँ और 'नई आवती' (यदि कोई हो) रखी जाती है और उस विषय पर प्राप्त पत्रों के विषय शीर्षक, कार्यालय-टिप्पणी, प्राप्त सुझाव और आदेश लिखे जाते हैं ताकि विचाराधीन पत्र से संबंधित सब महत्त्वपूर्ण बातें टिप्पणी-भाग में मिल सकें।

(ख) पत्र-व्यवहार भाग

प्राप्त पत्रादि (आवतियाँ) और प्रेषित पत्रादि को कार्यालय में रखी जाने वाली नकलें होती हैं। तात्पर्य यह कि इस भाग में आवतियाँ मूलरूप में, साथ ही प्रेषित पत्रों की नकलें, ही रहती हैं।

मिसिल के ये दोनों भाग अलग-अलग आवरणों में रखे जाते हैं कभी-कभी

एक ही फाइल के आधे हिस्से में टिप्पणी और आधे हिस्से में पत्र व्यवहार वाला भाग होता है।

(छ) पृष्ठों पर संख्या डालना

मिसिल के हर भाग में अलग क्रम से प्रत्येक पृष्ठ पर पृष्ठ संख्या लिखी जानी चाहिए। यदि बीच में कुछ खाली पृष्ठ हों तो उन पर पृष्ठ संख्या नहीं लिखनी चाहिए। संख्या पीछे (अंत) पृष्ठों से आरंभ होती है। मिसिल में सर्वप्रथम, सबसे पीछे जो पत्र लगा होता है उस पर संख्या लाल स्याही से दाहिनी ओर ऊपर के कोने में पड़ती है। यदि उस आवती के साथ कुछ और भी सहपत्र होते हैं तो उन पर पहले संख्या डाली जाती है तथा बाद में मूल पत्र पर। तत्पश्चात् क्रमशः प्राप्त पत्रों पर क्रमांक डाले जाते हैं।

(ज) पत्र का डाकेट (संदर्भ)

(1) मिसिल के पत्र-व्यवहार वाले भाग में आवती या निर्गम को लगा लेने के बाद मिसिल के टिप्पणी वाले भाग में उसका संदर्भ दिया जाता है। मिसिल के बाद मिसिल पत्र-व्यवहार वाले भाग में जो भी आवती या निर्गम पत्र क्रम संख्या से लगे हैं, उस प्रत्येक क्रम संख्या के बारे में मिसिल के टिप्पण वाले भाग में प्रविष्टियाँ डालने की क्रिया को (संदर्भण), डाकेटिंग कहते हैं। यह डाकेटिंग इसलिए किया जाता है, क्योंकि पत्र-व्यवहार भाग में संलग्न प्रत्येक क्रम संख्या वाले पत्र को टिप्पण वाले भाग में पृथक् ढूँढ़ा तथा पहचाना जा सके। आवती को लाल स्याही से तथा निर्गम को काली स्याही से पृष्ठ के बीच में डाकेट करते हैं।

(2) प्रथम क्रम संख्या को डाकेट करने से पहले ही मंत्रालय और अनुभाग का नाम और मिसिल का विषय 'टिप्पणी भाग' के पहले पृष्ठ के ऊपर दे दिया जाएगा।

(झ) नई मिसिल खोलना और उस पर संख्या डालना

(1) हर एक अनुभाग में क्रम संख्या सहित मुख्य विषयों को जिन्हें मानक शीर्ष कहा जाता है एक अनुमोदित सूची रखी जाएगी। हर एक कलेण्डर वर्ष के शुरू में इस सूची की जाँच की जाएगी और उसमें उस समय तक के सब विषयों को सम्मिलित कर लिया जाएगा। जहाँ तक संभव

होगा साल के मानक शीर्षों को एक ही क्रम संख्याएँ नियत की जाएँगी। वर्ष के बीच में यदि आवश्यक समझा जाए तो अनुभाग अधिकारी की स्वीकृति से सूची में कोई नया शीर्ष भी सम्मिलित किया जा सकता है।

(2) जब कोई नई मिसिल खोलनी आवश्यक हो तो पहले सहायक यह तय करेगा कि किस मानक शीर्ष में वह मिसिल खोली जानी चाहिए। इसके बाद वह एक उपयुक्त शीर्षक निश्चित करेगा और मिसिल-रजिस्टर को देखकर उसी मानक शीर्ष के अधीन उसकी क्रम संख्या नियत करेगा।

(3) मिसिल की संख्या में ये दो बातें दी जाएँगी :

(क) मानक शीर्ष के लिए नियत संख्या

(ख) मानक शीर्ष में मिसिल की क्रम संख्या

(ग) वह वर्ष जिसमें मिसिल खोली गई

(घ) अनुभाग की पहचान के लिए प्रयुक्त आद्यक्षर या अक्षर। उदाहरण के लिए गृह मंत्रालय के लोग अनुभाग में 1975 में मानक शीर्ष 3 के अधीन खोली गई मिसिल पर संख्या इस प्रकार लिखी जाएगी :

3/1/75 लोक. 3/2/75 लोक. आदि।

(4) दो या अधिक अनुभागों के पुनर्गठन या उनके बीच काम (अर्थात् काम की मदों) को फिर से बाँटने के समय, जो अनुभाग के अभिलेख (रिकार्ड) ले उसे चाहिए कि जो मिसिलें बंद और/या अभिलेखाबद्ध की जा चुकी हैं, उनका विभाजन और वर्गीकरण न करें, और उन पर फिर से नम्बर न डाले। उस अनुभाग की चालू मिसिलों को जितनी जल्दी संभव हो सके बंद करने का प्रत्यन करना चाहिए और उसके बाद वर्गीकरण कर अपनी योजना के अनुसार नई मिसिलें खोलनी चाहिए। एक विभाग से दूसरे विभाग की मिसिलों के स्थानांतरण (बदली) के समय भी यही क्रियाविधि अपनाई जाएगी।

(ञ) मिसिल-हिस्से के रूप में (खंड मिसिल)

(1) हिस्से के रूप में मिसिल तभी खोली जा सकती है जब कुछ समय तक मुख्य मिसिल के मिलने की आशा न हो या जब अन्य अनुभागों या अधिकारियों से साथ ही साथ सलाह लेनी हो और इसके लिए विचाराधीन कागज और दूसरे संबंधित कागज उन्हें दिखाना आवश्यक हो।

(2) मिसिल के हिस्से के रूप में खोली गई मिसिल में आमतौर पर ये कागज होंगे :

(क) पत्र-व्यवहार वाले भाग में विचाराधीन कागज की मूल प्रति या उसकी नकल और दूसरे जरूरी कागज

(ख) टिप्पणी वाले हिस्से में विचाराधीन कागज पर लिखी गई या लिखी जाने वाली, टिप्पणी या टिप्पणियाँ या उनकी नकल।

(3) मुख्य मिसिल मिलते ही मिसिल का हिस्सा उसमें मिला दिया जाना चाहिए।

(4) जब मिसिल के एक से अधिक हिस्से खोले जाएँ तो उनमें अलग-अलग संख्या देनी चाहिए, जैसे 3/1/75 लोक (मिसिल हिस्सा), 3x1/75 (मिसिल हिस्सा III)

(ट) नेमी टिप्पणियाँ या कागज

गौण महत्त्व की बातों से संबंधित प्रासंगिक विचार-विमर्श या टिप्पणियों, नेमी पत्र व्यवहार जैसे स्मरण-पत्र, पावतियों और ब्यौरे की गौण बातों को स्पष्ट करने के लिए लिखी गई अल्पकालिक महत्त्व की टिप्पणियाँ आदि को मुख्य मिसिल में नहीं रखना चाहिए। उन्हें नेमी कागज माना जाना चाहिए और मिसिल के नीचे अलग आवरण में रखना चाहिए। काम हो जाने पर नष्ट कर देना चाहिए।

(ठ) हवाला देना और पर्चियों का इस्तेमाल

(1) मामले से संबंधित अभिलेखों, मिसिलों, नियमों, विनियमों, पुस्तकों या दूसरे कागजों को प्रस्तुत करने और उनका हवाला देने की प्रक्रिया 'हवाला देना' कहते हैं। ढूँढ़ने की सुविधा के लिए ऐसे कागजों पर अक्षर-पर्चियाँ लगाई जाएँगी।

(2) पर्ची को सफाई के साथ पृष्ठ के अंदर की ओर पिन से लगाया जाएगा। जब एक मामले से संबंधित कई मिसिलों या कागजों पर पर्चियाँ लगानी हों तो उन्हें मिसिल की सारी चौड़ाई पर इस तरह फैला कर लगाना चाहिए कि हर पर्ची आसानी से दिखाई दें।

(3) 'विचाराधीन कागज' (वि. का.) की पर्ची उस कागज पर लगानी चाहिए जिस पर उस मिसिल के संबंध में विचार हो रहा हो। किसी विषय के प्रसंग में यदि कोई नया पत्रादि या संबंधित आवती आएँ और उस पर विचार करना हो तो उस पर 'नई आवती' की पर्ची लगा देनी चाहिए।

(4) चालू मिसिल के किसी भी कागज पर 'वि. का.' या 'नई आवती' की पर्ची के अलावा कोई पर्ची नहीं लगेगी। हाशिये से काली पेंसिल से पृष्ठ संख्या देकर उनका हवाला दिया जाएगा। जैसे पृष्ठ 6/ टिप्पणी, पृष्ठ

20/ पत्र व्यवहार।

(5) हवाले के लिए पेश की गई किसी अभिलेखाबद्ध मिसिल या कागज पर एक से अधिक अक्षर-पर्ची नहीं लगानी चाहिए।

(6) यह स्मरण रखना चाहिए कि पर्चियां कागजों को आसानी से ढूँढ़ने का एक अस्थाई साधन मात्र हैं, इसलिए उनका उद्देश्य पूरा होते ही उन्हें हटा देना चाहिए। पर्ची हटाने के बाद हवाले को आसानी से ढूँढ़ने के लिए यह आवश्यक है कि जिस मिसिल का हवाला दिया गया हो उसकी संख्या टिप्पणी के मुख्य भाग में लिख दी जाएँ और संगत पृष्ठ की संख्या और उस पर लगी पर्ची का अक्षर भी हाशिये में लिख दिया जाए। जैसे—

टिप्पणी के अन्दर	**टिप्पणी के हाशिये में**
(मिसिल संख्या 9/1/37 वि. का.)	पर्ची-क/पृ.3/टिप्पणी

इसी प्रकार नियमों, विनियमों, अधिनियमों आदि का उल्लेख और जिस उद्धरण या खंड का हवाला दिया गया हो, उसकी संख्या का निर्देश सदैव टिप्पणी के अंदर किया जाएगा और पर्ची का अक्षर और पृष्ठ संख्या हाशिये में दी जाएगी।

(7) जिस अधिकारी को मामला पेश किया जा रहा हो, उसके पास यदि हवाले में दी गई पुस्तकों, नियमों आदि की नकलें हों तो उन्हें मिसिल में रखने की कोई आवश्यकता नहीं है। परंतु काली पेंसिल से टिप्पणी के हाशिये में यह बात लिख देनी चाहिए।

(ड) मिसिलों पर प्राथमिकता की पर्ची लगाना

मिसिल और कागजों पर प्रयुक्त किए जानेवाले दो निर्धारित प्राथमिकता चिह्न 'तत्काल' और 'प्राथमिकता'।

(1) 'तत्काल' लेबल केवल असाधारण शीघ्रता के किसी ऐसे मामलों के संबंध में ही लगाया जाना चाहिए जिन पर तत्काल ध्यान देना आवश्यक हो। इस विचार से कागज अनदेखा न रह जाए और किसी अधिकारी का केवल ध्यान दिलाने के लिए उसका प्रयोग नहीं करना चाहिए।

(2) 'प्राथमिकता' लेबल ऐसे कागजों पर लगाया जाना चाहिए जिन्हें मामूली ढंग के अन्य कागजों से जिन पर प्राथमिकता का लेबल न लगा हो, अधिक प्राथमिकता दी जानी हो।

(3) यदि किसी मिसिल पर मंत्रालय में ही 'प्राथमिकता' चिह्न लगाया गया हो और उसे अशासनिक रूप से किसी अन्य मंत्रालय को भेजा जा रहा

हो, तो उसे भेजते समय अनुभाग अधिकारी को उसकी जाँच कर लेनी चाहिए और यदि आवश्यक हो तो प्राथमिकता चिह्न हटा देना चाहिए या उसे बदल देना चाहिए।

(4) 'प्राथमिकता' चिह्नों का प्रयोग सोच-समझकर करना चाहिए। जिन-जिन अधिकारियों के हाथ से मिसिल गुजरें उन्हें इस बात का ध्यान रखना चाहिए कि 'प्राथमिकता' चिह्न हटा देना आवश्यक हो तो ऐसा कर देना चाहिए।

(5) बाहर भेजी जानेवाली ऐसी मिसिलें या पत्र जिन पर 'तत्काल' का चिह्न लगा हो तो तुरंत भेज देना चाहिए।

(ढ) मामले से संबंधित कागजों को रखने का तरीका

मामले में चालू मिसिल और हवाले के लिए पेश की गई दूसरी मिसिल, कागज, पुस्तक आदि शामिल होते हैं। चालू मामले में रखे जानेवाले कागज ऊपर से नीचे इस क्रम में रखे जाएँगे :

(1) 'टिप्पणियाँ' आखिरी टिप्पणी जिस पर विचार हो रहा है उससे ऊपर रहेगी।

(2) 'पत्र-व्यवहार' भाग जिसमें वि. का. और नई आवतियाँ (यदि कोई हो) होंगी।

(3) अनुमोदन के लिए मसौदा या मसौदे।

(4) स्थाई निदेश मिसिल।

(5) ऐसे दूसरे कागज जिनका हवाला दिया गया हो (जैसे—दूसरी मिसिलों के पत्र-व्यवहार या टिप्पणियाँ, संकल्पों, राजपत्रों आदि के उद्धरण) तिथि क्रम से इस प्रकार रखे जाएँगे कि सबसे ऊपर सबसे बाद का कागज हो।

(6) तिथि क्रम से इस प्रकार रखी हुई अभिलेखबद्ध मिसिलें कि सबसे ऊपर सबसे बाद की मिसिल हो।

(7) तिथि क्रम से एक आवरण में रखी नेमी टिप्पणियाँ या कागज।

स्वयं शिक्षण-सामग्री

(i) **केंद्रीय रजिस्ट्री अनुभाग :** प्रत्येक मंत्रालय में बाहर से आनेवाली डाक को प्राप्त करने के लिए एक अनुभाग होता है। मंत्रालय से संबंधित पत्र और तार यहाँ पर लिए

जाते हैं। इन पत्रों को विभिन्न अनुभागों में बाँट दिया जाता है। इस अनुभाग को **केंद्रीय रजिस्ट्री अनुभाग** कहते हैं।

(ii) **केंद्रीय रजिस्ट्री अनुभाग द्वारा पत्रों को छाँटना :** केंद्रीय रजिस्ट्री अनुभाग प्राप्त पत्रों को तीन भागों में छाँटता है :

1. अधिकारियों के निजी नाम से आने वाले पत्र।
2. 'गुप्त' और 'परम गुप्त' अंकित लिफाफे जिन पर अधिकारियों के नाम नहीं होते।
3. अलग-अलग अनुभागों के पत्र।

(iii) **केंद्रीय रजिस्ट्री अनुभाग द्वारा पत्रों का अंकन एवं बाँटना :**

1. अधिकारियों के निजी नाम से आनेवाले पत्र बिना खोले संबंधित अधिकारियों के पास भेज दिए जाते हैं।
2. गुप्त और परमगुप्त अंकित लिफाफे बिना खोले ऐसे अधिकारी के पास भेज दिए जाते हैं जिसे इस प्रकार के पत्रों को लेने व खोलने का अधिकार हो।
3. अन्य बचे हुए लिफाफों को खोल लिया जाता है। इस पर तारीख की मोहर लगाई जाती है फिर जिन अनुभागों को उन्हें भेजा जाना है उसका अंकन किया जाता है। क्रम-संख्या डालने के बाद उन्हें एक डायरी में चढ़ा लेते हैं। तारों तथा टेलीप्रिंटर संदेशों को 'तत्काल' तथा 'प्राथमिकता' अंकित **आवतियों** को अन्य डाक से अलग कर लिया जाता है। इस पर पहले कार्यवाही की जाती है। शेष डाक को विभिन्न अनुभागों के डायरीकार को भेज देते हैं।

नोट : आनेवाले पत्रों, तारों इत्यादि को आवतियाँ कहते हैं।

(iv) **अनुभाग के डायरीकार द्वारा डाक को अनुभाग अधिकारी को देना :** प्रत्येक अनुभाग में एक अनुभाग अधिकारी

होता है। अनुभाग अधिकारी के पास डायरीकार अनुभाग में आई डाक को रख देता है।

(v) अनुभाग अधिकारी द्वारा पत्रों पर संबंधित व्यक्तियों का नाम लिखना : अनुभाग अधिकारी आवतियों को पढ़ता है आवतियों को अनुभाग अधिकारी दो श्रेणी में छाँटता है :

1. उच्चतर अधिकारियों को दिखाने वाले पत्र।
2. संबंधित सहायक लिपिकों को भेजनेवाले पत्र

उच्चतर अधिकारी को भेजने वाले पत्रों पर उन अधिकारियों के **पद-नाम** लिख देता है। संबंधित सहायक को भेजनेवाले पत्रों पर उनके नाम लिख देता है। इन पत्रों पर सहायक के लिए विशेष अनुदेश भी लिख देता है। अनुभाग अधिकारी सही पत्रों को अब डायरीकार को भेज देता है।

(vi) डायरीकार द्वारा डाक का डायरी करना : डायरीकर, अनुभाग अधिकारी से डाक लेकर उसे डायरी में चढ़ाता है। इसके बाद उच्चतर अधिकारियों को दिखानेवाले पत्रों पर **'अवलोकन के लिए डाक'** का लेबल लगाता है। इनको डायरीकार पैड में लगाकर अधिकारियों के पास भिजवा देता है।

अन्य डाक को डायरी में चढ़ाकर उन सहायकों को दे दी जाती है जिनके नाम उन पर अनुभाग अधिकारी द्वारा अंकित किए गए हैं।

(vii) डायरी की जाने वाली आवतियाँ :

1. बाहर से आए सभी पत्रादि।
2. किसी अधिकारी से प्राप्त सभी टिप्पणियाँ।
3. किसी अनुभाग से प्राप्त सभी टिप्पणियाँ।
4. कार्यवाही के लिए किसी अनुभाग से प्राप्त। कार्यालय ज्ञापनों, परिपत्रों, उद्धरणों इत्यादि की प्रतिलियाँ अथवा उद्धरण।
5. अन्य अनुभागों से टीका टिप्पणी इत्यादि के

लिए प्राप्त मिसिलें अथवा

6. अशासनिक रूप से किसी मंत्रालय/कार्यालय को भेजी गई मिसिल को वापस आने पर डायरी करना चाहिए।

(viii) **डायरी न की जाने वाली आवतियाँ :**

1. ऐसी आवतियाँ जिनको विशेष रूप से उसी काम के लिए बनाए गए रजिस्टरों में दर्ज किया जाता है।
2. ऐसे पत्रादि जिन पर प्रेषक के हस्ताक्षर न हों और जिन पर अधिकारी का कोई निर्देश न हो और कोई कार्यवाही न करनी हो।
3. डाक द्वारा आए तारों की पुष्ट प्रतियाँ।
4. छोटे-मोटे आकस्मिक व्यय के वाउचर।
5. आकस्मिक छुट्टी के आवेदन पत्र।
6. प्रशासन या किसी और अनुभाग से भेजे एक सामान्य सूचना संबंधी परिपत्र, कार्यालय ज्ञापन के उद्धरणों आदि की प्रतियाँ।
7. समान प्रतिवेदन—इनमें सबसे पहली प्रति को छोड़ कर अन्य प्रतियाँ।
8. अनुभाग की अपनी मिसिलें और टिप्पणियाँ जब वे दूसरें अनुभागों से वापस आएँ।
9. वे आवतियाँ जो मंत्रालय में जारी किए गए विशेष आदेश के अनुसार डायरी में दर्ज नहीं करानी चाहिए।

(ix) **डायरीकार द्वारा डाक का वर्गीकरण एवं वितरण :**

1. ज़िन पत्रों का निपटान वह कार्यालय की सहायता के बिना स्वयं कर सकता है।
2. जो पत्र उच्चतर अधिकारियों द्वारा कार्यवाही की अपेक्षा रखते हैं उन्हें उनके पास भेज देता है।
3. बाकी डाक, जिस पर 'अवलोकनार्थ' लिखा होगा, हस्ताक्षर करके अनुभाग अधिकारी को देगा।

4. अशासनिक रूप से किसी दूसरे मंत्रालय से लौट कर आनेवाली मिसिल को उस अधिकारी के सामने प्रस्तुत करेगा जिसके अंत में टिप्पणी लिखी हो।

(x) **उच्चतर अधिकारियों द्वारा डाक का अवलोकन** : उच्चतर अधिकारियों को पत्र जिस पर उसका नाम होता है, केंद्रीय रजिस्ट्री अनुभाग से प्राप्त होते हैं। (पृष्ठ ....) उच्चतर अधिकारी को अनुभाग के डायरीकार द्वारा भी पत्र प्राप्त होते हैं। (पृष्ठ......) अधिकारी पत्रों को तीन भागों में नीचे दिए हुए रूप से बाँटता है :

1. कार्यालय की सहायता के बिना जिन आवतियों का निपटान कर सकता है।
2. अपने से उच्चतर अधिकारियों के निर्देश के लिए डाक को अलग छाँट लेता है।
3. शेष डाक जो अन्य अनुभागों से संबंधित हो।

(xi) **उच्चतर अधिकारी द्वारा डाक पर कार्यवाही** :

1. अधिकारी प्रत्येक आवती पर हस्ताक्षर करते हैं जिससे पता लग सके कि उन्होंने पत्र देख लिया है।
2. किसी अनुभाग से संबंधित डाक को अपने आदेशों और निर्देशों के साथ उस अनुभाग में शाखा अधिकारी द्वारा भिजवा देता है।
3. जिस डाक का वह स्वयं निपटान कर सकता है, उसे अपने पास रख लेता है।

(xii) **केंद्रीय रजिस्ट्री अनुभाग (चार्ट 1)**

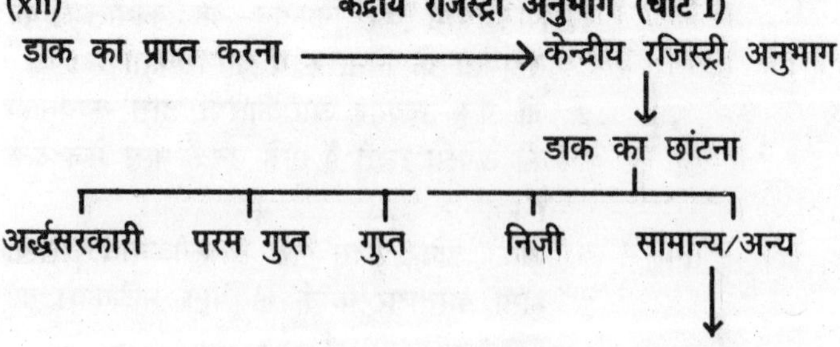

→ आवती का डायरी करना → विभाग, मोहर तारीख, क्रमसंख्या लगाकर दैनिकी में चढ़ाना

डायरी करनेवाली आवतियाँ	**डायरी न करनेवाली आवतियाँ**
1. बाहर से आए पत्र।	1. ऐसी आवतियाँ जिनके लिए अलग से रजिस्टर हो।
2. अनुभाग/अधिकारी से प्राप्त स्वतंत्र टिप्पणियाँ।	2. जिस पर हस्ताक्षर न हों।
3. कार्यवाई के लिए अनुभाग से प्राप्त ज्ञापन, परिपत्र, उद्धरण आदि की प्रतिलिपि	3. तारों की पुष्टि प्रतियां
4. अन्य अनुभाग से प्राप्त मिसिल एवं नोट।	4. आकस्मिक व्यय के वाउचर।
	5. आकस्मिक छुट्टी के आवेदन-पत्र।
	6. सामान्य सूचना।
	7. अनुभाग की अपनी मिसिलें एवं टिप्पणियाँ दूसरे अनुभाग से वापस आने पर।

(xiii) **डाक की प्राप्ति एवं वितरण (चार्ट II)**

केन्द्रीय रजिस्ट्री अनुभाग

डाक का प्राप्त करना

डायरीकार द्वारा वर्गीकरण करना

व्यक्तिगत	अर्द्ध सरकारी	परम गुप्त एवं गोपनीय-पत्र
संबंधित अधिकारी पास भेज दिए जाते हैं।	संबंधित अधिकारी के पास भेज दिए जाते हैं।	ऐसे अधिकारी के पास भेजे जाते हैं, जिसे इस तरह के पत्र लेने का प्राधिकार हो।

डायरी में नहीं चढ़ाए जाते

सामान्य सरकारी-पत्र

'तत्काल' तथा
'प्राथमिकता' अंकित-पत्र

तार, टेलेक्स तथा
टेलीप्रिंटर संदेश आदि

डायरी में चढ़ाकर, तारीख, अनुभाग तथा क्रम संख्या डालना

तार, टेलेक्स तथा टेलीप्रिंटर एवं अन्य 'तत्काल' तथा
'प्राथमिकता' अंकित डाक की अन्य नेमी डाक से
अलग करके उस पर तुरंत कार्रवाई करना।

शेष डाक को
अनुभागों में
भेज देना

(xiv) **अनुभाग में डाक का आना (चार्ट III)**

डायरीकार का डाक को लेना

अनुभाग अधिकारी

उन पत्रों का चुनाव, जिन्हें अवर सचिव
(शाखा अधिकारी) या उच्च अधिकारी
को दिखाना है। यह उन पर पदनाम लिख
देता है।

संबंधित सहायक को अंकित

डायरीकार का डाक को दैनिकी
में चढ़ाना तथा उनकी–

उन सहायकों/लिपिकों को दे
देना जिनके नाम उन पर
लिखे हों।

'अवलोकन के लिए' के विशिष्ट लेबल वाले पैड
में रखकर अवर सचिव या उच्चतर अधिकारी
को भेजना

उन पत्रों को
रख लेता है जिनका
वह स्वयं निपटान कर
सकता है।

उच्चतर अधिकारियों की
अपेक्षा रखनेवाले पत्रों
को उनको भेज
देता है।

शेष डाक को
हस्ताक्षर करके
अनुभाग अधिकारी
को लौटा देता है।

(xv)

उच्चतर अधिकारी का डाक देखना (चार्ट IV)

- उन पत्रों को रख लेता है, जिनका वह स्वयं निपटान कर सकता है.
- उच्चतर अधिकारियों के निर्देश के लिए अलग डाक छाँट लेता है।
- शेष डाक को अपने आदेशों/निर्देशों के साथ या केवल देखकर और आद्यक्षर कर अवर सचिव के द्वारा अनुभाग अधिकारी के पास भेज देता है।

(xvi) **चार्ट 5** **मिसिल के भाग (चार्ट V)**

मिसिल

- नेमी पत्र
- टिप्पणी भाग
- पत्र व्यवहार भाग

(xvii) **फाइल के बारे में/ फाइल कैसी होती है ?** ड्राइंग पेपर की तरह मोटे काग़ज़ को मोड़कर फाइल बनाई जाती है। इसके पृष्ठ भाग की रूप रेखा नीचे दी गई है।

फाइल सं.......... शिक्षा प्रौद्योगिकी केन्द्र श्री अरविन्दो आश्रम, श्री अरविन्दो मार्ग नई दिल्ली-16 सील टिप्पणी/पत्र व्यवहार	
विषय	
पूर्व संदर्भ	परवर्ती संदर्भ

फाइल के प्रमुख भाग : फाइल के दो प्रमुख भाग होते हैं :

1. टिप्पणी

2. पत्र व्यवहार

टिप्पणीवाला कागज : इस कागज पर आवतियों के विषय शीर्षक, कार्यालय-टिप्पणी, प्राप्त सुझाव और आदेश लिखे जाते हैं। इससे विचाराधीन पत्र से संबंधित सब महत्त्वपूर्ण बातें टिप्पणी वाले भाग में मिल जाती हैं।

पत्र व्यवहार का भाग : प्राप्त पत्रादि और प्रेक्षित पत्रादि की नकलें फाइल के अंदर रखी जाती हैं। यह भाग फाइल के आवरण के अंदर रहता है।

नोट : कहीं किसी टिप्पणी और पत्र-व्यवहार दोनों अलग-अलग आवरणों में रखे जाते हैं।

(xviii)

आवती को मिसिल में लगाना (चार्ट VI)

आवती की प्राप्ति

↓

आवतियों का छाँटना

↓

आवतियों का डायरी करना

↓

आवती को मिसिल पर रखना

↓

1. चालू मिसिल में।
2. यदि चालू उपलब्ध न हो तो खंड (हिस्सा) मिसिल पर।
3. यदि मिसिल न हो तो नई मिसिल खोल कर।

↓

आवती का 'टिप्पणी' में संदर्भ

↓

आवती पर 'वि.का.' (विचाराधीन कागज) या 'नई आवती' की पर्ची लगाना

↓

हवाला देने के लिए संबंधित नियमों, पत्रों एवं मिसिलों
पर अक्षर पर्चियाँ लगाना

|

मामले को ध्यान में रखते हुए 'तत्काल' एवं
'प्राथमिकता' की पर्ची लगाना।

|

संबंधित अधिकारी को

(xix) **पत्र को फाइल में रखने पर की जानेवाली कार्यवाही :**

1. पत्र को पत्र-व्यवहार वाले भाग में लगा देते हैं।
2. पत्र पर पृष्ठ संख्या लिखते हैं। यह संख्या पत्र-व्यवहार वाले आवरण में लगे अन्य पृष्ठों के क्रमांक में होती है। पृष्ठ संख्या लाल स्याही से दाहिनी ओर ऊपर के कोने में लिखते हैं।
3. यदि पत्र के साथ कुछ सह पत्र हों तो सहपत्रों पर पहले पृष्ठ संख्या डाली जाती है और बाद में मूल पत्र पर।
4. यदि पत्र बाहर से मिला हो तो उस पर क्रमांक के पूर्व 'आवती' और यदि कार्यालय के बाहर जाना हो तो क्रमांक के पूर्व 'निर्गम' लिखते हैं।

(xx) **पत्र को फाइल में पत्र-व्यवहार वाले भाग में रखने के बाद टिप्पणी वाले भाग में की जानेवाली कार्यवाही :**

1. पत्र को पत्र-व्यवहार वाले भाग में लगा देने के बाद, उसके आवती या निर्गम के बारे में क्रम संख्या के टिप्पणी वाले भाग में लिखते हैं।
2. आवती को लाल स्याही से व निर्गम को काली स्याही से टिप्पणी पृष्ठ के बीच में लिखते हैं।
3. इस क्रिया को 'पत्र का डाकेटिंग'

करना कहते हैं।

(xxi) डाकेटिंग से लाभ : पत्र-व्यवहार भाग में संलग्न प्रत्येक क्रम संख्या वाले पत्र को टिप्पणी वाले भाग में ढूँढ़ना सरल हो जाता है।

(xxii) नई फाइल खोलना कब आवश्यक है :

1. अनुभाग में मुख्य विषयों की एक अनुमोदित सूची होती है। इन मुख्य विषयों को मानकशीर्ष कहते हैं।
2. पत्र किस मानकशीर्ष में रखा जा सकता है इसे पत्र के विषय को पढ़ कर पता लगाना चाहिए।
3. यदि पत्र किसी भी मानकशीर्ष के अंतर्गत नहीं आता तो अनुभाग अधिकारी की स्वीकृत से सूची में नया मानकशीर्ष सम्मिलित कर लेना चाहिए।
4. यदि पत्र किसी मानकशीर्ष में आता है लेकिन वह मानकशीर्ष में किसी अन्य काम की शुरुआत हो तो इस स्थिति में नई फाइल खोल लेनी चाहिए।
5. प्रथम क्रम संख्या को नई फाइल में डाकेट करने के पूर्व, फाइल के टिप्पणी वाले भाग में मंत्रालय और अनुभाग का नाम और फाइल का विषय पहले पृष्ठ के ऊपर लिख देते हैं।

(xxiii) नई फाइल पर संख्या डालना :

1. पत्र को पढ़कर उसे किस मानकशीर्ष में रखा जा सकता है इसका पता लगाना चाहिए।
2. मानकशीर्ष की अनुमोदित सूची से प्रत्येक मानकशीर्ष को संख्या से नामांकन किया जाता है।
3. फाइल की संख्या में निम्न बातें दी जाएँगी :

क. मानकशीर्ष के लिए नियत संख्या।

ख. मानकशीर्ष में फाइल की क्रम संख्या।
ग. वर्ष जिसमें फाइल खोली गई है।
घ. अनुभाग की पहचान के लिए प्रयुक्त आद्यक्षर।

4. यदि फाइल पर संख्या 13-7/75 लिखा हो तो इसका तात्पर्य है कि फाइल मानकशीर्ष 13 के अंतर्गत खोली गई है। इस मानकशीर्ष के अंतर्गत यह 7वीं फाइल है। यह वर्ष 75 में खोली गई है। यह C E T की फाइल है।

अध्याय 2

आवतियों पर कार्रवाई : टिप्पणियाँ और आदेश

(क) सहायक द्वारा आवतियों की जाँच

जब आवतियाँ अधिकारियों के अवलोकन के पश्चात् अनुभाग के संबंधित सहायक के पास आ जाती हैं, तब उन पर आवश्यक कार्रवाई करने हेतु क्रमशः निम्नलिखित पद्धति अपनानी पड़ती है :

(i) संबंधित सहायक सभी आवतियों को एक बार अच्छी तरह पढ़ेगा और प्राथमिकता के अनुसार वर्गीकरण करेगा।

(ii) 'तत्काल' और 'प्राथमिकता' (अग्रता) वाली आवतियों पर तुरंत कार्रवाई की जाएगी। लेकिन यह भी ध्यान रखा जाएगा कि सामान्य आवतियों पर भी निकट भविष्य में जल्दी से जल्दी कार्रवाई की जाएगी।

(iii) संबंधित सहायक संलग्नकों (साथ के कागजों) की भी जाँच करेगा और यदि कोई कागज-पत्र कम है तो उसकी सूचना अनुभाग अधिकारी को देगा और लुप्त (खोए) कागजों को प्राप्त करने के लिए उपयुक्त कार्रवाई भी सुझाएगा।

(iv) यदि आवती के किसी भाग या पहलू का संबंध किसी अन्य अनुभाग, शाखा, प्रभाग या मंत्रालयों से होता है तो सहायक आवश्यक उद्धरण लेकर उसे अनुभाग अधिकारी के जरिए संबंधित अनुभाग या अनुभागों के पास उनको विचार जानने या आवश्यक कार्रवाई के लिए भिजवा देता है।

(ख) संगत-सामग्री एकत्र करना

उपर्युक्त कार्य करने के पश्चात् सहायक का काम यह होगा कि आवती के संबंध

में कार्रवाई करने के लिए आवश्यक सामग्री एकत्रित करें। सामान्य रूप से इस सामग्री में निम्नलिखित वस्तुएँ सम्मिलित होंगी :

(1) आवती से संबंधित यदि पहले से कोई मिसिल हो तो उसे खोजना।

(2) ऐसी दूसरी मिसिलें या कागज-पत्र जिनका संदर्भ (हवाला) आवती में दिया गया हो, उन्हें योजित करना।

(3) संविधिक या प्रचलित क्रियाविधि, कानून तथा नियमों का संकेत और यह भी उल्लेख कि ये नियम और कानून कहाँ दिए जा सकते हैं।

(4) मंत्रालय में उपलब्ध अन्य संगत तथ्य और आँकड़े, संबंधित विषय पर यदि कोई स्थायी निदेश मिसिल हो तो वह मिसिल पिछले मामलों में नीति विषयक लिए गए निर्णयों से संबद्ध कागज-पत्र।

(5) सूचक, मिसिल रजिस्टर, महत्त्वपूर्ण निर्णयों को अनुभागीय नोटबुक से देखना।

(6) संगत, अधिनियम, नियम, विनियम आदि को देखना।

(ग) आवती को मिसिल में रखना

जिस विषय का पत्र हो, यदि उस पर पहले से कोई मिसिल हो तो उसे चालू मिसिल में रखा जाएगा। यदि मामला नया है और उस पर पहले से कोई मिसिल नहीं है तो सहायक अधिकारी का आदेश लेकर सुनिश्चित पद्धति से नई मिसिल खोलनी चाहिए।

मिसिल के दो मुख्य भाग होते हैं :

(i) टिप्पणी

(ii) पत्र-व्यवहार (पत्राचार)

(i) **टिप्पणी भाग** :

मिसिल के इस भाग में विचाराधीन कागज पर लिखी गई टिप्पणियाँ 'नई आवती' (यदि कोई हो) रखी जाती है और उस विषय पर प्राप्त पत्रों के विषय-शीर्षक, कार्यालय-टिप्पणी, प्राप्त सुझाव और आदेश लिखे जाते हैं ताकि विचाराधीन पत्र से संबंधित सब महत्त्वपूर्ण बातें टिप्पण-भाग में मिल सकें।

(ii) **पत्र-व्यवहार** :

मिसिल के इस भाग में उस विषय से संबंधित प्राप्त पत्रादि (आवतियाँ) और प्रेषित (निर्गम) पत्रादि में रखी जाने वाली प्रतिलिपियाँ (नकलें) होती हैं। तात्पर्य यह है कि इस भाग में आवतियाँ मूलरूप में, साथ ही प्रेषित पत्रों की नकलें, ही रहती हैं।

मिसिल के ये दोनों भाग अलग-अलग आवरणों में रखे जाते हैं। यहाँ यह द्रष्टव्य है कि इस बारे में सब कार्यालयों में एक जैसी प्रथा नहीं है। कहीं-कहीं टिप्पणियों और पत्र-व्यवहार भाग को एक ही आवरण में रखा जाता है।

(घ) टिप्पणियाँ

पत्रों के निस्तारण के लिए यह आवश्यक है कि उन पर टिप्पणी लिखी जाए। पत्रों का निस्तारण का कार्य बिना टिप्पणी के प्रायः आगे नहीं बढ़ सकता।

नोट : इस संबंध में अद्यतन स्थिति यह है कि अब यह दिया जा रहा है कि अनेक पत्रों का निपटान बिना टिप्पणियों के ही किया जाए। अनेक कार्यालयों में डेस्क प्रणाली जारी होने से वहाँ सहायक के पद हैं ही नहीं और टिप्पणी अधिकारी स्तर से आरंभ होती है।

आवती को डाकेट कर लेने के पश्चात्, सहायक मिसिल (फाइल) के टिप्पणी वाले भाग में आवतियों के संबंध में प्राप्त सूचनाओं को ध्यान में रखते हुए जो कुछ कहना होता है, उसको एक टिप्पणी के रूप में तैयार कर देता है और उसके नीचे बाईं ओर अपने आद्यक्षर युक्त संक्षिप्त हस्ताक्षर करके अपने अनुभाग अधिकारी या सक्षम अधिकारी की सेवा में आदेशार्थ प्रस्तुत कर देता है।

नोट : टिप्पणी के क्षेत्र, उद्देश्य और उनके लेखन के सामान्य अनुदेशों की चर्चा अगले अध्याय में की जाएगी।

(ङ) अनुभाग अधिकारी द्वारा कार्रवाई

अनुभाग अधिकारी का कर्तव्य है कि वह सहायक द्वारा लिखित टिप्पणी की जाँच करे और जहाँ आवश्यक हो वहाँ अपनी टिप्पणी भी जोड़ दे। फिर मिसिल को शाखा अधिकारी या उससे उच्चतर अधिकारी के पास भेज दे। यदि उसे कोई टिप्पणी नहीं करनी है, तो अनुभाग अधिकारी केवल अपने आद्यक्षर बाईं ओर करे, अपने से उच्चतर अधिकारी के पास भेजेगा।

नोट : अब यह देखा गया है कि अनुभाग अधिकारी अपने आद्यक्षर नहीं, बल्कि दाहिनी ओर पूरे हस्ताक्षर करता है।

अनुभाग अधिकारी को प्राधिकार है कि निम्नलिखित कार्रवाई स्वतंत्र रूप से करे :

(1) सब मामलों में बीच की नेमी कार्रवाई, जैसे, स्मरण-पत्र पावतियाँ आदि भेजना।

(2) अन्य विभागीय कार्यालयों, मंत्रालयों, सचिवालयों

(3) नेमी मामलों का अंतिम रूप से निपटान

(4) उन विशिष्ट मामलों में कार्रवाई करना जिनके लिए अंतिम निर्णय लेने का उसे अधिकार दिया गया हो।

टिप्पणी :

(क) विशिष्ट मामलों में कार्रवाई के अधिकार अनुभाग अधिकारी को अनुभाग में किए जानेवाले विशेष काम को देखकर ही दिए जाते हैं और वहाँ की प्रकृति और संबंधित अनुभाग अधिकारी की व्यक्तिगत योग्यता को ध्यान में रखते हुए समय-समय पर इन अधिकारों पर पुनरीक्षण किया जाता है। इन अधिकारों के देने में संविधिक और दूसरे प्रकार की सीमाओं का भी उचित ध्यान रखा जाता है। उदाहरण के लिए यदि अनुभाग अधिकारी को सेवा-पंजियों में अंकित बातों के सम्यांकन (तसदीक) करने का अधिकार दिया जाए तो उससे पहले यह आवश्यक है कि उसे यह अधिकारी औपचारिक रूप से सौंपा जाए। इसी तरह से जो पत्रादि सरकारी आदेशों के रूप में लागू होते हों या जो भारत के राष्ट्रपति के नाम से जारी होनेवाले हों, उन पर सदा उसी अधिकारी के हस्ताक्षर होने चाहिए जिसे ऐसे आदेशों के प्रमाणीकरण का अधिकार हो।

(ख) अपने अधिकारों के क्षेत्र में आनेवाले मामलों में सरकारी पत्रादि पर हस्ताक्षर करते समय अनुभाग अधिकारी अपना नाम और पदनाम भी लिख सकता है।

(च) शाखा-अधिकारी/अवर सचिव का टिप्पणी लिखना

(1) शाखा-अधिकारी/अवर सचिव यथासंभव अधिक से अधिक मामले अपने उत्तरदायित्व पर निपटा देगा और यथोचित आदेश देगा।

(2) जो मामले महत्त्वपूर्ण हों या जिनका संबंध नीति के प्रश्नों से हो, उनके बारे में वह उप सचिव या उच्चाधिकारियों से आदेश लेगा। वह उप सचिव से मौखिक आदेश लेकर उसे टिप्पणी पर अंकित कर देगा। उसे यह प्रयत्न करना चाहिए कि कम से कम मामले उप सचिव के समक्ष औपचारिक रूप में प्रस्तुत किए जाएँ।

(3) जहाँ उसे आदेश देने हों या उच्चाधिकारियों के विचारार्थ सुझाव रखने हों वहाँ वह अपनी टिप्पणी में केवल उन्हीं बातों का जिक्र करेगा जिनका उल्लेख आवश्यक हो और ऐसी कोई बात नहीं दुहराएगा जो पहले टिप्पणी में आ चुकी हो।

(4) यदि पहले की टिप्पणियों में दिए गए सुझावों से वह सहमत हो तो अपनी असहमति-सूचनार्थ वह केवल हस्ताक्षर कर देगा।

(छ) उपसचिव द्वारा टिप्पणी व आदेश

(1) उपसचिव को आमतौर पर अपने पास आनेवाले अधिकांश मामलों को अपनी जिम्मेदारी पर निपटाना चाहिए।

(2) यदि अत्यंत महत्त्वपूर्ण मामलों पर उन्हें संयुक्त सचिव या सचिव के आदेश, अनुमोदन या स्वीकृति प्राप्त करनी हो तो वे प्रयत्न करेंगे कि मौखिक बातचीत या परामर्श प्राप्त कर मिसिल पर अंकित कर दें।

(3) यदि कुछ मामले उन्हें अपनी सिफारिश या सुझाव के साथ ऊपर भेजने ही हों तो आदेश या स्वीकृति हेतु प्रस्तुत करेंगे।

(ज) तथ्यों का क्रमिक सार

(1) विचार करने में सुविधा और बार-बार पीछे की टिप्पणियाँ पढ़ने से बचने के लिए तथ्यों का क्रमिक सार तैयार करके मिसिल में एक अलग आवरण में रख लेना चाहिए और उस पर 'तथ्यों का क्रमिक सार' का लेबल लगा देना चाहिए। यह काम उन सभी मामलों में किया जाना चाहिए जिनमें यह स्पष्ट हो कि सार से मामले को जल्दी निपटाने में सहायता मिलेगी।

(2) अनुभाग अधिकारी और शाखा अधिकारी का कर्तव्य होगा कि वे ध्यान रखें कि सभी उपर्युक्त मामलों में, जैसे, व्यक्तियों, संस्थाओं अथवा कार्य-व्यापार से संबंधित उलझे हुए मामलों के बारे में जहाँ तक हो सके सार जल्दी तैयार कर लिया जाए।

(3) ज्यों-ज्यों मामला आगे बढ़ता जाए, उसकी नई बातें सार में जोड़ दी जाएँ जिससे कि वह हमेशा मामले का पूरा चित्र प्रस्तुत कर सके।

(4) अलग-अलग अधिकारियों की राय सार में सम्मिलित नहीं होनी चाहिए। परंतु जब मामला दूसरे मंत्रालय/कार्यालय की सलाह या सहमति के लिए भेजा जाएँ तो उस मंत्रालय/कार्यालय की सलाह या विचार को मामले के तथ्यों का महत्त्वपूर्ण अंश माना जाना चाहिए और उसे सार में शामिल कर लेना चाहिए।

(झ) मंत्री के लिए प्रेषणीय पत्र/मामले

(1) ऐसा भी हो सकता है कि संयुक्त सचिव या सचिव किसी विषय पर अंतिम आदेश देने के पूर्व संबंधित मंत्री महोदय की दृष्टि में उसे ला देना आवश्यक समझें अथवा उनके आदेश के बिना आगे बढ़ना उचित न समझें, तब मामले को मंत्री महोदय की सेवा में प्रस्तुत करते हैं और आदेश प्राप्त करते हैं।

(2) कुछ ऐसे मामलों (जैसे—नीति-निर्धारण, वेतन-क्रम निर्णय, उच्च पदों की स्वीकृति, बड़े व्यय की योजनाओं तथा राष्ट्रपति के नाम प्रेषित अपीलों आदि से संबंधित मामलों) पर विभागीय मंत्री के निर्देश प्राप्त करने पड़ते हैं। मंत्री के पास किसी मामले को ले जाते या भेजते समय ध्यान रखना चाहिए कि उसके साथ पूरे मामले का स्वतः पूर्ण सार संलग्न हो जिसमें उक्त मामलों से संबंधित सभी तरह के तथ्य हों। उन पर अन्य विभागों/मंत्रालयों आदि के विचार या परामर्श भी अंकित हों, और मंत्री महोदय से जो आदेश प्राप्त करना हो, उसका स्पष्ट उल्लेख हो।

(3) मंत्रिमंडलीय नियुक्ति-समिति के अनुमोदनार्थ सभी मामले संबंधित मंत्री द्वारा भेजे जाने चाहिए।

(4) संसद में संविधान के विषय में भेजे जानेवाले मामले मंत्री के द्वारा भेजे जाने चाहिए।

टिप्पणी : राष्ट्रपति, प्रधानमंत्री, मुख्यमंत्री अथवा अन्य मंत्रियों द्वारा मिसिल पर या प्रस्तुत पत्र पर जो आदेश या निर्देश के रूप में टिप्पणी लिखी जाती है, उसे 'मिनट' कहते हैं।

(ञ) मौखिक आदेश, वार्तालाप एवं अनुदेशों का अंकन

(1) दो या दो से अधिक अधिकारियों में हुए वार्तालाप से उत्पन्न प्रश्नों और निर्णयों को संबंधित अधिकारी द्वारा मिसिल पर लिख दिए जाने चाहिए। मिसिल पर जो निर्णय लिए गए हैं, वे क्यों लिए गए हैं, इस बात को स्पष्ट रूप से बताया जाना चाहिए।

(2) इसी प्रकार टिप्पणियों पर भी जो आदेश, निर्देश या सूचनाएँ अधिकारियों से मौखिक रूप से प्राप्त की जाती हैं, उनका भी उल्लेख मिसिल पर कर देना आवश्यक है।

टिप्पणी : जहाँ तक हो सके एक ही मंत्रालय/विभाग के अधिकारियों को एक-दूसरे की टिप्पणियाँ नहीं भेजनी चाहिए। इस उद्देश्य की पूर्ति संबंधित अधिकारियों की आपसी बातचीत से हो सकती है।

(ट) स्थायी निदेश मिसिल

अनुभाग से संबंध रखनेवाले प्रत्येक उपयुक्त 'विषय-वर्ग' के लिए एक स्थायी निदेश मिसिल खोली जाएगी। इसके तीन भाग होंगे, जो इस प्रकार हैं :

(1) विषयसंबंधी-सिद्धांतों और नीति का क्रमिक सार/सार में जहाँ भी निर्णयों या आदेशों का हवाला दिया जाएगा, वहाँ हाशिये में इन निर्णयों या आदेशों की क्रमसंख्या या तारीख लिख दी जाएगी।

(2) जिन निर्णयों या आदेशों का हवाला दिया गया हो उनकी पूरी नकलें, जो तारीखों के क्रमानुसार रखी गई हों।

(3) आदेश तथा अधिसूचनाएँ आदि जारी करते समय काम आनेवाले आदेश फार्म।

जब कभी उक्त विषय के संबंध में कोई नया निर्णय लिया जाएगा, उसे स्थायी निर्देश मिसिल के भाग विशेष में ठीक ढंग से शामिल कर लिया जाएगा।

(ठ) मिसिलों को पेश करने का मार्ग

(1) मिसिलों को पेश करने का सामान्य मार्ग है अनुभाग-अधिकारी-शाखा अधिकारी (अवर सचिव) उपसचिव-संयुक्त सचिव/सचिव-मंत्री/मामला इस क्रम से उसी स्तर तक भेजा जाएगा जहाँ तक उसे भेजना आवश्यक होगा।

(2) कुछ चुने हुए सहायकों को सीधे शाखा-अधिकारी (अवर सचिव) के सामने मामलों को पेश करने का अधिकार दिया जा सकता है।

(3) अनुभाग-अधिकारी को सीधे उपसचिव के सामने और शाखा अधिकारी (अवर सचिव) को संयुक्त सचिव या सचिव के सामने कुछ प्रकार के मामलों को पेश करने की अनुमति दी जा सकती है। इसी तरह कुछ खास मामलों को उपसचिव, सीधे मंत्री के सामने पेश कर सकते हैं।

(4) सक्षम अधिकारी द्वारा आदेश दिए जाने के बाद मिसिल बीच के सभी अधिकारियों के पास होकर अनुभाग में आनी चाहिए ताकि उन्हें भी किए गए निश्चय की जानकारी रहे।

(ड) अशासनिक पत्राचार पर टिप्पणियाँ

(1) आमतौर पर विभागों के प्रकार पत्राचार दो श्रेणियों में रखे जा सकते हैं :

(क) ऐसे मामले जिनमें केवल तथ्यों की जानकारी माँगी गई हो और,

(ख) ऐसे मामले जिनमें मंत्रालय की सहमति, राय या व्यवस्था चाही गई हो।

(2) जहाँ तक (क) के अंतर्गत आनेवाले मामलों का संबंध है उस मंत्रालय का सहायक—जहाँ-जहाँ मामला भेजा गया हो—माँगो गई सूचना उसी मिसिल पर लिख सकता है।

(3) (ख) के अंतर्गत आनेवाले मामलों में प्रायः यह आवश्यकता होती है कि जिस मंत्रालय में वे आएँ, वहाँ उनकी परीक्षा की जाए। ऐसे सभी मामलों में सामान्य नियम यह है कि जाँच करने और टिप्पणी लिखने का काम मिसिल पर न किया जाए बल्कि अलग कागज पर किया जाए और अंतिम निर्णय उस अधिकारी द्वारा मिसिल पर लिखा जाए जिस पर ऐसे कागजों पर टीका करने की जिम्मेदारी हो। मिसिल से अलग लिखी गई ऐसी टिप्पणियाँ 'नेमी टिप्पणियाँ' मानी जाएँगी।

(4) उपयुक्त 'नेमी टिप्पणियाँ' जिस अधिकारी को पेश की जाएँगी, वह उन पर विचार करेगा और वह या तो उन्हीं को स्वीकार कर लेगा या स्वयं अपनी टिप्पणी लिखेगा। यदि उन्हीं को स्वीकार कर ले तो वह निर्देश दे सकता है कि वह टिप्पणी या उसका कोई भाग संबंधित मंत्रालय को भेजी जानेवाली मुख्य मिसिल पर ज्यों का त्यों उतार दिया जाए। दूसरी स्थिति में यदि अंतिम टिप्पणी हाथ से लिखी गई हो तो वह उस मिसिल पर ही लिख दी जानी चाहिए और उसकी एक प्रति अंतिम निपटान के अभिलेख के रूप में रख लेनी चाहिए। यदि अंतिम टिप्पणी टाइप करके भिजवानी हो तो उसे आई हुई मिसिल पर टाइप करवा लेना चाहिए और कार्बन लगाकर 'नेमी टिप्पणी' के कागज पर उसकी नकल रख लेनी चाहिए। इसके बाद मुख्य मिसिल उस मंत्रालय को लौटा देनी चाहिए जहाँ से वह आई हो। जिस मंत्रालय में मिसिल आई हो उसमें रखी गई 'नेमी टिप्पणियाँ' भविष्य में अभिलेख का काम देती हैं और उनसे यह जाना जा सकता है कि मंत्रालय का इस प्रसंग में क्या दृष्टिकोण था।

यदि अधिकारी ने अपने से ऊँचे किसी अधिकरी के आदेश प्राप्त करने के बाद मिसिल पर टिप्पणी लिखी हो तो उसे स्पष्ट रूप से बता देना चाहिए कि उच्च अधिकारी ने टिप्पणी में व्यक्त विचारों का अनुमोदन कर दिया है।

(ढ) टिप्पणी से संबंधित कुछ शीर्षक और उनका स्पष्टीकरण

(1) **सामान्य डाक :**

डाक में निम्नलिखित पत्र सम्मिलित हैं :

1. पत्र
2. तार
3. सेविंग्राम
4. अंतर्विभागीय टिप्पणी
5. मिसिल

जो डाक द्वारा या अन्यथा, किसी भी विभाग में विचारार्थ प्राप्त होती हैं।

(2) **वर्गीकृत डाक :**

'वर्गीकृत डाक' का आशय उस डाक से है जिस पर सुरक्षा कोटि (सिक्योरिटी ग्रेडिंग) अंकित हो।

(3) **मिसिल :**

'मिसिल' का आशय किसी विशिष्ट विषय-वस्तु से संबंधित कागजात के ऐसे संग्रह से है जिसे एक मिसिल संख्या दी गई हो और मिसिल में निम्नलिखित भागों में से एक अथवा एकाधिक भाग शामिल होते हैं :

(क) पत्र-व्यवहार

(ख) टिप्पण

(ग) पत्र-व्यवहार का परिशिष्ट

(घ) टिप्पण का परिशिष्ट

(4) **विभागीय सूचक :**

विभागीय सूचक का आशय :

1. विभाग के विभिन्न अनुभागों द्वारा वर्ष के दौरान खोली गई मिसिलों के समेकित सूचकांक से है।
2. इसमें वे मिसिल जोड़ दी जाएगी जो वगीकृत किस्म की हो अथवा जिन्हें 10 वर्ष से कम समय तक रखे जाने का विचार हो।
3. मिसिलों को जिन सूचक शब्दों के अंतर्गत अधिसूचित किया गया है, उन्हीं के वर्णक्रम से व्यवस्थित किया जाता है।

(5) **टिप्पण :**

'टिप्पण' का आशय किसी मामले के निपटाने को सुविधाजनक बनाने की दृष्टि से उस पर की गई टिप्पणियों से है और इसमें निम्न चीजें सम्मिलित होती हैं :

(क) पिछले कागजों का सार
(ख) निर्णयाधीन प्रश्नों का विवरण तथा विश्लेषण
(ग) कार्रवाई से संबंधित सुझाव, और
(घ) उनके बारे में जारी किए गए अन्तिम आदेश

(6) **नेमी टिप्पणी :**

'नेमी टिप्पणी' का आशय मिसिल के बाहर अभिलेखबद्ध की गई अस्थाई तथा कम महत्त्व की टिप्पणी से है और इसमें निम्नलिखित चीजें होती हैं :

(क) नैमित्तिक विचार-विमर्श का अभिलेख
(ख) उच्चतर अधिकारियों के लिए किसी मामले पर विचार-विनियम के काम को सुविधाजनक बनाने की दृष्टि से गौण महत्त्व के किसी मुद्दे से संबंधित टिप्पणी।

(7) **स्थायी टिप्पणी :**

किसी विषय के संदर्भ में 'स्थायी टिप्पणी' का आशय ऐसी अविछिन्न टिप्पणी से है जिसमें अन्य बातों के साथ-साथ नीति और कार्यविधि के इतिहास एवं विकास की व्याख्या की गई हो। यह टिप्पणी इस ढंग से तैयार की जाती है कि इसका प्रयोग निम्नलिखित रूप में किया जा सके :

(क) विद्यमान नीति अथवा कार्यविधि की समीक्षा के लिए पृष्ठभूमि के रूप में पूर्ण सामग्री
(ख) संसद में पूछे जानेवाले प्रश्नों के उत्तर अथवा तत्संबंधी अनुपूरक प्रश्नों की टिप्पणियाँ तैयार करने के निमित्त सार और,
(ग) प्रस्तावना अथवा प्रशिक्षण सामग्री।

(8) **डाकेट करना :**

डाकेट करने का आशय मिसिल में पत्र-व्यवहार (चाहे वह आवती हो अथवा प्रेषण) को प्रत्येक मद की पहचान के लिए उसे दी गई क्रमसंख्या के बारे में मिसिल के टिप्पण भाग में प्रविष्टियाँ करने से है।

(9) **तथ्यों का क्रमिक सार :**

किसी मामले के संदर्भ में 'तथ्यों का क्रमिक सार' का आशय किसी मामले के तथ्यों के ऐसे सार से है जिसे समय-समय पर महत्त्वपूर्ण बातों को जब वे घटित हों, शामिल करने के लिए अद्यतन बनाया जाता है।

(10) **टिप्पण के परिशिष्ट :**

किसी मिसिल के संदर्भ में 'टिप्पण के परिशिष्ट' का अर्थ मिसिल में चर्चित किसी प्रश्न के कतिपय पहलुओं से संबंधित विस्तृत जानकारी वाले लंबे तार अथवा विवरण के अनावश्यक रूप से लंबा हो जाने की संभावना

रहती है।

(11) मिनट :

'मिनट' का आशय राष्ट्रपति, उपराष्ट्रपति, प्रधानमंत्री अथवा मंत्री द्वारा लेखबद्ध किए गए टिप्पण से है।

(12) पत्र-व्यवहार भाग :

किसी मिसिल के संदर्भ में 'पत्र-व्यवहार भाग' का आशय मिसिल से संबंधित उस भाग से है, जिसमें

1. आवतियाँ तथा,
2. निर्गमों की कार्यालय प्रतियाँ, एवं
3. स्वतः पूर्ण अंतर्विभागीय टिप्पणियाँ आती हैं। किंतु इस भाग में टिप्पण भाग में ही लेखबद्ध की गई अंतर्विभागीय टिप्पणियाँ शामिल नहीं होतीं।

(13) पत्र-व्यवहार के परिशिष्ट :

किसी मिसिल के संदर्भ में 'पत्र-व्यवहार के परिशिष्ट' का अर्थ मिसिल में किसी पत्र (चाहे वह आवती हो या प्रेषण) के साथ लगे हुए लंबे संलग्न-पत्रों से है, जिन्हें मिसिल के पत्र-व्यवहार भाग में जोड़ने से पत्र-व्यवहार को पढ़ने में बाधा पहुँचने अथवा पत्र-व्यवहार वाले भाग के अत्यधिक बोझिल हो जाने की संभावना रहती है।

(14) मसौदे का प्रेषण :

'मसौदे का प्रेषण' में मसौदे के अनुमोदन से लेकर, प्राप्तकर्ता को हस्ताक्षरित पत्र के प्रेषण तक की सारी अवस्थाएँ आ जाती हैं, अर्थात्

(क) स्वच्छ प्रतियाँ
(ख) टाइप करना
(ग) मिलान करना
(घ) सहपत्र जोड़ना
(ङ) हस्ताक्षर-पैड तैयार करना
(च) लिफाफे तैयार करना
(छ) प्रेषण, रजिस्टर और संदेशवाहक बहियों में प्रविष्टियाँ करना।
(ज) जहाँ आवश्यक हों, मोहरें लगाना

(15) संदर्भ फोल्डर :

किसी विशिष्ट विषय के संदर्भ में 'संदर्भ फोल्डर' का आशय ऐसी पुस्तिका से है जिसमें संगत नियमों, आदेशों, अनुदेशों आदि की प्रतियाँ तिथिक्रम से रखी हों।

(16) **स्थायी निदेश मिसिल :**

किसी विषय से संबंधित 'स्थायी निदेश मिसिल' का आशय ऐसे संकलन से है जिसके निम्नलिखित तीन अंग होते हैं :

(क) विषय से संबंधित सिद्धांतों और नीति का क्रमिक सार, जिसमें से प्रत्येक के सामने हाशिये पर संगत अथवा आदेशों की संख्या और तारीख अंकित होती है

(ख) उपरिलिखित निर्णयों अथवा आदेशों की तिथिक्रम से रखी हुई प्रतियाँ, तथा

(ग) विभिन्न स्तरों पर प्रयोग के लिए पत्रों के आदर्श रूप।

अध्याय 3

टिप्पणी-लेखन : सिद्धांत, व्याख्या व अनुदेश

(क) भूमिका

पिछले दो अध्यायों में सरकारी कार्यालयों की कार्यविधि के संबंध में चर्चा की गई है। वस्तुतः मंत्रालयों व कार्यालयों में डाक की प्राप्ति, वितरण एवं अवलोकन के पश्चात् पत्रों के निस्तारण के लिए यह आवश्यक है कि उन पर टिप्पणी लिखी जाए। अतः यह स्पष्ट है कि टिप्पणी सरकारी क्रियाविधि का एक अत्यंत महत्त्वपूर्ण व अभिन्न अंग है। बिना टिप्पणी के पत्रों/मामलों के निस्तारण का कार्य समुचित ढंग से नहीं हो सकता। जब तक सहायक/लिपिक किसी मामले को पूर्ण विवरण व क्या कार्रवाई की जाए, इसके सुझावों के साथ अपनी टिप्पणी को प्रस्तुत नहीं करता, तब तक अधिकांश मामलों में अधिकारी-वर्ग आगामी कार्यवाही नहीं कर पाता। इस प्रकार सरकार के निकलनेवाले आदेशों, निर्देशों और आनेवाले निर्णयों की जड़ में टिप्पणी ही रहती है। इस प्रकार छोटे-बड़े, अधीन संलग्न या स्वतंत्र सब प्रकार के सरकारी या अर्द्धसरकारी कार्यालयों में टिप्पणी का विशेष महत्त्व है।

(ख) टिप्पणी क्या है

(1) भारत सरकार की 'कार्यालय पद्धति' के अनुसार 'टिप्पणियाँ' वे बातें हैं जो विचाराधीन कागजों के बारे में इसलिए लिखी जाती हैं कि मामले को निपटाने में सुविधा हो।

(2) केंद्रीय सचिवालय कार्यालय पद्धति के अनुसार 'टिप्पण' वे रिमार्क हैं जो किसी विचाराधीन कागज के संबंध में लिखे जाते हैं ताकि उनके निस्तारण में सुविधा हो सके।

(3) उत्तर प्रदेश सरकार की 'हिन्दी निर्देशिका' में टिप्पण की व्याख्या करते हुए लिखा गया है, 'टिप्पण का उद्देश्य उन बातों को, जिन पर निर्णय करना होता है, स्पष्ट रूप से तथा तर्कानुसार प्रस्तुत करना है। साथ ही उन बातों की ओर भी संकेत करना है जिनके आधार पर उक्त निर्णय लिया जा सकता है'।

(4) बिहार सरकार द्वारा प्रकाशित 'हिन्दी प्रशिक्षण व्याख्यान माला-2' के अनुसार, 'पत्र के सार को बतलाते हुए उसके निर्णय के लिए अपने सुझाव देना ही टिप्पण है'।

(5) श्री बाबूराम जी पालीवाल अपनी पुस्तक 'कार्यालय निर्देशिका' में लिखते हैं, 'टिप्पणियाँ वास्तव में वे लिखित मंतव्य हैं जो विचाराधीन कागज के सुविधापूर्वक निस्तारण के संबंध में लिखे जाते हैं'।

(6) प्रो. विराज अपनी पुस्तक 'प्रामाणिक आलेखन और टिप्पण' में लिखते हैं, 'किसी विचाराधीन पत्र या आवेदन पर उसके निस्तारण को सरल बनाने के लिए जो टिप्पणियाँ लिखी जाती हैं, वे ही टिप्पण कहलाती है'। संक्षेप में कहा जाए तो,

(क) टिप्पणी लिखित रिमार्क है, लिखित टीप है, नोट है।

(ख) कार्यालय में किसी भी विचार के लिए प्रस्तुत किसी भी तरह के कागज के संबंध में वह लिखी जा सकती है।

(ग) वे प्रायः संबंधित कागजों पर नहीं लिखी जातीं, अलग से लिखी जाती हैं। मूल कागजों पर अत्यंत सूक्ष्म टीप अंकित होती है।

उपर्युक्त सभी परिभाषाओं के आधार पर निष्कर्ष रूप में यह समझा जा सकता है कि टिप्पणियों में निम्नलिखित बातें मुख्य होती हैं :

(क) पिछले संबंधित पत्रों/कागजों का सार

(ख) जिन प्रश्नों अथवा विषयों पर निर्णय करने की आवश्यकता हो, उनकी समाख्या।

(ग) क्या कार्रवाई की जाए, इसके संबंध में सुझाव और उस पर दिए गए आदेश।

सारांश में यह कहा जा सकता है कि टिप्पण विचारार्थ पत्र या मामले की मूल समस्या को सरकारी नियमों के परिप्रेक्ष्य में परीक्षण करके अथवा कसौटी पर कसकर सरकारी मंतव्य प्रस्तुत करता है और जो कुछ भी प्रस्तुत किया जाता है, वह तर्कों व नियमों पर आधारित रहता है। वस्तुतः इसे मामले की निस्संग समीक्षा कहा जा सकता है।

सारांश रूप से टिप्पणी में ये बातें सम्मिलित होती हैं :

(i) विचाराधीन कागज से संबंधित पूर्व कार्रवाई या पत्र-व्यवहार का सार

(ii) समस्याओं का विश्लेषण

(iii) क्या दिया जाए—इसके लिए सुझाव

(iv) सुझावों पर अधिकारियों से प्राप्त आदेशों-निर्देशों का उल्लेख

(v) टिप्पणकर्त्ता के अपने सुझाव

(vi) प्रस्तुत मामले या विषय की परिस्थिति अथवा इतिहास

(vii) विषय को निपटाने के लिए पूर्व उदाहरणों का अंकन जो विषय से सुसंगत हो

(viii) विचाराधीन कागज पर लागू होनेवाले नियम, अधिनियम, विनियम, कानून आदि का उल्लेख

(ix) तर्क एवं तथ्यों सहित संभवनीय सुझाव।

(ग) टिप्पणी के प्रकार

(i) सूक्ष्म टिप्पणी

(ii) सामान्य टिप्पणी

(iii) संपूर्ण टिप्पणी

(iv) मिनिट्स या वृत्त

(v) अनुषांगिक टिप्पणियाँ आंशिक टिप्पणी

(vi) अनौपचारिक टिप्पणी

(vii) मुख्य टिप्पणी

(viii) प्रेस टिप्पणी

(घ) टिप्पणी कब आवश्यक है

(1) ऐसे मामलों में, जिनका संबंध नई योजनाओं, नीतियों, प्रश्नों अथवा जटिल समस्याओं से होता है, विस्तृत लिखनी पड़ती है। उसका उद्देश्य आवतियों के संबंध में प्राप्त सूचनाओं, नियमों, उदाहरणों द्वारा अन्य विभागों, शाखाओं, मंत्रालयों, कार्यालयों द्वारा प्राप्त सूचनाओं का उल्लेख करते हुए अपने सुझावों सहित अधिकारियों के समक्ष उचित आदेशार्थ प्रस्तुत करना होता है।

(2) ऐसी टिप्पणी के आधार पर ही कार्यालय के अनुभाग-अधिकारी तथा अन्य उच्च अधिकारी निर्णय लें, यह आवश्यक नहीं। पर

उन्हें निर्णय लेने के लिए ये टिप्पणियाँ एक व्यापक आधार प्रस्तुत करती हैं, जिनसे वे समस्त आँकड़े एवं सूचनाएँ आदि प्राप्त करते हैं। यदि कोई सूचना टिप्पणी में नहीं है तो वे आदेश देकर उसे मँगा लेते हैं। जब वे स्वयं संतुष्ट हो जाते हैं, तब सहायक को उत्तर का मसौदा (प्रारूप) तैयार करने का आदेश देते हैं।

(3) यदि अनुभाग अधिकारी अथवा अन्य अधिकारी अपने से उच्चतर अधिकारी या मंत्री महोदय से कोई आदेश प्राप्त करना चाहते हैं तो उनके पास अपनी टिप्पणी को सुझावों सहित प्रस्तुत करते हैं।

(4) आवती पर सक्षम अधिकारी द्वारा आदेश प्राप्त कर उसका निस्तारण करना अथवा उत्तर तैयार करके उसे 'अनुमोदित' करा लेना एवं संबंधित व्यक्ति को वह उत्तर भेज देना ही टिप्पणी-लेखन का मुख्य उद्देश्य है।

(ङ) कार्यालय की टिप्पणी का कार्यक्षेत्र व उद्देश्य

(1) कार्यालय में आए हुए पत्र जब उस कार्यालय के अधिकारियों के पास से लौटकर संबंधित सहायक के पास आते हैं तो ऐसे पत्रों को अधिकारियों के अंकित आदेशानुसार निस्तारण के लिए वह कार्रवाई करता है।

(2) जिस पत्र पर कार्रवाई पूर्व निश्चित सी होती है अथवा जिस प्राप्ति पर पहले निर्णय हो चुका होता है, उस पर टिप्पण लिखने की आवश्यकता नहीं होती।

(3) कार्यालय में कुछ पत्र केवल 'अवलोकनार्थ' अथवा 'केवल सूचनार्थ' भी आते हैं। ऐसे पत्रों पर, जब तक विशेष अधिकारी का आदेश न हो, कोई कार्रवाई नहीं होती।

(4) यदि आवती पर की जानेवाली कार्रवाई बिल्कुल स्पष्ट हो या किसी मिसाल (प्रिसीडेंट) अथवा परम्परा पर आधारित हो या आवती पर ही इस संबंध में अवर सचिव/उपसचिव ने कोई निर्देश दे दिया हो तो आवश्यकतानुसार बिना कुछ ज्यादा टिप्पणी लिखे उत्तर का मसौदा 'अनुमोदनार्थ' प्रस्तुत कर देना चाहिए। ऐसा न हो तो कार्यालय की ओर से टिप्पणी लिखी जाएगी।

(5) कार्यालय को चाहिए कि वह :

(क) यह देखे कि सभी तथ्य, जहाँ तक उनकी जाँच संभव है, ठीक हैं या नहीं

(ख) गलतियों या तथ्यों के गलत बयान का संकेत करे,

(ग) जहाँ आवश्यक हो संविधिक या प्रचलित क्रियाविधि की ओर ध्यान दिलाए और कानून तथा नियमों का उल्लेख करे साथ ही यह भी संकेत करे कि वे कानून तथा नियम कहाँ देखे जा सकते हैं,

(घ) मंत्रालय में उपलब्ध अन्य संगत तथ्य और आँकड़े प्रस्तुत करे और उस विषय पर यदि कोई स्थायी निदेश मिसिल या पिछले मामलों को नीतिविषयक पिछले निर्णयों से संबद्ध अन्य कागज पेश करे,

(ङ) विचारार्थ प्रश्नों को बताए और जिन मामलों पर निर्णय की आवश्यकता है, उनके बारे में सपष्ट रूप से लिखे, और

(च) जहाँ संभव हो, वहाँ कार्रवाई की दिशा दिखाए।

(च) टिप्पणियाँ : लिखने के संबंध में सामान्य अनुदेश

(1) सभी टिप्पणियाँ संक्षिप्त और विषय संगत होनी चाहिए। बहुत अधिक लंबी टिप्पणियाँ लिखना दोष है, इसलिए उससे बचना चाहिए। यह मान लेना चाहिए कि विचाराधीन कागजों और पहले की टिप्पणियों को तो वह अधिकारी पढ़ेगा ही जिसके सामने मामला पेश किया जा रहा है, अतः विचाराधीन कागजों को या उसी मिसिल पर दूसरे मंत्रालयों की टिप्पणियों को ज्यों का त्यों उतारने या उनका वाक्य-सार देने से बचना चाहिए।

(2) यदि किसी अधिकारी को ऐसी मिसिल पर टिप्पणी लिखनी हो जिसमें 'तथ्यों का क्रमिक सार' मौजूद हो तो मामले के तथ्यों की ओर ध्यान दिलाते हुए उसे केवल 'सार' का हवाला (संदर्भ) दे देना चाहिए और अपनी टिप्पणी में तथ्यों का कोई भी अंश दोहराना नहीं चाहिए।

(3) यदि किसी दूसरे मंत्रालय की टिप्पणी की कुछ स्पष्ट भूलों का संकेत करना हो या उसमें व्यक्त किए गए मत की आलोचना करनी हो तो इस बात का ध्यान रखना चाहिए कि यह सब ऐसी भाषा में किया जाए जो शिष्ट और संतुलित हो तथा उसमें व्यक्तिगत आक्षेप न हो।

(4) किसी आवती पर यदि शाखा-अधिकारी (अवर सचिव) या उससे ऊँचे अधिकारी ने कोई टीका-टिप्पणी की हो तो पहले कागज पर उसकी नकल की जानी चाहिए और तब उस पर टिप्पणी लिखी जानी चाहिए।

(5) जब एक ही मामले में से कई ऐसी बातें निकलती हों जिनमें आदेश की आवश्यकता हो तो हर बात को अलग-अलग लिखकर शाखा-अधिकारी (अवर सचिव) और/या उससे उच्च अधिकारी के सामने पेश करना

चाहिए। ऐसी टिप्पणियाँ 'अनुभागीय टिप्पणियाँ' कहलाएँगी और अभिलेखबद्ध करते समय उन्हें मिसिल में मुख्य टिप्पणियों के बाद रखा जाएगा।

(6) कभी-कभी टिप्पणी को कतिपय उपभागों में विभाजित करना उपयोगी होता है। प्रत्येक उपभाग मामले (प्रकरण) के किसी विशेष दृष्टिकोण पर प्रकाश डालता है। इस प्रकार के क्रम का प्रयोग विस्तृत टिप्पणी में सुविधाजनक रहता है।

(7) चर्चित (वाद) प्रश्न को टिप्पणी के आरंभ में दे देने से चर्चित प्रश्न को पूर्णरूपेण समझने में सहायता मिलती है। इसके विपरीत यदि चर्चित प्रश्न टिप्पणी के अंत में दिया जाता है और उसके प्रारंभिक तथा मध्य भाग में चर्चित विषय के इतिहास का ही उल्लेख रहता है तो उस टिप्पण को पूर्णतः समझना कठिन होता है। अतएव उत्तम यही रहेगा कि टिप्पणी के आरंभ में यदि चर्चित विषय का उल्लेख हो, फिर मामले का इतिहास दिया गया हो, तत्पश्चात् विभिन्न दृष्टिकोणों से उस पर प्रकाश डाला गया हो और अंत में उसके निस्तारण के लिए विशिष्ट सुझाव दिए गए हों।

(8) यथासंभव एक ही मंत्रालय के अधिकारियों के मध्य टिप्पणी प्रति-टिप्पणी नहीं लिखी जानी चाहिए। उन्हें परस्पर विचार-विमर्श से मामला तय कर लेना चाहिए और निर्णय को मिसिल पर अंकित कर देना चाहिए।

(9) सचिव या मंत्री महोदय के नाम भेजे गए अर्द्ध सरकारी पत्रों का अंतिम उत्तर भेजने में विलंब हो, तो टिप्पणी लेखक को अपने उच्चतर अधिकारियों से आदेश लेकर उसका अंतरिम उत्तर प्रेषित कर देना चाहिए और तत्पश्चात् टिप्पणी में उसका उल्लेख करते हुए सविस्तार उत्तर भेजने के लिए टिप्पणी आगे बढ़ानी चाहिए।

(10) जब एक ही मामले में से कोई ऐसी बात निकलती हो जिन्हें पृथक्-पृथक् आदेश की आवश्यकता हो तो हर बात को पृथक्-पृथक् लिखकर शाखा-अधिकारी या उच्च अधिकारी के समक्ष प्रस्तुत करना चाहिए।

(छ) टिप्पणी की भाषा

टिप्पणी में किस प्रकार की भाषा लिखी जाए इस पर अनेक मत हैं। अंग्रेजी में लिखी जानेवाली टिप्पणियों के संबंध में बहुत अधिक विवाद नहीं है। उनके विषय में स्पष्ट रूप से संकेत है कि

(i) टिप्पणी की भाषा यथासंभव संक्षिप्त, स्पष्ट, सरल और पूर्ण होनी चाहिए।

(ii) उसकी भाषा संयत व विनीत होनी चाहिए।

(iii) टिप्पणी में किसी प्रस्ताव की आलोचना भी निष्पक्ष भाव से नपी-तुली, संयत और विनीत भाषा में होनी चाहिए।

(iv) टिप्पणी में अतिशयोक्तिपूर्ण भाषा का प्रयोग दोष समझा जाता है और जब तक किसी प्रसंग विशेष में ऐसा करना अत्यंत आवश्यक प्रतीत न हो तब तक उसका प्रयोग नहीं करना चाहिए।

(v) टिप्पणी निरपेक्ष भाव से तर्कपूर्ण भाषा में लिखी जानी चाहिए।

(vi) टिप्पणी में ऐसी भाषा का प्रयोग नहीं किया जाना चाहिए जिससे कोई यह समझे कि टिप्पणी-लेखक इसमें अनुचित रूप से कोई दिलचस्पी ले रहा है।

(vii) न्यायोचित एवं पक्षपातरहित ढंग से तथ्यमूलक भाषा में सभी दृष्टिकोणों को स्पष्ट करते हुए अपने विचार प्रस्तुत करने चाहिए।

अंग्रेजी में लिखी जानेवाली टिप्पणियों की भाषा के संबंध में ऊपर जो भी संकेत दिए गए हैं, वह हिन्दी में लिखी जानेवाली टिप्पणियों के लिए भी पूरी तरह लागू होते हैं। किंतु हिन्दी की टिप्पणियों के संबंध में यह प्रश्न उठता है कि इस भाषा का स्वरूप क्या हो। टिप्पणियों में किस प्रकार की हिन्दी का प्रयोग किया जाए, यह एक विवादास्पद विषय हो गया है और इस पर भिन्न-भिन्न मत हैं।

सामान्यतः इस संबंध में तीन प्रकार के मत पाये जाते हैं :

(क) पहला मत (वर्ग) उन लोगों का है जो पूर्णतः संस्कृतनिष्ठ भाषा का प्रयोग वांछनीय समझते हैं। इसमें वे अप्रचलित भारी-भरकम पारिभाषिक शब्दावली का प्रयोग भी आवश्यक मानते हैं।

(ख) दूसरा मत (वर्ग) सामान्य प्रचलित हिन्दी का प्रयोग समीचीन मानता है और जो शब्द-व्यवहार में आ गए हैं (चाहे वे किसी भी भाषा के हों) उन्हें प्रयोग में लाना उचित समझता है।

(ग) तीसरा मत (वर्ग) इस बात का समर्थक है कि यदि हिन्दी को सरकारी कामकाज की भाषा के रूप में प्रतिष्ठित करना है, तो यह अच्छा होगा कि प्रारंभ में कुछ समय तक हम टिप्पणी-लेखन में 'खिचड़ी' भाषा का प्रयोग करें अर्थात् जो भी आम प्रचलित हैं, चाहें ये अंग्रेजी, उर्दू या अन्य किसी भाषा के हों, हमें उनका ही प्रयोग करना चाहिए। कभी-कभी ऐसा होता है कि टिप्पणी लिखते समय हमें किसी अंग्रेजी शब्द का पर्याय नहीं मिलता। ऐसी स्थिति में उसी अंग्रेजी शब्द को हिन्दी में लिख दिया जाए, तो कोई बुरा नहीं है।

वस्तुतः उपर्युक्त तीनों मतों पर विचार करने पर यह देखा गया है कि आमधारणा तीसरे मत के समर्थन में अधिक है। किसी भाषा को राज्यभाषा के

रूप में मान्यता देकर उसमें जब सरकारी कामकाज करना होता है, तो ऐसी समस्या प्रारंभ में आती ही है। ऐसी स्थिति में हमें नरम रुख अपनाना चाहिए, और उस स्थिति में आगे और भी अधिक जब अहिन्दी राज्यों द्वारा हिन्दी को राज्यभाषा के रूप में मान्यता देने का विरोध हो रहा हो। आज बहुमत इस बात का समर्थक है कि हमें येन केन प्रकारेण हिन्दी का प्रयोग करना चाहिए और उसके लिए संस्कृतनिष्ठ हिन्दी के प्रयोग पर जोर नहीं दिया जाना चाहिए। जब कर्मचारी-वर्ग टिप्पणियाँ मिली-जुली भाषा में लिखने का अभ्यस्त हो जाए तो शनैः-शनैः हम सभी हिन्दी का प्रयोग कर सकते हैं।

प्रशासन में (जिसमें टिप्पणी का महत्त्वपूर्ण स्थान है) किस प्रकार की भाषा उपयुक्त है अथवा किस प्रकार की भाषा का प्रयोग किया जाना चाहिए, इस संबंध में भारत सरकार के 'राजभाषा विभाग' के भूतपूर्व सचिव रमाप्रसन्न नायक आई. सी.एस. ने 'राजभाषा हिन्दी के बढ़ते चरण' नामक पुस्तिका में जो विचार प्रकट किए हैं, वे द्रष्टव्य हैं : 'राजभाषा का रूप कैसा हो, यह बात भी कम अहमियत नहीं रखती। एक तो हजारों की संख्या में नए शब्दों की अनिवार्य आवश्यकता के कारण और दूसरे नए और अब तक अछूते क्षेत्रों में हिन्दी के प्रयोग की वजह से हिन्दी जाननेवालों को भी यह 'नई हिन्दी' कुछ अटपटी लगती है। फिर भी, यदि सूझबूझ से काम लिया जाए तो यह मुश्किल काफी हद तक दूर हो सकती है। जरूरत इस बात की है कि उसका उपयोग करनेवाले यह समझें कि हिन्दी को अंग्रेजी की जगह इसलिए लाया जा रहा है ताकि सरकार का काम आम जनता की भाषा में ही किया जाए...अगर हिन्दी की जगह नई अटपटी हिन्दी लोगों पर लादने का प्रयत्न किया गया, तो वे ऊबकर, घबराकर, चिढ़कर यही करेंगे कि इस हिन्दी से तो अंग्रेजी ही बेहतर थी। ऐसी हिन्दी से तो नजात तभी मिलेगी, जब लोग हिन्दी में ही मूल लेखन आरंभ कर देंगे। ऐसा करना बहुत कठिन नहीं है। सिर्फ मानसिक आलस्य को विदा करने का प्रश्न है। **सरकार तो बार-बार यह स्पष्ट कर ही चुकी है कि सरकारी कामकाज की भाषा सरल और सुबोध होनी चाहिए।'**

कठिनाई नए शब्दों के कारण नहीं होती, नए शब्द तो हमें सीखने ही पड़ते हैं और हम सीख लेंगे। अंग्रेजी और दूसरी भाषाओं में भी गत कुछ ही वर्षों में हजारों नए शब्द आए हैं और लोग उन्हें सीख गए हैं, लेकिन अनुवाद की अनगढ़ भाषा या हिन्दी की प्रकृति को भुलाकर लिखी जानेवाली विचित्र विन्यासवाली भाषा तो इन नए शब्दों के साथ मिलकर 'करेला और नीम चढ़ा' वाली कहावत ही चरितार्थ करती है। अब तक तो भारतीय जनता अंग्रेजी इस्तेमाल करनेवाले आभिजात्य वर्ग से त्रस्त थी, और यदि उस 'आभिजात्य' के स्थान पर यह नया 'आभिजात' आ गया, तो जनता फिर वहीं की वहीं रह जाएगी। इसलिए हमें ऐसी

क्लिष्ट भाषा से हर हालत में दूर रहना चाहिए।

संक्रमण काल में सरकार ने यह नीति अपनाई है कि पारिभाषिक शब्दावली के फेर में न पड़कर अपनी बात दूसरों तक सहज ही पहुँचाने के उद्देश्य से लोगों को बेझिझक ऐसी जबान इस्तेमाल करनी चाहिए जिसमें रवानी हो। अगर पारिभषिक शब्द ज्ञात हो तो क्या कहना, लेकिन अगर तुरंत पारिभाषिक शब्द याद न आए, तब भी शब्द सागर में गोते लगाने की जरूरत नहीं, बल्कि आमतौर पर प्रचलित अंग्रेजी, उर्दू आदि के शब्दों का बेधड़क प्रयोग किया जाए।

प्रशासन में (जिसमें टिप्पणी का महत्त्वपूर्ण स्थान है) किस प्रकार की भाषा उपयुक्त है अथवा किस प्रकार की भाषा का प्रयोग किया जाना चाहिए, इस संबंध में भारत सरकार के भूतपूर्व हिन्दी सलाहकार जगदीश चन्द्र माथुर, आई.सी.एस. ने केंद्रीय रेलवे द्वारा जबलपुर में 'हिन्दी आलेखन एवं टिप्पण' विषय पर आयोजित एक विचार-गोष्ठी में अपने विचार व्यक्त किए थे, जो द्रष्टव्य हैं :

(1) कार्य से संबंधित भाषा प्रौढ़ों को सिखाने में आसानी होती है, अतः कार्य से संबंधित भाषा का ही प्रशिक्षण दिया जाना चाहिए।

(2) जो तकनीकी विभागों में कार्य करते हैं, उनके लिए पूरी तरह अंग्रेजी शब्दावली का बहिष्कार संभव नहीं है। बहुत से वैज्ञानिक शब्द ऐसे हैं जिनके हिन्दी में मिश्रित हो जाने पर न केवल हमारी भाषा समृद्ध होगी बल्कि कार्य-संबंधित प्रशिक्षण भी आसान हो जाएगा। इससे मिश्रित भाषा विकसित होगी। मिश्रित भाषा का मजाक उड़ाया जाता है, लेकिन इस मिश्रित प्रक्रिया की उपयोगिता आज सब जगह मानी जाने लगी है। जीवन की शांति की ओर शुरुआत ही मिश्रण से होती है।

(3) हिन्दी के कार्य की शुरुआत अविवादास्पद चीजों से होनी चाहिए। आज यह देखना होगा कि हमारी नई शब्दावली की जगह क्षेत्रीय भाषाओं और हिन्दी में प्रचलित शब्दों के प्रयोग की जरूरत है या नहीं, और है तो कितनी। इसी का दूसरा पक्ष है व्यवहार के लिए एक नई प्रणाली (भाषा) का अपनाया जाना।

इसी विचार-गोष्ठी में राजभाषा विषयी आयोग के सदस्य मन्नू लाल द्विवेदी ने भी प्रशासनिक भाषा के संबंध में अपने विचार प्रकट किए थे, उन्हें संक्षेप में यहाँ दिया जा रहा है :

(1) हिन्दी में अंग्रेजी के शब्द प्रयोग करें तो भी हिन्दी ही रहेगी, उर्दू के शब्द मिलाकर प्रयोग करें तो भी हिन्दी रहेगी और संस्कृत बाहुल्य भाषा का प्रयोग तब तो हिन्दी है ही।

(2) मेरी मान्यता तो यह है कि सरल हिन्दी वह हिन्दी है जिसे दक्षिण भारत के लोग और अहिन्दी भाषी लोग आसानी से समझ सकें। इसे अपनाने

में उर्दू, मिश्रित भाषा के अभ्यस्त उत्तर भारतीयों को कुछ कठिनाई हो तो उस कठिनाई को अभ्यास से दूर करना चाहिए।

(३) मेरा यही कहना है कि जो शब्द आप उचित समझते हैं, उसका कार्यालय के काम में उपयोग कीजिए। इसमें किसी भी निर्देश की आवश्यकता नहीं। कुछ लोग कहते हैं कि भारत सरकार में गठित विविध आयोगों ने जिस शब्दावली की रचना की है, केवल उसके प्रयोग का बंधन न हो। इस बात से मैं असहमत हूँ। सभी भाषा-भाषी प्रदेशों के प्रमुख विद्वानों की सलाह लेकर ही यह शब्दावली बनाई गई है और तकनीकी अनुवाद में इसका अनिवार्य रूप से प्रयोग किया जाना चाहिए।

प्रशासन में भाषा के प्रयोग के संबंध में मध्य प्रदेश सरकार ने जो भाषा नीति अपनाई है, वह काफी स्पष्ट और समयानुसार है। 'राजकाज में उपयोग में आने वाली भाषा के संबंध में शासन की नीति यह है कि सरकारी कार्यों में लिखी जाने वाली भाषा, जहाँ तक हो सके, विधि विषयक पारिभाषिक शब्दों तथा ऐसे शब्दों को छोड़कर जिनके गलत उपयोग से राजकाज में अव्यवस्था उत्पन्न होने की संभावना हो, सारे शब्द प्रचलित भाषा में लिखे जाएँ। यदि अंग्रेजी के किसी शब्द या भाव के लिए कोई हिन्दी शब्द या अभिव्यक्ति न मिले तो अंग्रेजी शब्द या अभिव्यक्ति लिखने में कोई आपत्ति नहीं होगी। वैसे तो हिन्दी में विदेशी व दूसरी भाषाओं के कई शब्द बहुत प्रचलित हो चुके हैं, उन्हें ज्यों का त्यों लेने में कोई आपत्ति न होगी, परंतु इस संबंध में यह खयाल रखना चाहिए कि उनका उपयोग करते समय उनके रूप हिन्दी के व्याकरण के अनुसार हों, न कि मूल भाषा के व्याकरण के अनुसार'।

टिप्पणी लिखने का कार्य कार्यालय में दो वर्गों पर निर्भर है—पहला कर्मचारी वर्ग है और दूसरा अधिकरी वर्ग। जहाँ पहले वर्ग को हिन्दी में टिप्पणी-लेखन की दक्षता प्राप्त करना है, वहाँ दूसरे वर्ग अर्थात् अधिकारियों को भी उन पर आदेश/निर्देश आदि हिन्दी में लिखने में सक्षम होना है। अतः दोनों ही वर्गों को प्रशासनिक भाषा में अपनी तरह दक्षता प्राप्त करना है और यह उनके रूप पर निर्भर है।

आजकल टिप्पण-लेखन बहुत कुछ अनुवाद पर निर्भर है। हम सब कुछ अंग्रेजी में सीखते हैं और उसका अनुवाद करके हिन्दी में लिखते हैं। अंग्रेजी से हिन्दी करने में काफी भयंकर भूलें हो जाती हैं और अर्थ का अनर्थ हो जाता है। कर्मचारियों को चाहिए कि टिप्पणी की रूपरेखा हिन्दी में ही बनाएँ और हिन्दी में ही सोच-विचार के उपरांत टिप्पणी लिखें। हमें हिन्दी में स्वतंत्र चिंतन, विचार और अभिव्यक्ति का विकास करना चाहिए। इससे हिन्दी भाषा में समृद्धि और संपन्न होगी। वस्तुतः हमें हिन्दी आलेखन और टिप्पण में मौलिकता पर ध्यान देना

जरूरी है।

टिप्पणी में मौलिकता से तात्पर्य है कि जो कुछ भी हम हिन्दी में लिखें, उसमें कृत्रिमता का आभास न हो, हिन्दी का मूल रूप बना रहे और कोई ऐसा न समझे कि यह हिन्दी नहीं है। हमारा प्रयास यही होना चाहिए कि बोलचाल की सरल एवं सहज भाषा में हम टिप्पणी लिखने का प्रयत्न करें। जो भी लिखा जाए वह सरल व सीधा-सादा होना चाहिए जिसे आमतौर पर आसानी से समझा जा सके और असली अर्थ को पढ़नेवाले तक पहुँचा दे। यदि जो कुछ लिखा गया है उसे समझने में पढ़नेवाले को कठिनाई हो तो इससे सिद्ध होता है कि भाषा में कृत्रिमता है और मौलिकता की कमी है।

टिप्पणी को सहज और ग्राह्य बनाने के लिए एक व्यावहारिक सुझाव यह है कि छोटे वाक्यों का प्रयोग किया जाए। बड़े वाक्य होने पर अर्थ समझना मुश्किल हो जाता है, क्योंकि बहुधा वाक्य-विन्यास सही नहीं हो पाता। छोटे वाक्य बनाने से अर्थ समझने में आसानी होती है। इसलिए हमारा प्रयत्न यही होना चाहिए कि यथासंभव छोटे हिन्दी वाक्यों का प्रयोग करें। इससे जहाँ भाषा में सरलता तथा स्वाभाविकता उत्पन्न होगी वहाँ मौलिकता की भी वृद्धि होगी।

हिन्दी में टिप्पणी करते समय एक कठिनाई कर्मचारियों को आती है और वह है हिन्दी के उपयुक्त शब्द न मिल पाना। इसमें अनावश्यक रूप से ढेर सिर खपाना पड़ता है और शब्द न मिलने पर कर्मचारियों को कोई भी गलत-सलत शब्द इस्तेमाल करने पर मजबूर होना पड़ता है। यदि भाग्यवश तीन-चार शब्द मिल भी जाएँ तो उनमें से उपयुक्त शब्द चुनना भी एक खासा सिरदर्द बन जाता है। इसके लिए कर्मचारियों से कहा जाए कि यदि उपयुक्त हिन्दी शब्द न मिलें तो अंग्रेजी के शब्दों को ही देवनागरी लिपि में लिखने में कोई हर्ज नहीं है। बहुत से अंग्रेजी शब्द जो आम बन गए हैं, इस्तेमाल किए जा सकते हैं। भाषा के क्षेत्र में शुद्धता पर जोर देना भाषा के लिए बहुत ही हानिकारक होता है, क्योंकि वास्तव में वही भाषा जीवित रह सकती है जो अपने आसपास से आदान-प्रदान करती है अन्यथा सीमाबद्ध रहने पर वह संस्कृत के समान मृतप्रायः भाषा बन जाती है। विदेशी और दूसरी भाषाओं के बहुत से शब्द हिन्दी में बोलचाल में प्रचलित हो चुके हैं, उन्हें ज्यों का त्यों अपना लेने में कोई आपत्ति नहीं होनी चाहिए।

अंत में भाषा के प्रश्न पर यही कहना समीचीन होगा कि हिन्दी में टिप्पणी फिलहाल भाषागत विशुद्धता और शैलीगत निपुणता पर विशेष जोर देने की आवश्यकता नहीं है। जहाँ तक संभव हो भारी-भरकम शब्दों से बचा जाए ताकि हिन्दी में लिखी गई भाषा सरल व सुगम हो और किसी को यह शिकायत करने का अवसर न मिले कि राजकाज में प्रयुक्त हिन्दी का वर्तमान स्वरूप उसे अपने घर में ही अजनबी बनाता जा रहा है। यह विश्वास किया जाना चाहिए कि अखिल

भारतीय भाषा (संपर्क भाषा) के रूप में कार्यालयों में प्रयुक्त होनेवाली हिन्दी का परिपाटीगत स्वरूप समयानुकूल अनेक परिवर्तनों की प्रक्रिया से गुजर कर ही सहजता तक पहुँच सकेगा।

(ज) टिप्पण-लेखन-विधि

किसी भी मामले के निपटारे के लिए टिप्पणी लिखने के पूर्व प्रथमतः यह जान लेना आवश्यक होता है कि मामला किस प्रकार का है और उस पर किस ढंग से टिप्पणी लिखी जाए। इसके लिए मोटे तौर पर मामलों को तीन वर्गों में बाँटा जा सकता है :

(1) साधारण मामले।

(2) जरूरी मामले जिनका विषय साफ व सरल हो या जिनमें तथ्य जटिल न हों।

(3) ऐसे मामले जो, संख्या या लंबी लिखा-पढ़ी या महत्त्व के कारण या इस कारण कि उनमें कई विषयों पर आदेशों की आवश्यकता है, जटिल हो।

(1) पहले वर्ग के मामलों में की जानेवाली कार्रवाई सामान्य या परंपरागत स्वरूप की हो, केवल खास बातों के संबंध में छोटी टिप्पणी तैयार की जानी चाहिए और टिप्पणी के साथ 'अनुमोदनार्थ मसौदा' भी प्रस्तुत कर देना चाहिए।

(2) अधिकांश मामले दूसरे वर्ग में आते हैं। इन पर कार्रवाई करते समय संबंधित सहायक को :

   (क) पहले की लिखा-पढ़ी देखकर इस बात का समाधान कर लेना चाहिए कि विचाराधीन पत्र में दी गई बातें ठीक हैं,

   (ख) यह निश्चित कर लेना चाहिए कि जो हवाले प्रस्तुत किए गए हैं वे पूरे हैं और पिछली लिखा-पढ़ी की महत्त्वपूर्ण बातें जिनका विचाराधीन पत्र में उठाए गए प्रश्नों से संबंध हो, स्पष्ट रूप से व्यक्त की गई हैं,

   (ग) मामले से संबंधित सही नियम या संहिता का अनुच्छेद या अनुच्छेद के खंड को बताते हुए ऐसे स्थायी-आदेशों का भी हवाला देना चाहिए जो कागजों से उत्पन्न होनेवाले प्रश्नों के संबंध में जरूरी हों,

   (घ) ऐसे मामलों में जिनमें कागजों में दिए गए विवरण विभागीय नियमों तथा विनियमों पर आधारित हों, उनकी तसदीक कर लेना चाहिए और इस बात को कि ऐसा कर लिया गया है, टिप्पणी में लिख

देना चाहिए।

(3) तीसरे वर्ग में वे मामले आते हैं जिनका संबंध राय के लिए घुमाए गए पत्रों के उत्तर से है। इन मामलों में तथा ऐसे ही दूसरे मामलों में यह सुविधा जनक होगा कि खास विषय पर दी गई राय का एक सार तैयार कर लिया जाए। जहाँ विचाराधीन पत्र का संबंध आँकड़ों से है, वहाँ संबंधित सहायक संपूर्ण विवरण तैयार करेगा। दूसरी ओर ऐसे भी मामले होते हैं जिनमें उनके निपटारे के लिए अनेक बातें विचार करने के लिए उत्पन्न हो जाती हैं, ऐसे मामलों में विषय के पूर्व इतिहास का सार देना सुविधाजनक होता है जिससे मामले की सही स्थिति का ठीक-ठीक पता लग सके और उन बातों का भी ठीक-ठीक पता लग जाए जिन पर आदेश दिए जाने की आवश्यकता है। ऐसे मामलों में संबंधित सहायक मामले या सार पेश करेगा।

मामलों के उपर्युक्त वर्गीकरण के आधार पर हम टिप्पणियों के तीन प्रकार बना सकते हैं :

(i) पहले प्रकार की टिप्पणी वह है जब प्राप्त पत्र किसी बहुत ही पुराने मामले से संबद्ध हो। ऐसी दशा में सहायक कार्यालय में आए हुए उन सभी पूर्व प्राप्त पत्रों में दिए गए विभिन्न प्रश्नों का संक्षिप्त विवरण तैयार करते हैं तथा उनके मुख्य विषयों का आशय ध्यान में रखकर तब उस पर टिप्पणी लिखते हैं।

(ii) दूसरी श्रेणी की टिप्पणी वह होती है जब उन प्राप्त पत्रों के संबंध में कोई पत्र पहले प्राप्त न हुआ हो, बल्कि विचाराधीन पत्र में उल्लिखित विषय का श्रीगणेश यहीं से होता है। तब इस प्रकार की आवश्यकता नहीं होती है। इसमें विचाराधीन पत्र में दिखाए गए सभी प्रश्नों का समावेश कर सहायक को अपने विचार तथा सुझाव अपने उच्च पदाधिकारी के समक्ष रखना होता है।

(iii) प्रायः कार्यालय में बहुत से पत्र ऐसे आते हैं, जिनका न तो कोई उत्तर देना होता है और न उन पर कार्यालय में कोई कार्रवाई करनी होती है। ऐसे पत्र या तो सूचनार्थ या केवल मार्ग-प्रदर्शनार्थ होते हैं। इन पत्रों पर की गई टिप्पणी भी सूक्ष्म तथा साधारण होती है। इनमें प्रायः एक-दो शब्दों से ही काम चल जाता है, जैसे 'फाइल करें' 'अवलोकन के लिए' 'सभी कर्मचारियों की जानकारी के लिए घुमाया जाए' कोई कार्रवाई की जरूरत नहीं है, 'केवल जानकारी के लिए' 'देखा' इत्यादि।

उपर्युक्त चर्चा से यह स्पष्ट हो जाता है कि कार्यालयों में किस प्रकार के मामले आते हैं और उन पर टिप्पणी लिखने के प्रकार कितने

हैं। अब यहाँ पर टिप्पण-लेखन-विधि के संबंध में कुछ संकेत दिए जा रहे हैं, जो टिप्पणी लिखते समय बड़े सहायक सिद्ध होंगे :

(i) टिप्पणी कभी मूलपत्र पर नहीं लिखी जाती। टिप्पणी प्रायः निर्धारित टिप्पणी-प्रपत्र पर लिखी जाती है। जैसाकि उल्लेख किया जा चुका है कि प्राप्त पत्रों को मिसिल में एक ओर रखा जाता है, टिप्पणी दूसरी ओर रखी जाती है।

(ii) टिप्पणी लिखते समय टिप्पणी के ऊपर टिप्पणी-पृष्ठ-संख्या अंकित कर देनी चाहिए। उसके उपरांत विचाराधीन पत्र की पृष्ठ-संख्या लिखनी चाहिए जिससे टिप्पणी पढ़नेवाला यह जान ले कि वह टिप्पणी किस पत्र के निस्तारण के लिए लिखी गई है।

(iii) विचाराधीन पत्र की पृष्ठ-संख्या देने के पश्चात्, विचाराधीन विषय का उल्लेख करना चाहिए। कभी-कभी टिप्पणी के क्रमांक के तुरंत बाद विषय का उल्लेख कर दिया जाता है जिसके साथ पत्र संलग्न है।

(iv) विषय के उपरांत टिप्पण में विषय के अंतर्गत समस्याओं का स्वरूप विवरण करते हुए उनसे संबंधित तथ्य और आँकड़ों को प्रस्तुत करना चाहिए और क्या-क्या किया जा सकता है, इसके बारे में सुझाव देना चाहिए।

(v) टिप्पणी में उल्लिखित बातें क्रमबद्ध होनी चाहिए और उन्हें अलग-अलग अनुच्छेदों में लिखा जाना चाहिए। प्रथम अनुच्छेद को छोड़कर शेष पर 2,3,4,5, आदि क्रमसंख्या डाल देनी चाहिए ताकि आगे की टिप्पणी या आदेश में, जहाँ आवश्यक हो, अनुच्छेदों का उल्लेख किया जा सके।

(vi) टिप्पणी लिखते समय जिस पत्र, पूर्व टिप्पण या पूर्व आदेश का संदर्भ देना हो, उसे प्रायः टिप्पणी के मूल अंश में न लिखकर पार्श्व में संकेतों से निर्देशित करना चाहिए।

(vii) शाखा-अधिकारी या अन्य उच्चाधिकारी पत्रों या प्राप्तियों पर डाक स्तर पर ही अपना आदेश लिख देते हैं। ऐसे आदेशों को टिप्पणी वाले अंश पर यथारूप उद्धत कर दिया जाना चाहिए।

(viii) टिप्पणी लिख चुकने पर सहायक को उसके अंत में बाईं ओर दिनांक सहित आद्यक्षर करना चाहिए। यहाँ सहायक द्वारा टिप्पण का मुख्य कार्य समाप्त माना जाता है।

(ix) सहायक द्वारा प्रस्तुत इस मुख्य टिप्पण को अनुभाग-अधिकारी ध्यान से पढ़ता है। यह आवश्यकतानुसार/नियमानुसार/प्रसंगानुसार यदि शाखा-अधिकारी को दिखाना/आदेश लेना आवश्यक समझता है तो बाईं ओर अपना आद्यक्षर और दिनांक अंकित करके उच्चाधिकारी को अंकित

कर देता है। किंतु अपने अधिकार क्षेत्र में जब टिप्पणी वह स्वयं निस्तारण करता है, तब दाईं ओर अपना पूरा नाम लिखता है। अन्य उच्चतर अधिकारी दाईं ओर ही पूरा नाम एवं पद संज्ञा अंकित करते हैं।

(x) शाखा-अधिकारी के समक्ष जब मिसिल पहुँचती है तब वह भी टिप्पणी पर उचित आदेश/निर्देश आदि देकर उसके नीचे दाईं ओर अपने पूर्णनाम के हस्ताक्षर कर देता है और उसे वापस अनुभाग अधिकारी के पास भेज देता है। अथवा लिख देता है, 'कृपया आकर मिल जाइये' आदि। अगर पत्रावली को ऊपर प्रेषित करना चाहता है तो उस अधिकारी का नाम अंकित कर देता है। उप सचिव, संयुक्त सचिव अथवा सचिव नीचे से प्रेषित टिप्पणियों पर प्रायः आदेश/निर्देश/सहमति दे देते हैं। यदि कहीं तथ्यों और सुझावों आदि से सहमत न हों, तब वे टिप्पणी को अपने आदेश के साथ लौटा देते हैं। अनुभाग-अधिकारी मिसिल को पूर्ण कर पुनः उसी पूर्व वर्णित-विधि से या सीधे प्रस्तुत करता है।

(xi) मूल टिप्पण के पार्श्व में पर्याप्त बड़ा स्थान छोड़ा जाना चाहिए क्योंकि उसी स्थान में पत्रावली के क्रमांकों एवं पताकांकित पत्रों संबंधी निर्देश तथा नाम अंकित किए जाते हैं।

(झ) उपसंहार

सारांश रूप में यह कहा जा सकता है कि अच्छे हिन्दी टिप्पण के संबंध में निम्नलिखित बातें आवश्यक हैं :

(1) वह पूर्ण हों।
- (क) इससे सभी आवश्यक बातों की जानकारी होनी चाहिए।
- (ख) इससे सभी प्रश्नों के उत्तर मिलने चाहिए।

(2) वह संक्षिप्त हो।
- (क) इसमें केवल आवश्यक बात ही दी जाएँ।
- (ख) इसमें केवल आवश्यक शब्द और मुहावरे ही आने चाहिए।

(3) वह स्पष्ट हो।
- (क) जिस नाम से पत्र भेजा गया है, भाषा उसके अनुकूल हो।
- (ख) विचार प्रकट करने के लिए सरल से सरल शब्दों का प्रयोग किया जाना चाहिए।
- (ग) प्रयुक्त शब्दों में भाव ठीक-ठीक व्यक्त हो।
- (घ) वाक्य-रचना ठीक हो।
- (ङ) हर कंडिका में एक तरह का विचार पूरा-पूरा व्यक्त होना चाहिए।

(च) कंडिकाएँ उचित शृंखला में रखी जाएँ।

(4) वह सही हो।

(क) सूचना ठीक हो।

(ख) ब्यौरे नीति के अनुकूल हों।

(ग) लेख वैयक्तिक द्वेष, व्याकरण, विवरण और चिह्न विचार संबंधी भूलों से रहित हो।

(5) उसकी भाषा उपयुक्त हो।

(क) लिखी गई भाषा, व्याकरण, विवरण और चिह्न विचार एवं वर्तनी संबंधी भूलों से रहित हो।

(ख) उसकी भाषा से इच्छित फल मिलना चाहिए।

(ग) लेख प्रतिविरोधी शब्दों और मुहावरों से मुक्त हों।

(घ) यह अलंकारिक, उद्धत या अनियंत्रित मुहावरों से मुक्त हों।

टिप्पणी
के विषय में विचारणीय बातें

भाषा की उपयुक्तता

1. वाक्य रचना ठीक हो।
2. वर्तनी ठीक व सही हो।
3. भाषा प्रतिविरोधी शब्दों से मुक्त हो।
4. भाषा अलंकारिक या अनियंत्रित मुहावरों से मुक्त हो।
5. जिसके नाम पत्र भेजा जा रहा हो, भाषा उसके अनुकूल हो।
6. सरल शब्दों का प्रयोग हो।

पूर्णता

1. सभी आवश्यक बातों की जानकारी मिल जाय।
2. सभी प्रश्नों के उत्तर मिल जाएँ।

संक्षिप्तता

1. केवल आवश्यक बातें हों।
2. आवश्यक भाषा ही प्रयुक्त की जाय।

सही ही

1. सूचना सही हो।
2. नीति के अनुकूल हो।

स्पष्टता

1. विचार स्पष्ट हों।
2. प्रयुक्त शब्दों के भाव ठीक-ठीक हों।
3. हर कंडिका में एक तरह का विचार हो।
4. कंडिकाएँ उचित शृंखला में हों।

अध्याय 4

टिप्पणियों के नमूने

भूमिका

पिछले अध्याय में विस्तार से टिप्पणी के संबंध में लिखा गया है। यहीं पर संकेत दिया गया है कि टिप्पणी लिखने के पश्चात् कहाँ पर सहायक को हस्ताक्षर करने चाहिए और उच्चतर अधिकारी को किस प्रकार उसका पदनाम लिखकर भेजा जाना चाहिए। यहाँ पर यह स्पष्ट कर देना आवश्यक है कि केंद्रीय सचिवालय, राज्यों के सचिवालय और रेलवे के मुख्यालय—इन तीनों ही स्थानों पर टिप्पणी उच्चतर अधिकारी को भेजने के तीन विभिन्न रूप हैं और उनका जान लेना आवश्यक है

(क) केंद्र सरकार के सभी मंत्रालयों एवं कार्यालयों में यह सामान्य टिप्पणी लिखकर बाईं ओर अंत में अपने आद्यक्षर कर अपना पदनाम लिख देता है। यदि कार्यालय बड़ा नहीं है तो वह कभी-कभी अपना पदनाम भी नहीं लिखता। सहायक के हस्ताक्षर के नीचे ही अनुभाग अधिकारी भी अपने हस्ताक्षर कर देता है और नीचे बाईं ओर उस अधिकारी का नाम लिख देता है जिसके पास वह मिसिल टीका-टिप्पणी के लिए भेजी जा रही है। उसी क्रियाविधि का पालन अन्य अधिकारी अपने से वरिष्ठ अधिकारी के लिए करते हैं। केंद्र सरकार के मंत्रालयों/कार्यालयों में टिप्पणी लिखने के लिए सामान्यतः निर्धारित प्रपत्र होते हैं, जिनकी रूपरेखा इस प्रकार है :

पताका 'क' ....

पताका 'ख'..

....

हस्ता. सहायक

हस्ता.अनु.अधिकारी

अवर सचिव ....

....

हस्ताक्षर...........

संयुक्त सचिव..

....

हस्ताक्षर...........

सचिव...

हस्ताक्षर...........

(ख) हिन्दी भाषी राज्यों में सचिवालय स्तर पर और जिला स्तर पर केंद्र सरकार से भिन्न टिप्पणी की क्रियाविधि अपनाई जाती है। जहाँ केंद्रीय सरकार के कार्यालयों में सहायक टिप्पणी जिसको भेजी जाती है, उसका नाम नीचे लिखता है, जहाँ हिन्दी भाषी राज्यों में सचिवालय एवं जिला स्तर पर, टिप्पणी जिसको भेजी जाती है, उसका पदनाम टिप्पणी के प्रारंभ में ही लिखा जाता है और टिप्पणी के अंत में संबंधित सहायक अपने आद्यक्षर करता है। इस प्रकार की टिप्पणी की रूपरेखा इस प्रकार है :

क्रम संख्या पत्र संख्या दिनांक

अवर सचिव ....

....

....

....

हस्ताक्षर

सहायक

उपसचिव ....

....

हस्ताक्षर

अवर सचिव

(ग) रेलवे के डिवीजनल मुख्यालयों में उपर्युक्त दोनों ही प्रक्रियाओं से अलग टिप्पणी की क्रियाविधि है। टिप्पणी जिसको भेजी जानी है, उसका पदनाम दाहिनी ओर हाशिये में लिखा जाता है और उसी हाशिये पर अधिकारीगण अपनी टिप्पणी लिखते हैं। इस प्रकार टिप्पणी-प्रपत्र के तीन-भाग हैं—बाईं ओर हाशिया, बीच में कार्यालय की टिप्पणी और दाईं ओर हाशिये पर अधिकारी की टिप्पणी। रेलवे के टिप्पणी प्रपत्र का नमूना इस प्रकार है :

जिल्द का हाशिया	**कार्यालय टिप्पणी**	**आदेश**
	विषय...............	मंडल कार्मिक अधिकारी
	संदर्भ.............	....
		....
		....
		हस्ताक्षर ....
		सहायक कार्मिक अधिकारी (ई)
		....
		....
		....
		हस्ताक्षर
		....

अब इस अध्याय में केंद्र सरकार की कुछ टिप्पणियों के नमूने यहाँ प्रस्तुत हैं। ये नमूने किसी क्रम से नहीं हैं और विभिन्न विषयों से संबंधित हैं।

केंद्र सरकार की टिप्पणियों के उदाहरण

(1) नियुक्ति संबंधित

उदाहरण-1

सं.ई. 11030/18/74-रा.भा. (सी)

गृह मंत्रालय
राजभाषा प्रभाग (सी)
क्रम सं.-1 (आवती)

केंद्रीय अनुवाद ब्यूरो में सहायक निदेशक के पद को तदर्थ आधार पर भरने की सिफारिश की गई है और इस विषय में निदेशक ने पदोन्नति के लिए वरिष्ठ अनुवाद अधिकारी के नाम की सिफारिश भी की है। भर्ती नियमों के अनुसार सहायक निदेशक के पद, चयन के आधार पर भरे जाते हैं। भारत सरकार के कार्मिक विभाग ने 20-7-1974 को निर्देश जारी किया है कि चयन पदों को भी अनुसूचित जाति एवं अनुसूचित आदिम जाति के लिए आरक्षित किया जाए। इसलिए निदेशक, अनुवाद ब्यूरो, से यह पूछ लिया जाए कि क्या उन्होंने इस संबंध में कोई रोटर बनाया है और क्या यह पद उन आदेशों के आधार पर आरक्षित बिन्दु के अंतर्गत आता है इस विषय में प्रारूप का मसौदा प्रस्तुत है।

ह./-
(ताराचन्द्र चौधरी)
अनुभाग अधिकारी (विशेष)
16-11-74

उपसचिव (कार्य)

मसौदा जारी करके कृपया यह भी अभी से जाँच लें कि यदि यह पद आरक्षित न होगा तो क्या अन्य दृष्टि से प्रस्ताव ठीक है। कृपया 20-7-74 के आदेश की प्रति भी मुझे दिखा दें।

ह./-
(हरि बाबू बंसल)
उपसचिव, भारत सरकार

उदाहरण-2

क्रम सं.-2 (नि)/पृष्ठ-9

केंद्रीय अनुवाद ब्यूरो में सहायक निदेशक का पद भरने के संदर्भ में अनुवाद ब्यूरो ने सूचित किया है कि 20-7-74 के बाद भरे जाने वाला यह पहला पद है। इसलिए इस पर संबंधित निदेश लागू नहीं होंगे। इस संदर्भ में यह बता देना उचित होगा कि 20-7-74 के बाद अनुवाद ब्यूरो में उपनिदेशक का एक पद 28.10.74 से भरा गया है। क्योंकि सहायक निदेशक का पद भी श्रेणी-I का तथा साल में भरा जाने वाला दूसरा पद है, इसलिए इस पद पर आरक्षण निदेश लागू होंगे। रोटर

श्रेणी के अनुसार बनाये जाते हैं, इसलिए ब्यूरो से पूछ लिया जाए कि उन्होंने 20-7-74 के बाद जो रोटर श्रेणी-I के लिए बनाया है, उसका क्या है अगर ब्यूरो से संबंधित रोटर निरीक्षण के लिए माँग लिया जाए तो अच्छा रहेगा। इन सुझावों के आधार पर अनुवाद ब्यूरो के लिए एक प्रारूप प्रस्तुत है।

(ताराचन्द्र चौधरी)
अनुभाग अधिकारी (विशेष)
2-12-74

उदाहरण-3

गृह मंत्रालय
राजभाषा प्रभाग (सी)
क्रम.सं.-5 (आ)

केंद्रीय अनुवाद ब्यूरो ने तदर्थ आधार पर सहायक निदेशक का पद भरने के लिए सुझाव दिया है। यह पद श्री 'क' को तदर्थ आधार पर उपनिदेशक बनाये जाने के कारण रिक्त हुआ है। ब्यूरो का प्रस्ताव है कि श्री 'ख' जो अनुवाद अधिकारियों की वरीयता सूची में सबसे ऊपर हैं उन्हें 6 महीने के लिए तदर्थ आधार पर सहायक निदेशक नियुक्त कर दिया जाए।

वर्तमान भर्ती नियमों के अनुसार सहायक निदेशक का पद चयन द्वारा 5 साल के अनुवाद अधिकारी जिनकी नियमित सेवा उसी पद पर 5 साल की हो, सहायक निदेशक बनाये जा सकते हैं। इसके लिए श्रेणी-I की विभागीय पदोन्नति समिति से मंजूरी लेनी होती है। परन्तु तदर्थ आधार पर पद भरने के लिए समिति की बैठक नहीं बुलाई जाती है। श्री 'ख' अनुवाद अधिकारी के पद पर 5 साल से काम कर चुके हैं, किंतु उनकी नियमित सेवा केवल 2-1/2 साल की है। इस संदर्भ में यह बताना उचित होगा कि हमने संघ लोक सेवा आयोग को सुझाव दिया है कि सहायक निदेशक के पद के लिए 2 साल के अनुभव की शर्त रखी जानी चाहिए, जबकि आयोग ने उसे 3 साल रखने का सुझाव दिया था। इस तरह से हमारे सुझाव के आधार पर श्री 'ख' नियुक्ति की सारी शर्तों को पूरा करते हैं।

इस संबंध में एक बात और विचारनी होगी कि 20-7-74 के चयन के आधार पर भरी जाने के लिए श्रेणी-I के इससे छोटे पद पर अनुसूचित जाति तथा अनुसूचित आदिम जाति के लिए आरक्षण रखा गया है। आरक्षण में व्यवस्था गृह मंत्रालय के 11-7-68 के कार्यालय ज्ञापन के आधार पर की जानी चाहिए। जबकि साल में एक ही पोस्ट भरनी हो तो उसमें आरक्षण की व्यवस्था नहीं होगी। 20-7-74 के निदेशानुसार अगर अनुसूचित जातियों का कोई व्यक्ति किसी आरक्षित

पद के योग्य नहीं समझा जाता तो वह बिन्दु समाप्त हो जाएगा और उसे आगे नहीं ले जाया जाएगा। आरक्षण के दृष्टिकोण से भी इस प्रस्ताव को देख लिया गया है और 20-7-74 के नियमानुसार श्री 'ख' को तदर्थ आधार पर सहायक निदेशक नियुक्त किया जा सकता है। ब्यूरो ने बताया कि सहायक निदेशक के 4 पदों में से 1 प्रशिक्षण तथा अनुवाद कार्य के लिए सिर्फ 3 सहायक बचते हैं। इन 3 सहायक निदेशकों में प्रत्येक को 4 अनुवाद अधिकारी और लगभग 12 वरिष्ठ अधिकारियों का काम देखना होता है। दूसरी ओर प्रशिक्षण का भी काफी काम बढ़ गया है। इसलिए सहायक निदेशक का पद खाली नहीं रखा जा सकता है। इन तथ्यों को ध्यान में रखते हुए श्री 'ख' को तदर्थ आधार पर ब्यूरो में सहायक नियुक्त कर दिया जाए। बाद में संघ लोक सेवा आयोग को भर्ती नियमों के बारे में सुझाए गए संशोधनों की स्वीकृति आने पर यह पद नियमित रूप से भरा जाएगा। चूँकि यह श्रेणी-I का पद है इसलिए श्री 'ख' को सहायक निदेशक नियुक्त करने के लिए गृह राज्यमंत्री जी की स्वीकृति प्राप्त कर ली जाए।

ह./.

(ताराचन्द्र चौधरी)

अनुभाग अधिकारी (विशेष)

13-12-74

उपसचिव (कार्य)

इस पद को भरने की जरूरत ब्यूरो के निदेशक की पृष्ठ 67 पर रखी गई टिप्पणी में भली भाँति स्पष्ट कर ली गई है। श्री 'ख' की चरित्र पंजी मैंने देख ली है। इनका रिकार्ड अच्छा है। उन्हें तदर्थ आधार पर सहायक निदेशक बना दिया जाए। इस पद को नियमित रूप से भरने के बारे में संघ लोक सेवा आयोग से भर्ती नियमों के संशोधन का उत्तर आ जाने पर कार्रवाई की जाएगी।

हिन्दी सलाहकार कृपया अनुमोदन के लिए देख लें। गृह राज्यमंत्री जी को फाइल भेजने से पूर्व मामले का सारांश अंग्रेजी में साथ लगा दिया जाएगा।

ह./-

(हरि बाबू बंसल)

उपसचिव, भारत सरकार

13-12-74

हिन्दी सलाहकार

ह./-

(रमाप्रसन्न नायक)

राज्यमंत्री (गृह)

ह./
(ओम मेहता)

उदाहरण-4

गृह मंत्रालय (राजभाषा एकक)

केंद्रीय अनुवाद ब्यूरो के लिए स्वीकृत दो वरिष्ठ आशुलिपिकों के पदों पर भर्ती के संबंध में गृह मंत्रालय द्वारा सभी मंत्रालयों/विभागों को परिचालित का. ज्ञा. के संदर्भ में विभिन्न मंत्रालयों/विभागों से 23 उम्मीदवारों के आवेदन-पत्र प्राप्त हुए हैं। इनमें से केवल 2 उम्मीदवारों को गोपनीय रिपोर्ट प्राप्त हुई हैं। अतः सभी आवेदन-पत्र मूल रूप में केंद्रीय अनुवाद ब्यूरो को आवश्यक कार्रवाई के लिए भेजे जा रहे हैं। दोनों गोपनीय रिपोर्ट भी संलग्न हैं। इनकी प्राप्ति सूचना भेजी जानी है। उपसचिव (राजभाषा) इन्हें देख चुके हैं।

(मदन शर्मा)
हिन्दी अधिकारी

केंद्रीय अनुवाद ब्यूरो, श्री कुलश्रेष्ठ, उपनिदेशक (प्र०)

गृ. मं. अ. टि. सं. 26/12/71–रा.भा.एकक, ता. 16-11-1971

(2) तदर्थ आधार पर नियुक्ति

उदाहरण-1

गृह मंत्रालय (राजभाषा एकक)

1. इस फाइल में केंद्रीय अनुवाद ब्यूरो के लिए स्वीकृत श्रेणी-II के विभिन्न पदों अर्थात् वरिष्ठ अनुवादकों, अनुवाद अधिकारियों/प्रशिक्षण अधिकारियों तथा सहायक निदेशकों के पदों पर तदर्थ आधार पर भर्ती करने के संबंध में विचार किया जा रहा है।

केंद्रीय अनुवाद ब्यूरो के लिए स्वीकृत उपयुक्त पदों की कुल संख्या और उनमें से केंद्रीय हिन्दी निदेशालय से स्थानांतरित होकर केंद्रीय अनुवाद ब्यूरो में आए हुए व्यक्तियों की संख्या से संबंधित स्थिति इस प्रकार है :

पदनाम	स्वीकृत पद	केंद्रीय हिन्दी निदेशालय से स्थानांतरित	भरे जाने वाले शेष

		पदों/व्यक्तियों की संख्या	पदों की संख्या
1. वरिष्ठ अनुवादक	40	23	17
अनुसंधान सहायक	2	कोई नहीं	2
2. अनुवाद अधिकारी	12	7	5
3. प्रशिक्षण अधिकारी	2	कोई नहीं	2
4. सहायक निदेशक	4	2	2

बाकी पदों पर भर्ती करने के लिए गृह मंत्रालय के राजभाषा प्रभाग द्वारा कार्रवाई की गई।

2. ब्यूरो के अन्य पदों के साथ-साथ उपर्युक्त पदों के भर्ती नियमों का मसौदा तैयार किया गया और वे कार्मिक विभाग के केंद्रीय सेवा प्रभाग, स्थापना प्रभाग आदि के अनुमोदित हो गए हैं। अब उन्हें संघ लोक सेवा आयोग को अनुमोदन के लिए भेजा जाना है। उसके बाद उन्हें विधि मंत्रालय को पुनरीक्षण के लिए भेजा जाएगा। इस प्रकार अंतिम रूप से अनुमोदित होने के बाद उन्हें सरकारी राजपत्रों में प्रकाशित किया जाएगा। इसके बाद ही उन्हें लागू समझा जाएगा। इस सब प्रक्रिया में बहुत-अधिक समय लगने की संभावना है। इस बात को ध्यान में रखते हुए ही ब्यूरो की स्थापना के समय पर निर्णय लिया गया था कि ब्यूरो के सभी पद तदर्थ आधार पर भरे जाने चाहिए और उनके लिए चयन सभी मंत्रालयों/विभागों के पात्र उम्मीदवारों में से किया जाना चाहिए, जिनमें केंद्रीय हिन्दी निदेशालय (शिक्षा मंत्रालय) के केंद्रीय अनुवाद ब्यूरो में स्थानांतरित व्यक्ति भी शामिल है। इस संबंध में तत्कालीन संयुक्त सचिव (राजभाषा) ने हमारी फाइल संख्या 26/4/71 रा.भा. एकक में अपने विचार प्रकट किए थे।

3. तदनुसार ब्यूरो के सभी तकनीकी पदों, जिनमें उपर्युक्त श्रेणी-II के पद भी शामिल हैं, सभी मंत्रालयों/विभागों में परिचालित किए गए थे और उस संदर्भ में अनेक आवेदन पत्र प्राप्त हुए थे। उस समय केंद्रीय अनुवाद ब्यूरो स्थापित हुआ ही था और वहाँ कोई प्रशासन प्रभाग तथा प्रशासनिक अधिकारी नहीं था, इसलिए उपर्युक्त सारी कार्रवाई गृह मंत्रालय के राजभाषा प्रभाग में की गई थी। ब्यूरो में निदेशक और उपनिदेशक (प्रशासन) की नियुक्ति हो जाने पर उन्होंने उन पदों से संबंधित फाइलों पर कार्रवाई की।

4. उपर्युक्त पदों पर भर्ती करने के संबंध में ब्यूरो के उपनिदेशक (प्रशासन)

ने अपनी टिप्पणी में यह सुझाव दिया कि प्रस्तावित भर्ती नियमों के आधार पर इन पदों को भरा जाए। निर्धारण प्रतिशत के अनुसार संबंधित पद ब्यूरो के वर्तमान पात्र व्यक्तियों में से पदोन्नति द्वारा भरे जाएँ और उसके लिए उन्होंने ऐसे पात्र व्यक्तियों की सूची प्रस्तुत की है। उन्होंने यह भी सुझाव दिया कि अनुवाद अधिकारियों तथा प्रशिक्षण अधिकारियों की लिखित परीक्षा ली जाए और उसमें जो अर्हता प्राप्त करें उनकी गोपनीय रिपोर्टों तथा इन्टरव्यू के आधार पर चयन किया जाए। अर्हक अंक 60% रखें जाएँ।

5. ब्यूरो के उपनिदेशक (प्रशासन) और निदेशक के इन प्रस्तावों की गृह मंत्रालय में जाँच की गई। यह दिखाई दिया कि इन प्रस्तावों में कुछ आपत्तियाँ हैं। ब्यूरो के उपर्युक्त पदों पर पदोन्नति का प्रश्न केवल तभी उपस्थित हो सकता है जबकि संबंधित भर्ती-नियम अंतिम रूप से अनुमोदित होकर लागू हो जाएँगे और इस संबंध में विभागीय पदोन्नति समिति भी केवल तभी गठित की जा सकेगी। इस तथ्य को ध्यान में रखते हुए उपर्युक्त सभी पदों के लिए चयन इस समय केवल तदर्थ आधार पर ही विभिन्न मंत्रालयों/विभागों के उन पात्र उम्मीदवारों में से किया जाना चाहिए जिनके आवेदन पत्र हमें प्राप्त हुए हैं। और केंद्रीय अनुवाद ब्यूरो के पात्र व्यक्तियों को भी उन्हीं के समकक्ष माना जाना चाहिए।

6. चयन की पद्धति भी संबंधित पदों के लिए परिचलित परिपत्र कार्यालय ज्ञापनों में उल्लिखित पद्धति के अनुसार ही होनी चाहिए। तदनुसार वरिष्ठ अनुवादकों का चयन लिखित परीक्षा और इण्टरव्यू तथा गोपनीय रिपोर्टों के आधार पर किया जाना चाहिए और अनुवाद अधिकारियों, प्रशिक्षण अधिकारियों, सहायक निदेशकों के पदों पर चयन, इण्टरव्यू तथा गोपनीय रिपोर्टों के आधार पर किया जाना चाहिए। इसलिए अनुवाद अधिकारियों और प्रशिक्षण अधिकारियों के पदों के लिए ब्यूरो के पात्र व्यक्तियों के लिए अर्हक परीक्षा निर्धारित करने का प्रश्न उपस्थित नहीं होता। यदि बाद में ब्यूरो द्वारा और विचार करने पर यह निर्णय किया गया हो कि उम्मीदवारों को लिखित परीक्षा भी देनी होगी तो पिछले परिपत्र का संशोधन करते हुए इस संबंध में एक और परिपत्र जारी करना होगा। इसके तदर्थ नियुक्ति में बहुत अधिक देरी हो जाने की संभावना है, यों इस बारे में बहुत देरी पहले ही हो चुकी है। इसलिए अब इस स्थिति में लिखित परीक्षा के लिए आग्रह न किया जाए और इण्टरव्यू तथा गोपनीय रिपोर्टों के आधार पर ही तदर्थ चयन

कर लिया जाए।

7. इस संबंध में यह भी उल्लेखनीय है कि केंद्रीय अनुवाद ब्यूरो ने उपर्युक्त पदों के लिए इण्टरव्यू आदि के लिए बुलाये जाने वाले पात्र उम्मीदवारों की जो सूची तैयार करके प्रस्तुत की है उस पर भी पुनर्विचार की आवश्यकता है। उनमें कुछ पात्र उम्मीदवारों के नाम शामिल नहीं किए गए हैं, जबकि कुछ ऐसे उम्मीदवारों के नाम उसमें हो गए हैं जो पात्र नहीं हैं।

8. इन पदों के चयन के लिए ब्यूरो द्वारा प्रस्तावित चयन समिति के गठन के संबंध में भी पुनर्विचार करने की आवश्यकता है। यों केंद्रीय अनुवाद ब्यूरो के निदेशक, विभागाध्यक्ष होने के नाते, ब्यूरो के श्रेणी-II के पदों पर नियुक्ति करने के लिए सक्षम है तथापि यह वांछनीय प्रतीत होता है कि गृह मंत्रालय के अधिकारी—उपसचिव (राजभाषा) उपसचिव (हिन्दी) इस कार्य से संबद्ध रहें। अंततः केंद्रीय अनुवाद ब्यूरो के कार्य और प्रगति के बारे में गृह मंत्रालय के संयुक्त सचिव (राजभाषा) और उपसचिव (राजभाषा) उत्तरदायी हैं। इसलिए यह अधिक उपयुक्त होगा कि सभी श्रेणी-2 के पदों के लिए चयन समिति का गठन निम्नलिखित रूप से किया जाए :

(1) उपसचिव (राजभाषा) अध्यक्ष
(2) उपसचिव (हिन्दी) सदस्य
(3) निदेशक (केंद्रीय अनुवाद ब्यूरो) सदस्य

यह भी वांछनीय प्रतीत होता है कि इस समिति द्वारा चुने गए उम्मीदवारों की नियुक्ति का अनुमोदन संयुक्त सचिव (राजभाषा) द्वारा किया जाए।

9. उपर्युक्त विषयों पर गृह मंत्रालय के राजभाषा प्रभाग की टिप्पणियों, विशेष रूप से विषय-संख्या 2 और 5 के संबंध में उपसचिव (राजभाषा) द्वारा गृह मंत्रालय के प्रशासन विभाग और कार्मिक विभाग के स्थापना प्रभाग के विचार प्राप्त करने के लिए लिखा गया था। उन्होंने हमारे विचारों से सामान्य रूप से सहमति प्रकट की है जो उपर्युक्त टिप्पणी के पैरा 2 और 5 में दिए अनुसार है।

10. उपर्युक्त स्थिति को ध्यान में रखते हुए केंद्रीय अनुवाद ब्यूरो को सूचित किया जा सकता है। सुझाव है कि संबंधित फाइलें, जो गृह मंत्रालय के राजभाषा प्रभाग की हैं, वहीं रखी जाएँ और ब्यूरो को उपसचिव (राजभाषा) की ओर से एक स्वयंपूर्ण अ.टि. भेज दी जाएँ।

प्रस्तुत फाइल अनुवाद अधिकारियों के पदों से संबंधित है। श्रेणी-II के अन्य पदों के वरिष्ठ अनुवादकों, प्रशिक्षण अधिकारियों तथा सहायक निदेशकों के

पदों से संबंधित फाइलें नीचे रखी हैं। उपर्युक्त टिप्पणी में निहित तथ्य इन सभी पदों के लिए समान रूप से लागू होते हैं और इसलिए इन सभी के संबंध में एक समीकित उत्तर ब्यूरो को भेजा जा सकता है।

सादर सूचनार्थ प्रस्तुत है।

क. ख. ग.

अनुभाग अधिकारी

उपसचिव (राजभाषा)

मसौदा स्वीकृत। जारी किया जाए।

च.झ.ज.

उपसचिव

उदाहरण-2

गृह मंत्रालय

(राजभाषा एकक)

उपसचिव (राजभाषा) से चर्चा हुई

केंद्रीय अनुवाद ब्यूरो के लिए अनुवाद अधिकारियों के 12 पद (वेतनमान 400-25-500-30-590- द.रो.-30-680) मंजूर हुए हैं। इनमें से 7 पदों पर केंद्रीय हिन्दी निदेशालय के व्यक्ति स्थानांतरित हुए हैं। केंद्रीय हिन्दी निदेशालय में उक्त पद का नाम सहायक शिक्षा अधिकारी रहा है। बाकी 5 पदों पर भर्ती करने के लिए कार्रवाई की जानी है। ये पद श्रेणी-2 राजपत्रित हैं और इनकी नियुक्ति संघ लोक सेवा आयोग के जरिये की जानी है। चूँकि इनके भर्ती नियमों को अभी अंतिम रूप दिया जा रहा है और इस कारण संघ लोक सेवा आयोग से इनकी भर्ती में बहुत समय लगने की संभावना है, इसलिए फिलहाल तदर्थ आधार पर इनकी नियुक्ति कर ली जाएँ। इसके लिए भी मंत्रालयों/विभागों, केंद्रीय हिन्दी निदेशालय, वैज्ञानिक और तकनीकी शब्दावली आयोग, राष्ट्रीय प्रशासन अकादमी, मसूरी, राष्ट्रीय पुलिस अकादमी, हैदराबाद में इन पदों के लिए का.ज्ञा.परिपत्र परिचालित किया जाए।

मसौदा अनुमोदनार्थ प्रस्तुत है।

क.ख.ग.

अनुभाग अधिकारी

अवर सचिव **हस्ता.**

उदाहरण-3 **पत्र सं. 26/34/71. रा.भा.एकक**

गृह मंत्रालय (राजभाषा एकक)

क्रम सं. 1 (आ)

केंद्रीय अनुवाद ब्यूरो के लिए स्वीकृत विभिन्न पदों के लिए हमने प्रस्तावित भर्ती नियम बनाए हैं। कार्मिक विभाग से उनका अनुमोदन हो चुका है। संयुक्त निदेशक और निदेशक के भर्ती नियमों का अनुमोदन गृह मंत्रालय के मंत्री महोदय द्वारा होना शेष है। अनुमोदन प्राप्त हो जाने पर श्रेणी-I और श्रेणी-II के भर्ती नियम संघ लोक सेवा आयोग के अनुमोदन के लिए भेजे जाएँगे।

केंद्रीय अनुवाद ब्यूरो में अनुवाद, पुनरीक्षण तथा अन्य महत्त्वपूर्ण बातों की आवश्यकता को ध्यान में रखते हुए, उच्च अधिकारियों के अनुमोदन को, इन सभी पदों पर प्रस्तावित भर्ती नियमों के अनुसार भर्ती करने के लिए हमने सभी मंत्रालयों/विभागों को लिखा था जिनमें संघ लोक सेवा आयोग ने श्रेणी-I और II के पदों के लिए माँग-पत्र उन्हें भिजवाने के लिए लिखा है। इसके उत्तर में आयोग को सूचित किया जा सकता है कि अभी इन पदों के भर्ती-नियमों को अंतिम रूप दिया जा रहा है और यह पूरी होते ही उन्हें नियम तथ्य माँगपत्र भेज दिए जाएँगे। फिलहाल तदर्थ आधार पर अस्थायी रूप से प्रतिनियुक्ति के द्वारा ये पद भरे जाने के लिए कार्रवाई की जा रही है।

संघ लोक सेवा आयोग को भेजे जाने वाले पत्र का मसौदा अनुमोदनार्थ प्रस्तुत है।

निदेशक (के. अ. ब्यू.)
उ.ऊ. (रा.भा.)

(3) वेतनमान के संबधं में

उदाहरण-1

1. केंद्रीय अनुवाद ब्यूरो के निदेशक के पद पर श्री 'क' की वर्तमान नियुक्ति के लिए केंद्रीय स्थापना बोर्ड ने हमारे प्रस्ताव को स्वीकृति प्रदान कर दी है। चूँकि श्री 'क' ने इस पद के लिए अपने आवेदनपत्र में अपने वेतन के संबंध में यह माँग की थी कि निदेशक के पद पर उनके चयन की स्थिति में उनका वेतन 1420 रु. नियत किया जाए, इसलिए इस बारे में हमने अलग से एक स्वयंपूर्ण टिप्पणी वित्त मंत्रालय को भेजी है। उनसे सहमति प्राप्त होने पर उनकी नियुक्ति का आदेश निकाला जा सकेगा।
2. जहाँ तक निदेशक के पद से संबंधित भर्ती-नियमों पर पुनर्विचार के हेतु गृह मंत्रालय में मंत्री (मि) महोदय के 'क' अंकित निदेश का संबंध है, निम्नलिखित सुझाव विचारार्थ प्रस्तुत हैं :

जैसा कि इससे संबंधित भर्ती-नियम बनाते समय विचार किया गया था, निदेशक ब्यूरो का कार्यकारी अध्यक्ष होगा और उसको विभागाध्यक्ष की शक्तियाँ प्राप्त होंगी। इसमें ब्यूरो के श्रेणी-II तक पदों के भर्ती-नियम और नियुक्तियों, ब्यूरो का बजट-प्राविधान, ब्यूरो का संपूर्ण पर्यवेक्षण, प्रशासनिक नियंत्रण और व्यवस्था, विभिन्न मंत्रालयों/विभागों के हिन्दी का कार्य देखने वाले संयुक्त सचिवों और उनके संबद्ध व अधीनस्थ कार्यालयों के अध्यक्षों से मिल कर असाविधिक प्रकार के सरकारी साहित्य के अनुवाद की व्यवस्था करवाना, अनूदित सामग्री को छपवाने के लिए अनुवर्ती कार्रवाई करना जैसे प्रमुख कार्य शामिल हैं। इसलिए यह व्यवस्था की गई थी कि ब्यूरो का निदेशक प्रशासनिक अधिकारी होना चाहिए, हाँ, उसके लिए हिन्दी की भी जानकारी अपेक्षित है। ऐसा प्रशासनिक अनुभव मुख्य रूप से केंद्रीय सरकार के मंत्रालयों/विभागों के समकक्ष पदों पर काम करने वाले अधिकारियों का ही हो सकता है। राज्य सरकारों में इस प्रकार का अनुभव हो उपलब्ध नहीं होगा और विश्वविद्यालयों से तो केवल विद्वान् प्राध्यापक ही उपलब्ध हो सकेंगे, जिन्हें उपर्युक्त प्रकार के प्रशासनिक काम का अनुभव होने की संभावना नहीं हो सकती। सीधी भर्ती से भी इस प्रकार के अनुभव के व्यक्ति उपलब्ध नहीं हो सकेंगे। इसलिए केंद्रीय सरकार के मंत्रालयों/विभागों से प्रतिनियुक्ति पर ही वांछित प्रशासनिक अनुभव के अधिकारी ही ब्यूरो के निदेशक के पद के लिए उपलब्ध नहीं हो सकेंगे।

3. इस संबंध में एक और महत्त्वपूर्ण तथा उल्लेखनीय बात है। केंद्रीय अनुवाद ब्यूरो एक विशेष आवश्यक कार्य को करने के लिए बनाया गया है। राजभाषा अधिनियम के कानूनी उपबंधों के अनुपालन के लिए हिन्दी के प्रगामी प्रयोग को बढ़ाने के लिए सरकारी प्रयोजनों के लिए सरकारी कार्यविधि साहित्य का अनुवाद अत्यंत आवश्यक आरंभिक उपाय है। इस कार्य की महत्ता को ध्यान में रखकर ही राष्ट्रपति के आदेश में संशोधन करते हुए, गृह मंत्रालय के अधीन केंद्रीय अनुवाद ब्यूरो की स्थापना की गई है और वार्षिक कार्यक्रम में हर वर्ष कार्यविधि साहित्य के 50,000 मानक पृष्ठों के अनुवाद का लक्ष्य रखा गया है। इस कार्य के महत्त्व को ध्यान में रख कर इसके अनुरूप ही इसमें अधिकारी/कर्मचारी रखे गए हैं। निदेशक के नीचे 1100-1600 रु. के वेतनमान में दो संयुक्त निदेशक के पद रखे गए हैं, 4 सहायक निदेशक अधिकारी (वेतनमान=400-680 रु.) इस तरह 22 राजपत्रित अधिकारी हैं और लगभग 132 अराजपत्रित अधिकारी/कर्मचारी है। इस प्रकार निदेशक

इतने महत्त्वपूर्ण संगठन का विभागाध्यक्ष है। इस पद के कार्य तथा उत्तरदायित्व को देखते हुए वर्तमान वेतनमान 1100-1800 रु. बहुत कम है। इसी कारण इस पद के लिए अभी तक सुयोग्य तथा अनुभवी अधिकारी उपलब्ध होने में काफी कठिनाई रही है। मंत्रालयों/विभागों के उपसचिव इस पद के लिए प्रतिनियुक्ति पर इस वेतनमान में आने के लिए कभी भी तत्पर नहीं होंगे। निदेशक के पद के लिए जिस प्रकार के सुयोग्य तथा अनुभवी अधिकारी की आवश्यकता है वह केवल तभी उपलब्ध हो सकेंगे जब इस पद का वेतनमान 1000-2250 कर दिया जाए।

हस्ताक्षर :

....

(उक्त टिप्पणी मंत्री महोदय तक निर्णय के लिए भेजी गई)

वेतनमानों के संबंध में : पत्र सं. ह.11030/9-72 रा.भा.एकक

उदाहरण-2

गृह मंत्रालय
(रा.भा.एकक)

1. गृह मंत्रालय में मंत्री (मि) महोदय जब दिनांक 19 जून, 72 को केंद्रीय अनुवाद ब्यूरो गए थे तब केंद्रीय अनु. ब्यूरो, तकनीकी कर्मचारी संस्था ने ब्यूरो के विभिन्न पदों, विशेष रूप से तकनीकी सहायकों और वरिष्ठ अनुवादकों के पदों के वेतनमान के संशोधन के संबंध में एक ज्ञापन प्रस्तुत किया था। उसमें उल्लिखित पदों तथा ब्यूरो के अन्य सभी पदों पर ब्यूरो और गृह मंत्रालयों में विस्तारपूर्वक विचार किया गया और संशोधित वेतनमान के संबंध में प्रस्ताव तैयार किए गए जो पताका 'क्यू' पर है। ब्यूरो के विभिन्न पदों तथा तकनीकी सहायक वरिष्ठ अनुवादक/अनुसंधान सहायक, अनुवाद अधिकारी/प्रशिक्षण अधिकारी, सहायक निदेशक, उपनिदेशक, संयुक्त निदेशक, निदेशक के प्रस्तावित संशोधित वेतनमानों के संबंध में वेतन आयोग को भेजी जाने वाली टिप्पणी का मसौदा तैयार किया गया है।
2. यह उल्लेखनीय है कि ये प्रस्तावित संशोधित वेतनमान वे ही हैं जो गृह मंत्रालय द्वारा वेतन आयोग को भेजी गई टिप्पणी में भारत सरकार के मंत्रालयों/विभागों में हिन्दी से संबंधित कोई पद इनमें नहीं थे। इसलिए इनके वेतनमान अलग से सुझाए गए हैं।

मसौदा अनुमोदनार्थ प्रस्तुत है।

हस्ता.........................

(विचार के लिए आगे भेजा गया)

(4) चुनाव

उदाहरण-1

क्रम सं. 2 (आ.) पृ.26-27 /प.

श्री 'क' भूतपूर्व संसद सदस्य, मदूरे ने गृह मंत्रालय में मंत्री (प) महोदय के नाम लिखे गए अपने पत्र में संघ लोक सेवा आयोग द्वारा तारीख 15-8-72 को विज्ञापित गृह मंत्रालय के अधीन केंद्रीय अनुवाद ब्यूरो के वरिष्ठ अनुवाद के पद के लिए 'ख' के आवेदन के बारे में लिखा है और गृह मंत्रालय में मंत्री महोदय से यह अनुरोध किया है कि श्री 'ख' की, जिनके पास उक्त पद के लिए निर्धारित आवश्यक योग्यताएँ हैं, उक्त पद पर नियुक्त करवाने में वे सहायता करें।

इस संबंध में वस्तुस्थिति इस प्रकार है। असाविधिक कार्यविधि साहित्य के अनुवाद के लिए दिनांक 1 मार्च, 1971 से गृह मंत्रालय के अधीनस्थ कार्यालय के रूप में केंद्रीय अनुवाद ब्यूरो स्थापित किया गया और आवश्यक विभिन्न पद बनाए गए। इसमें अन्य पदों के अलावा, वरिष्ठ अनुवादक के पद (वेतनमान 325-575, श्रेणी-II अराजपत्रित) भी बनाए गए। निर्धारित भर्ती नियमों के अनुसार सीधी भर्ती से भरे जाने वाले वरिष्ठ अनुवादक के 14 पद संघ लोक सेवा आयोग को भेजे गए। तदनुसार आयोग द्वारा तारीख 15-6-72 को ब्यूरो के अन्य पदों के साथ-साथ ये पद भी विज्ञापित किए। इन पदों को भरने के लिए आयोग ही नियमानुसार इण्टरव्यू आदि करके उपयुक्त उम्मीदवारों का चयन करेगा और केंद्रीय अनुवाद ब्यूरो, गृह मंत्रालय को ऐसे उम्मीदवारों के नाम सूचित करेगा।

इस प्रकार यह स्पष्ट होगा कि वरिष्ठ अनुवादकों के उपर्युक्त पदों पर चयन संघ लोक सेवा आयोग ही करेगा और गृह मंत्रालय इस बारे में और कुछ नहीं कर सकता।

तदनुसार श्री 'क' को सूचित किया जा सकता है।

मसौदा विचारार्थ प्रस्तुत है।

हस्ता. ....

उदाहरण-2

1. केंद्रीय अनुवाद ब्यूरो के लिए सहायक निदेशक के दो पदों के संबंध में हमारी दिनांक 20 अक्टूबर 1971 को अ.टि. संख्या 26/4/71 रा.भा. एकक के संदर्भ में ब्यूरो के पृष्ठ 12-15 पर निदेशक की टिप्पणी देखने

की कृपा करें।

2. पैरा 3 और 4 में उन्होंने यह सुझाव दिया है कि प्रस्तावित भर्ती नियमों को ध्यान में रखते हुए और प्रशासनिक सुविधा तथा ब्यूरो के कर्मचारियों में कोई असंतोष न होने देने की दृष्टि से यह उचित होगा कि ब्यूरो के तीन वर्ष की सेवा वाले वर्तमान अनुवाद अधिकारियों को ही सहायक निदेशक के दो पदों पर तदर्थ आधार पर नियुक्त कर दिया जाए।

इन विभागीय उम्मीदवारों के उपयुक्त न पाये जाने की स्थिति में अन्य मंत्रालयों/विभागों के श्रेणी-II के पद पर तीन वर्ष से कार्य करने वाले और अन्य निर्धारित योग्यताएँ रखने वाले उम्मीदवारों में से चयन किया जाए।

3. हिन्दी शिक्षण योजना के अधीन काम करने वाले सहायक पर्यवेक्षकों और पर्यवेक्षकों के संबंध में उन्होंने हमसे यह स्पष्टीकरण चाहा है कि क्या उनके इस कथन को स्वीकार किया जाय कि उन्हें हिन्दी शिक्षण योजना के अधीन प्रशिक्षणार्थियों को अनुवाद का शिक्षण देने के कारण अनुवाद करने तथा अनुवाद का पुनरीक्षण करने का अनुभव पत्र प्राप्त है।

4. उपर्युक्त विषयों के संबंध में स्थिति इस प्रकार है :

(क) उपर्युक्त पैरा 2 के संबंध में ब्यूरो को हमारी दिनांक 20-10-71 को अ.टि. सं. 26/4/71 रा.भा. एकक में पहले ही सूचित किया जा चुका है कि प्रस्तावित भर्ती नियमों के अंतिम रूप से अनुमोदित होने और लागू होने तक उनके आधार पर ब्यूरो के वर्तमान कर्मचारियों को पदोन्नत किए जाने का प्रश्न उपस्थित नहीं होता और इस समय सभी पद तदर्थ आधार पर भरे जाने चाहिए तथा उनके लिए चयन सभी मंत्रालयों/विभागों के पात्र उन उम्मीदवारों में किया जाना चाहिए जिन्होंने इन पदों के लिए आवेदन किया है और ब्यूरो के पात्र कर्मचारियों को भी उन्हीं के समकक्ष माना जाना चाहिए। इसी बात को ध्यान में रखते हुए सभी मंत्रालयों/विभागों में ये पद परिचालित किए गए थे।

(ख) इस संबंध में यह भी उल्लेखनीय है कि यदि ब्यूरो के सहायक निदेशक के पदों पर तदर्थ आधार पर नियुक्ति केवल ब्यूरो के कर्मचारियों में से ही की जा सकती है तो ब्यूरो के लिए श्रेणी-II के अन्य पदों—यथा वरिष्ठ अनुवादकों, अनुवाद अधिकारियों और प्रशिक्षण अधिकारियों के पदों के लिए तदर्थ चयन तथा नियुक्ति भी ब्यूरो के वर्तमान कर्मचारियों में से की जा सकती है। परंतु इसके लिए ब्यूरो ने हमारी उपर्युक्त टिप्पणी के अनुसार

अन्य मंत्रालयों/विभागों के उम्मीदवारों को भी तदर्थ चयन तथा नियुक्ति के लिए लिखित परीक्षा, इण्टरव्यू आदि के लिए बुलाया है। इस प्रकार ब्यूरो का उपर्युक्त सुझाव नहीं माना जा सकता।

(ग) जहाँ तक हिन्दी शिक्षण योजना के सहायक पर्यवेक्षकों आदि के अनुवाद तथा पुनरीक्षण संबंधी अनुभव के चयन का संबंध है उन उम्मीदवारों को ही इस दृष्टि से पात्र माना जाय जिनको इस प्रकार का वास्तविक अनुभव प्राप्त हो।

5. इस प्रकार ब्यूरो को यह सूचित किया जा सकता है कि ब्यूरो के पात्र उम्मीदवारों से और अन्य मंत्रालयों/विभागों के पात्र 19 उम्मीदवारों से तदर्थ चयन के लिए इण्टरव्यू के लिए बुलाया जाय।

हस्ता.

(5) भर्ती नियम

उदाहरण-1

1. गृह मंत्रालय के अधीनस्थ कार्यालय के रूप में नव स्थापित केंद्रीय अनुवाद ब्यूरो के विभिन्न पदों के भर्ती-नियमों का मसौदा राजभाषा प्रभाग में तैयार किया गया और इन्हें संयुक्त सचिव (राज.) द्वारा अनुमोदित रूप में कार्मिक विभाग को अनुमोदन के लिए भेजा गया। कार्मिक विभाग के केंद्रीय सेवा प्रभाग, स्थापना प्रभाग और स्थापना अधिकारी के कार्यालय द्वारा इन भर्ती-नियमों का अनुमोदन हो चुका है। अब इन्हें संघ लोक सेवा आयोग को अंतिम रूप दिए जाने के लिए भेजा जाना है। इनमें से संयुक्त निदेशक और निदेशक के पदों के भर्ती-नियम पताका 'आर-एस' पर रखे हैं।
2. गृह मंत्रालय के कार्यालय अनुदेश संख्या पी 197 (संख्या 2/43/69-ओ एंड एम होम), (दिनांक 6 नवंबर, 1968) की विषय संख्या 22 के अनुसार मंत्रालय या उसके संबद्ध या अधीनस्थ कार्यालय में ऐसे ...सचिवीय पदों की नियुक्तियों के लिए भर्ती-नियम, नियम जिनका वेतनमान का न्यूनतम 1100 रु. से कम न हो, आदेश जारी करने से पहले गृह मंत्रालय में मंत्री महोदय को अनुमोदनार्थ प्रस्तुत किए जाने चाहिए। केंद्रीय अनुवाद ब्यूरो के उपर्युक्त दोनों पद, अर्थात्, संयुक्त निदेशक और निदेशक के पद, इस श्रेणी में आते हैं। संयुक्त निदेशक के पद का वेतनमान 1100-50-1300-60-1600 रु. है और निदेशक के पद का वेतनमान

1100-50-1300-60-1600-100-1800 रु. है।

3. केंद्रीय अनुवाद ब्यूरो के मूल्यांकन और प्रशिक्षण प्रभाग संयुक्त निदेशक के अधीन होंगे। मूल्यांकन प्रभाग विभिन्न मंत्रालयों/विभागों में नियुक्त हिन्दी अनुवादकों द्वारा किए गए अनुवाद आदि का मूल्यांकन करेगा और यह सुनिश्चित करेगा कि अनुवाद के स्तर में सुधार हो और अनावश्यक शिकायतें दूर की जाएँ। ब्यूरो का प्रशिक्षण प्रभाग इस बात की व्यवस्था करेगा की विभागीय अनुवादकों और हिन्दी अधिकारियों को अनुवाद आदि का प्रशिक्षण दिया जाए। यह प्रभाग दूसरे मंत्रालयों और विभागों के हिन्दी अनुवादकों और हिन्दी अधिकारियों का इस क्षेत्र में मार्गदर्शन करेगा और आवश्यक सहायता प्रदान करेगा। इस पद की आवश्यकता को ध्यान में रखते हुए यह सुझाव दिया गया है कि इस पद के लिए बाहर के उपयुक्त उम्मीदवार आवेदन दें।

4. ब्यूरो का निदेशक इस संस्था का कार्यकारी प्रधान होगा और विभागाध्यक्ष के रूप में सभी प्रशासनिक शक्तियाँ उसमें निहित होंगी। उनको संयुक्त निदेशक और उप निदेशक (अनुवाद) से सहायता मिलेगी और ये दोनों अधिकारी हिन्दी भाषा, साहित्य और अनुवाद के विशेषज्ञ होंगे, इसलिए निदेशक को प्रशासन के क्षेत्र का व्यक्ति होना चाहिए और उन्हें हिन्दी भाषा और सरकार की भाषा नीति का पूर्ण ज्ञान होना चाहिए।

5. संयुक्त निदेशक और निदेशक के पदों के लिए भर्ती-नियमों का मसौदा गृह मंत्रालय में मंत्री (मि.) महोदय से अनुमोदन प्राप्त करने के लिए प्रस्तुत है।

हस्ताक्षर ....

उदाहरण-2 **पत्र सं.26/4/70 रा.भा.एकक**

गृह मंत्रालय
(राजभाषा एकक)

1. सरकारी राजपत्र में तारीख 29 अप्रैल, 1972 को प्रकाशित केंद्रीय अनुवाद ब्यूरो के श्रेणी-III और I के पदों से संबंधित भर्ती-नियमों के बारे में लोक सभा सचिवालाय ने लिखा है कि उक्त नियमों में क्रमसं. 3—तकनीकी सहायक के पद के लिए आयु-सीमा के संबंध में किया गया यह उपबंध कि उपयुक्त मामलों में (21-30 वर्ष की आयु-सीमा में) छूट दी जा सकती है अनिश्चित और अस्पष्ट है और इसलिए इसे निश्चित तथा स्पष्ट किया जाना चाहिए।

2. इस संबंध में हमने यह प्रस्तावित किया है कि आयु-सीमा में दी गई उपर्युक्त छूट समाप्त कर दी जाय और तदनुसार लोक सभा सचिवालय को भेजे जाने वाले उत्तर का मसौदा सहमति के लिए कार्मिक विभाग (स्थापना व अनुभाग) को भेजा। इस संबंध में स्थापना (घ) अनुभाग के अनुभाग अधिकारी श्री 'क' से मैंने स्वयं दो बार बात की। उन्होंने बताया कि वे हमारी उक्त फाइल पर विचार कर रहे हैं, परंतु उसमें देर भी लग सकती है, इसलिए उनका विचार है कि हमारी ओर से लोक सभा सचिवालय को इस आशय का अंतरिम उत्तर भेज दिया जाय कि इस विषय पर उनकी सहमति से विचार हो रहा है और निर्णय होते ही लोक सभा सचिवालय को सूचित कर दिया जाएगा। तदनुसार मसौदा अनुमोदनार्थ प्रस्तुत है।

उदाहरण-3

क्रम संख्या 8 (आ)

1. केंद्रीय अनुवाद ब्यूरो में वरिष्ठ अनुवादकों और अनुसंधान सहायकों के पदों पर तदर्थ आधार पर चयन के संबंध में केंद्रीय अनुवाद ब्यूरो से आ.टि. प्राप्त हुई है। इसके साथ चयन-समिति के सदस्यों की जानकारी के लिए एक टिप्पणी तथा उपर्युक्त पदों के लिए इण्टरव्यू के लिए बुलाए जाने वाले प्रस्तावित 21 उम्मीदवारों के संबंध में विवरण दिया गया है।
2. ब्यूरो ने इस टिप्पणी में निम्नलिखित बातें उपस्थित की हैं :

(क) ब्यूरो के लिए स्वीकृत कुल 42 पदों में से 23 पदों पर केंद्रीय हिन्दी निदेशालय से स्थानांतरित व्यक्ति नियुक्त हैं। बाकी 19 पदों पर तदर्थ भर्ती के लिए ब्यूरो द्वारा लिखित परीक्षा ली गई थी जिसमें 33 उम्मीदवार बैठे थे। इनमें से 60 प्र.श. अंक प्राप्त करने वाले 17 उम्मीदवारों को, जिनके नाम इस टिप्पणी में दिए गए हैं, इण्टरव्यू के लिए बुलाया जाय।

(ख) इन बाकी 19 पदों को निम्नलिखित प्रकार से भरा जाय :

(i) प्रस्तावित भर्ती नियमों में 25 प्र.श. पदों पर पदोन्नति कोटा से और 75 प्र.श. पदों पर सीधी भर्ती से भरे जाने की व्यवस्था की गई है। तदनुसार 5 पद विभागीय पदोन्नति से भरे जाएँ।

(ii) 5 पद उन अनुवाद अधिकारियों के लिए आरक्षित रखे जाएँ, जिनकी शिक्षा मंत्रालय की विभागीय पदोन्नति समिति के निर्णय के अनुसार वरिष्ठ अनुवादकों के पद पर पदावनति हो सकती है।

(iii) 9 पद अन्य मंत्रालयों/विभागों के उम्मीदवारों की तदर्थ नियुक्ति से भरे जाएँ।

(ग) मंत्रालय इस बात पर विचार करे कि क्या इन 17 उम्मीदवारों में से लिखित परीक्षा और उनकी गोपनीय रिपोर्टों के आधार पर ही चयन कर लिया जाए या उन्हें इण्टरव्यू के लिए भी बुलाया जाय।

(घ) यह चयन समिति ऐसे 6 अन्य नामों की सूची भी नामिका के रूप में तैयार करे जो वरिष्ठ अनुवादकों और अनुसंधान सहायकों की भावी रिक्तियों को भरने के लिए काम में आ सके।

(ङ) इस विभागीय पदोन्नति समिति द्वारा इण्टरव्यू लिये जाने की तारीख निश्चित करके ब्यूरो को सूचित किया जाय।

(3) उपर्युक्त बातों के बारे में उपसचिव (रा.भा.) महोदय से चर्चा हुई। निम्नलिखित रूप से वस्तुस्थिति स्पष्ट की गई और तदनुसार ब्यूरो को सूचित करने का निर्णय किया गया :

(क) वरिष्ठ अनुवादकों और अनुसंधान सहायकों के पदों के लिए गठित समिति वस्तुतः तदर्थ चयन समिति है, विभागीय पदोन्नति समिति नहीं। इसमें संयुक्त सचिव (राजभाषा) महोदय द्वारा यथानुमोदित ब्यूरो के उपनिदेशक (अनुवाद) को भी सम्मिलित किया जाय। उम्मीदवारों को इण्टरव्यू के लिए इसकी बैठक तारीख 24 फरवरी, 1972 को ग्यारह बजे पूर्वाह्न उपसचिव (राजभाषा) के कमरे में की जाय।

(ख) 50 प्र.श. तक अंक प्राप्त करने वाले उम्मीदवारों को इण्टरव्यू के लिए बुलाया जाय।

(ग) प्रस्तावित भर्ती-नियम के सरकारी राजपत्र में प्रकाशित होने और लागू होने के बाद ही विभागीय पदोन्नति समिति गठित की जा सकेगी और केवल तभी पदोन्नति कोटा के अनुसार जो 25 प्र. श. रखा गया है, पात्र तकनीकी सहायकों को वरिष्ठ अनुवादकों के रूप में पदोन्नत किया जा सकेगा। फिलहाल तदर्थ नियुक्ति करते समय उनके लिए निश्चित जगहें खाली रखी जाएँ। ये जगहें 5 न होकर 4 होंगी, क्योंकि जो 23 वरिष्ठ अनुवादक केंद्रीय हिन्दी निदेशालय से ब्यूरो में स्थानांतरित हुए हैं, उनमें एक पदोन्नति कोटा के आधार पर नियुक्त है।

(घ) इस प्रकार वरिष्ठ अनुवादकों और अनुसंधान सहायकों के शेष 19 रिक्त पदों में से 15 पद इस समय तदर्थ आधार पर भरे जा सकते

हैं। शिक्षा मंत्रालय की विभागीय पदोन्नति समिति के निर्णय के अनुसार, ब्यूरो के वर्तमान, अनुवाद अधिकारियों में से जिन 5 के पदावनत होने की संभावना है, उसके लिए वरिष्ठ अनुवादकों के 5 पद आरक्षित रखने का कोई प्रश्न ही नहीं है, क्योंकि हिन्दी निदेशालय से जितने पद ब्यूरो में स्थानांतरित हुए हैं, उनके अतिरिक्त शेष सभी पद बाहर से ही भरे जाने हैं। यदि उक्त निर्णय को ब्यूरो और गृह मंत्रालय मान्यता देता है तो ब्यूरो के वर्तमान अनुवाद अधिकारियों में से पदावनत हुए व्यक्तियों को केंद्रीय हिन्दी निदेशालय में जाना होगा और उनकी जगह निदेशालय से पदोन्नत हुए व्यक्तियों को ब्यूरो में आना होगा। यदि उक्त निर्णय हमें मान्य न हो तो वर्तमान स्थिति बनी रहेगी। इस प्रश्न पर अलग से विचार किया जा रहा है।

उपर्युक्त स्थिति के अनुसार केंद्रीय अनुवाद ब्यूरो को सूचित किया जा सकता है। मसौदा अनुमोदनार्थ प्रस्तुत है।

हस्ता. ....

अनु.अधिकारी

अवर सचिव

उदाहरण-4

अनुवादक प्रादेशिक भाषा का भी ज्ञाता हो तो निस्संदेह वह अधिक अच्छी अभिव्यक्ति द्वारा अनुवाद की भाषा को निर्जीव होने से बचा सकता है।

'क' प्रादेशिक भाषा को वांछनीय योग्यता के रूप में रखे जाने में कोई आपत्ति न होनी चाहिए। भर्ती में संशोधन के प्रस्ताव पर स्थापना निदेशालय की राय जान लेना भी उपयुक्त रहेगा।

हस्ता. ....

ता. ....

फिलहाल रेलवे बोर्ड में और रेलों पर हिन्दी अनुवाद के काम पर रखे जाने वाले कर्मचारियों की सीधी भर्ती नहीं होती। हिन्दी के राजपत्रित संवर्ग की समीक्षा करने के लिए पचास प्रतिशत की सीधी भर्ती की जाय। अतः उपसमिति की रिपोर्ट में प्रादेशिक भाषा को शामिल करने के सुझाव को ध्यान में रखा जा सकता है।

हस्ता. ....

पहले 'क' पर कार्यवाही कर ली जाय।

हस्ता. ....

उदाहरण-5

पूर्व पृष्ठ से–

गृह मंत्रालय

विदेश मंत्रालय ने सीनियर अधिकारी के भर्ती नियमों का प्रारूप गृह मंत्रालय को टिप्पणी के लिए भेजा है। भर्ती नियमों का प्रारूप देखने से पता चलता है कि यह पद स्थानांतरण/डेपुटेशन के आधार पर भरे जाएँगे और उसके लिए वे अधिकारी योग्य माने जाएँगे जिन्हें सात वर्ष तक रु. 350-900 के वेतनमान में काम करने का अनुभव है। गृह मंत्रालय ने वरिष्ठ हिन्दी अधिकारी के लिए जो नियम बनाए हैं उनमें 350-900 के वेतनमान में आठ साल का अनुभव रखने वाले अधिकारी योग्य माने गए हैं इसलिए विदेश मंत्रालय से कहा जाए कि योग्यता की शर्त के अंतर्गत आठ साल का अनुभव रखने वाले अधिकारियों को योग्य ठहरायें और उसी आधार पर नियमों को संशोधित करके प्रारूप का मसौदा पुनः गृह मंत्रालय को दिखा दें।

(हस्ताक्षर)
अनुभाग अधिकारी (राजभाषा)

विदेश मंत्रालय
नई दिल्ली

गृह मंत्रालय अशासनिक, टिप्पणी संख्या 99/75 दिनांक 15/1/75

विदेश मंत्रालय

उपरोक्त सुझाव के अनुसार आवश्यक संशोधन भर्ती नियमों के प्रारूप में कर दिया गया है। साथ ही 700-1250 वेतनक्रम के स्थान पर स्वीकृति नया वेतनक्रम के 1100-50-1600 और 350-900 के स्थान पर नया वेतनक्रम 650-1200 भी प्रारूप में संशोधित कर दिया गया है।

गृह मंत्रालय देखे और भर्ती के नियमों के मसौदे को स्वीकृति प्रदान करे।

ऋषिराम श्रीवास्तव — **हस्ताक्षर**
18/1/75 — 18/1/75
गृह मंत्रालय
नई दिल्ली

विदेश मंत्रालय अ.टि. संख्या पी/58/35/75—दि.21/1/75

गृह मंत्रालय
(राजभाषा)

विदेश मंत्रालय ने जो भर्ती नियम वरिष्ठ हिन्दी अधिकारी के लिए बनाए हैं, वे ठीक हैं। गृह मंत्रालय में वरिष्ठ हिन्दी अधिकारी के लिए भी इसी तरह के नियम लागू हैं। इस फाइल को कार्मिक विभाग को लौटा दिया जाए।

उप सचिव (कार्यालय) **ता.च.चौधरी**
3/2/75

(6) पदोन्नति

उदाहरण-1

केंद्रीय अनुवाद ब्यूरो में सहायक निदेशक (वेतनमान 700-900 रु.) के कुल 4 पद स्वीकृत हैं। इनमें से दो पदों पर श्री 'क' और श्री 'ग' केंद्रीय हिन्दी निदेशालय से स्थानांतरित होकर आए थे। ये दोनों निदेशालय में तदर्थ आधार पर ही काफी समय से सहायक निदेशक के पद पर काम कर रहे थे। श्री 'क' तदर्थ आधार पर उपनिदेशक (अनुवाद) के पद पर नियुक्त किए गए। इस प्रकार सहायक निदेशक का एक पद और खाली हो गया। भर्ती नियमों के अनुसार 75% पद पदोन्नति से और 25% पद सीधी भर्ती से भरे जाने चाहिए। तदनुसार सहायक निदेशक के तीन पद पदोन्नति से भरे जाने चाहिए और एक पद सीधी भर्ती से। यह एक पद संघ लोक सेवा आयोग द्वारा विज्ञापित किया जा चुका है। इस पर तदर्थ आधार पर ही 'ख' स्थानांतरण के आधार पर काम कर रहे हैं। विभागीय पदोन्नति से भरे जाने वाले तीन पदों में से केवल एक पद श्री 'ग' काम कर रहे हैं और बाकी दो पद खाली पड़े हुए हैं।

इसी बीच शिक्षा मंत्रालय की विभागीय पदोन्नति समिति (वरिष्ठ) ने सर्व श्री 'क' 'ग' 'घ' को तारीख 22 जुलाई, 1972 से नियमित आधार पर सहायक निदेशक के पद पर पदोन्नत कर दिया। इन पदोन्नतियों को संघ लोक सेवा आयोग ने 22 जुलाई, 1972 से अनुमोदित कर दिया था। इस विषय का आदेश शिक्षा मंत्रालय ने हमें तारीख 31 जुलाई, 1972 को भेजा था और हम से यह अनुरोध किया था कि हम इनकी नियुक्ति का यह आदेश निकालें और तदनुसार संघ लोक सेवा आयोग को सूचित कर दें। केंद्रीय हिन्दी निदेशालय (शिक्षा मंत्रालय) में सहायक निदेशक का पद श्रेणी-I राजपत्रित का है, परंतु ब्यूरो में यह श्रेणी-II राजपत्रित का है।

चूँकि केंद्रीय हिन्दी निदेशालय से केंद्रीय अनुवाद ब्यूरो में स्थानांतरित हुए सभी कर्मचारियों को नियमित पदोन्नति आदि के संपूर्ण प्रश्न पर शिक्षा मंत्रालय और कार्मिक विभाग के परामर्श से गृह मंत्रालय में विचार किया जा रहा है, और

इसमें अनेक नीति संबंधी निहित हैं, इसलिए श्री 'घ' को सहायक निदेशक के पद पर पदोन्नति में कुछ विलंब होने की संभावना है। इसलिए यह सुझाव है कि श्री 'घ' को तदर्थ आधार पर सहायक निदेशक के पद पर तुरंत पदोन्नत कर दिया जाय। श्री 'घ' इस समय ब्यूरो में नियमित आधार पर अनुवाद अधिकारी के पद पर काम कर रहे हैं और सहायक निदेशक के पद पर पदोन्नति के लिए मात्र है। ब्यूरो में सहायक निदेशक का पद श्रेणी-II का है जिस पर तदर्थ नियुक्ति करने के लिए निदेशक/उपसचिव (रा.भा.) सक्षम हैं।

उदाहरण-2 **पत्र सं. ई-11030/33/72 रा.भा.एकक**

गृह मंत्रालय
(राजभाषा एकक)
क्रम सं. 1-2 (आ)

केंद्रीय अनुवाद ब्यूरो ने अपनी अ.टि. के साथ शिक्षा मंत्रालय और संघ लोक सेवा आयोग के का.ज्ञा. और पत्र की प्रतिलिपि भेजी है जिसमें ब्यूरो में इस समय नियुक्त सर्व श्री .... और वर्मा को शिक्षा मंत्रालय की विभागीय पदोन्नति समिति (वरिष्ठ) द्वारा सहायक निदेशक के पद पर नियमित रूप से पदोन्नति कोटा में नियुक्त करने का निर्णय सूचित किया गया है और गृह मंत्रालय (के.अ.ब्यूरो) से इस बारे में आदेश निकालने के लिए कहा गया है।

इस बारे में कार्मिक विभाग (स्थापना '6' अनुभाग) से चर्चा की गई। उनका यह परामर्श है कि चूँकि यह पदोन्नति शिक्षा मंत्रालय की विभागीय पदोन्नति समिति द्वारा की गई है, इसलिए इस संबंध में आदेश भी उसी मंत्रालय द्वारा निकाला जाना चाहिए।

इस संबंध में शिक्षा मंत्रालय को भेजे जाने वाले का.ज्ञा. का मसौदा अनुमोदनार्थ प्रस्तुत है।

हस्ताक्षर ....

(7) छुट्टी और पदोन्नति

उदाहरण-1

विचाराधीन कागज क्षेत्रीय अधिकारी, हिन्दी शिक्षण योजना
पश्चिम क्षेत्र कार्यालय
बेल लेन, बम्बई-1, दि.15-2-1970
-कृ.पृ.उ.-

सेवा में,

सचिव,

गृह मंत्रालय, भारत सरकार,

नई दिल्ली।

विषय—श्री ट.ट.ड., **सहायक पर्यवेक्षक** को छुट्टी की मंजूरी।

महोदय,

1. इस कार्यालय के सहायक पर्यवेक्षक श्री ट.ट.ड. ने अपनी पत्नी की बीमारी के कारण 2 मार्च, 1970 से 62 दिन की अर्जित छुट्टी के लिए आवेदन पत्र दिया है जो इस पत्र के साथ संलग्न है। उनकी पत्नी वास्तव में कई महीने से बीमार है और डॉक्टरों की राय है कि इसे जलवायु परिवर्तन के लिए पूना ले जाया जाय। श्री ट.ट.ड. के छुट्टी के खाते में माँगी गई छुट्टी जमा है। इस बारे में महालेखाकार महाराष्ट्र का प्रमाणपत्र संलग्न है।

2. क्योंकि इस समय नई हिन्दी कक्षाओं में प्रवेश हो रहे हैं इसलिए सहायक पर्यवेक्षक का होना बहुत जरूरी है। अतएव श्री ट.ट.ड. के छुट्टी पर जाने से रिक्त स्थान को भरना नितांत आवश्यक है। यदि यह निर्णय हो कि इस खाली जगह में स्थानीय नियुक्ति की जाय तो सिफारिश है कि श्री त.थ.द. की पदोन्नति करके उन्हें इस जगह में लाया जाय। वे बम्बई में हिन्दी शिक्षण योजना के अधीन सबसे वरिष्ठ हिन्दी अध्यापक हैं और उनका काम भी बहुत अच्छा है।

3. इस बारे में मंत्रालय के आदेशों से इस कार्यालय को शीघ्र सूचित किया जाय ताकि श्री ट.ट.ड. को यथा-समय छुट्टी दी जा सके।

भवदीय

क्षेत्रीय अधिकारी, हिन्दी शिक्षण योजना

पश्चिम क्षेत्र

की जाने वाली कार्यवाही के बारे में संकेत

(1) श्री ट.ट.ड. सहायक पर्यवेक्षक को 2-3-70 से 62 दिन की छुट्टी मंजूर की जाय। एक कार्यालय आदेश का मसौदा प्रस्तुत करना।

(2) श्री त.थ.द. हिन्दी अध्यापक को पदोन्नति करके श्री ट.ट.ड. के स्थान पर सहायक पर्यवेक्षक नियुक्त करना। क्योंकि यह एक राजपत्रित पद है, एक अधिसूचना का मसौदा प्रस्तुत करना।

टिप्पणी :

क्रम संख्या ....(आ.)

(1) हिन्दी शिक्षण योजना के पश्चिम क्षेत्र के क्षेत्रीय अधिकारी के कार्यालय

सहायक पर्यवेक्षक श्री ट.ट.ड. ने अपनी पत्नी की बीमारी के कारण 2 मार्च, 1970 से 62 दिन की अर्जित छुट्टी माँगी है। वे अपनी पत्नी को जलवायु परिवर्तन के लिए पूना ले जाना चाहते हैं। माँगी गई छुट्टी श्री ट.ट.ड. के खाते में जमा है और क्षेत्रीय अधिकारी ने छुट्टी दिए जाने की सिफारिश की है। छुट्टी मंजूर की जाय। कार्यालय आदेश का मसौदा अनुमोदन के लिए प्रस्तुत है।

(2) क्षेत्रीय अधिकारी ने लिखा है कि श्री ट.ट.ड. की छुट्टी के दौरान उनके रिक्त स्थान को भरना जरूरी है। क्योंकि यह एक अल्पकालिक रिक्ति है, इसलिए स्थानीय नियुक्ति करना ही ठीक रहेगा। बम्बई में जो हिन्दी अध्यापक है उनमें श्री त.थ.द. सबसे वरिष्ठ हैं। उनकी गोपनीय चरित्र पंजिका नीचे रखी है। यदि यह निर्णय किया जाय कि उन्हें श्री ट.ट.ड. के स्थान पर सहायक पर्यवेक्षक नियुक्त किया जाय, तो नीचे रखा हुआ अधिसूचना का मसौदा अनुमोदित किया जाय।

हस्ताक्षर

सं. ....

भारत सरकार

गृह मंत्रालय

नई दिल्ली-1 दिनांक..........

कार्यालय आदेश

1. इस मंत्रालय की हिन्दी शिक्षण योजना, बम्बई में अस्थायी सहायक पर्यवेक्षक को श्री ट.ट.ड. की तारीख 2-3-70 से 62 दिन की अर्जित छुट्टी, तारीख 1-3-70 रविवार मिलाने की अनुमति सहित, स्वीकृत की जाती है।
2. यह प्रमाणित किया जाता है कि श्री ट.ट.ड. यदि छुट्टी पर न जाते, तो इस छुट्टी की पूरी अवधि में वे सहायक पर्यवेक्षक के पद पर स्थानापन्न रहते।
3. यह प्रमाणित किया जाता है कि छुट्टी से वापिस आने पर श्री ट.ट.ड. के उसी नगर में नियुक्त होने की संभावना है, जहाँ से वे छुट्टी पर जा रहे हैं।

उपसचिव, भारत सरकार।

सं. .... नई दिल्ली-1 दिनांक ....

प्रतिलिपि निम्नलिखित को प्रेषित :

1. क्षेत्रीय अधिकारी, हिन्दी शिक्षण योजना, बैल लेन, बम्बई को उनके पत्र सं........... दिनांक .... के संदर्भ में। इसकी एक प्रति श्री ट.ट.ड.

को देने के लिए संलग्न है। श्री ट.ट.ड. द्वारा पद छोड़ने की रिपोर्ट महालेखाकार, महाराष्ट्र और ट्रेजरी अफसर, बम्बई को भेजी जाय।

2. महालेखाकार, महाराष्ट्र, बम्बई।
(छुट्टी की स्वीकार्यता उनके पत्र सं..........दिनांक..........के अधीन प्रमाणित की गयी थी)। पदभार छोड़ने की रिपोर्ट क्षेत्रीय अधिकारी द्वारा भेजी जाएगी।

3. ट्रेजरी अफसर, बम्बई।
पदभार छोड़ने की रिपोर्ट क्षेत्रीय अधिकारी द्वारा भेजी जाएगी।

उपसचिव, भारत सरकार

अधिसूचना का मसौदा

(भारत के राजपत्र के भाग-1 खंड-2 में प्रकाशन के लिए)

भारत सरकार

गृह मंत्रालय

नई दिल्ली-1 दिनांक ....

अधिसूचना

सं. .... राष्ट्रपति जी श्री त.थ.द. हिन्दी अध्यापक को 2 मार्च, 1970 के दोपहर-पूर्व से 62 दिन की अवधि के लिए हिन्दी योजना, बम्बई में सहायक पर्यवेक्षक के पद पर स्थानापन्न रूप से सहर्ष नियुक्त करते हैं।

अवर सचिव, भारत सरकार

सेवा में,

प्रबन्धक,

भारत सरकार मुद्रणालय,

फरीदाबाद।

सं........... दिनांक ....

प्रतिलिपि निम्नलिखित को प्रेषित :

1. क्षेत्रीय अधिकारी, हिन्दी शिक्षण योजना, बैल लेन, बम्बई को उनके पत्र सं........... दिनांक .... के संदर्भ में। इसकी एक प्रति श्री त.थ.द. को देने के लिए संलग्न है। श्री त.थ.द. के द्वारा पदभार ग्रहण करने की रिपोर्ट महालेखाकार, महाराष्ट्र, बम्बई और ट्रेजरी अफसर, बम्बई को भेजी जाय।

2. महालेखाकार, महाराष्ट्र, बम्बई।

3. ट्रेजरी अफसर, बम्बई।

अवर सचिव, भारत सरकार

(8) अस्थायी पदों का जारी रखना

उदाहरण-1

आपके मंत्रालय/विभाग के हिन्दी अनुभाग के लिए नीचे लिखे अस्थायी पद 15 अक्टूबर, 1969 से छः महीने के लिए मंजूर किए गये थे :

संख्या	पद का नाम	वेतन	पदों की संख्या
1.	हिन्दी सहायक	रु. 210-530	1
2.	हिन्दी अनुवादक	रु. 210-425	2
3.	उच्च श्रेणी लिपिक	रु. 130-280	1
4.	अवर श्रेणी लिपिक टाइपिस्ट (हिन्दी)	रु. 110-180	2
5.	चपरासी	रु. 75-95	1

उस अनुभाग से यह पूछा जाना है कि (1) क्या वह इन पदों को या इनमें से किसी पद को जारी रखना चाहते हैं (2) यदि हाँ तो किन-किन पदों को और किस अवधि के लिए और (3) इसके लिए क्या औचित्य है।

उस अनुभाग को भेजने के लिए टिप्पणी का मसौदा (प्रारूप) यहाँ प्रस्तुत है।

टिप्पणी का मसौदा

क्रमांक ....

गृह मंत्रालय

(प्रशासन अनुभाग)

हिन्दी अनुभाग के निम्नलिखित अस्थायी पदों की मंजूरी 14 अप्रैल, 1970 को समाप्त होने वाली है।

पद का नाम	पदों की संख्या
हिन्दी सहायक	1
अनुवादक	2
उच्च श्रेणी लिपिक	1
अवर श्रेणी लिपिक/ टाइपिस्ट (हिन्दी)	2
चपरासी	1

हिन्दी अनुभाग से ता. .... मार्च तक इस बात की सूचना देने की माँग

की जाय कि क्या इन सभी पदों को या इनमें से किसी पद को जारी रखने का विचार है और यदि हाँ तो किस अवधि तक जिन पदों को जारी रखना हो उन्हें जारी रखने के लिए पर्याप्त औचित्य भी दिया जाय। यह उल्लेखनीय है कि इन पदों को जारी रखने के लिए वित्त मंत्रालय को सहमति प्राप्त करनी होगी।

टिप्पणी : हमारी टिप्पणी (क्रम सं. 1) के उत्तर में हिन्दी अनुभाग ने हमें यह सूचित किया है कि वे हमारी टिप्पणी में उल्लिखित सभी अस्थायी पदों को अगले वित्त वर्ष के लिए जरूरी रखना चाहते हैं, इसके लिए उन्होंने औचित्य भी दिया है जो पृष्ठ सं.................. पत्राचार पर देखा जा सकता है।

अब इन पदों को जारी रखने के लिए वित्त मंत्रालय (व्यय विभाग) में सहमति प्राप्त की जानी है। तदनुसार इन्हें भेजी जाने वाली टिप्पणी का मसौदा अनुमोदनार्थ प्रस्तुत है।

हस्ताक्षर ....

वित्त मंत्रालय (व्यय विभाग) को भेजी जाने वाली टिप्पणी का मसौदा

गृह मंत्रालय

(प्रशासन अनुभाग)

गृह मंत्रालय के हिन्दी अनुभाग के निम्नलिखित पद 15 अक्टूबर, 1969 से आरंभ में छः महीने की अवधि के लिए मंजूर किए गए थे :

क्रम सं.	**पद का नाम**	**वेतनमान**	**पदों की संख्या**
1.	हिन्दी सहायक	रु. 210-530	1
2.	हिन्दी अनुवादक	रु. 210-425	2
3.	उच्च श्रेणी लिपिक	रु. 130-280	1
4.	अवर श्रेणी लिपिक	रु. 110-180	2
5.	चपरासी	रु. 75-95	1

इनके लिए वित्त मंत्रालय (व्यय विभाग) द्वारा दी गई सहमति पृष्ठ सं.... ....पर देखी जा सकती है। चूँकि इन पदों का बना रहना आवश्यक है, इसलिए वित्त मंत्रालय (व्यय विभाग) इनके 15 अप्रैल, 1970 से 28 फरवरी, 1971 तक जारी रखने के लिए कृपया सहमति प्रदान करें। इनके बने रहने के संबंध में औचित्य पृष्ठ सं............पत्राचार पर देखा जा सकता है।

अवर सचिव (प्रशासन)

वित्त मंत्रालय (व्यय विभाग,......................अनुभाग)

गृह मंत्रालय, अ.टि. सं.............तारीख....................

टिप्पणी : वित्त मंत्रालय (व्यय विभाग) से हिन्दी अनुभाग के पदों के 15 अप्रैल, 1970 से 28 फरवरी, 1971 तक की अवधि के लिए जारी रखने की सहमति

प्राप्त हो गई है। तदनुसार संस्वीकृति आदेश का मसौदा अनुमोदनार्थ प्रस्तुत है।

अनुभाग अधिकारी

अवर सचिव (प्रशासन)

संस्वीकृति आदेश का मसौदा

सं. ....

................मंत्रालय

....

नई दिल्ली, दिनांक ....

आदेश

विषय–अस्थायी **अराजपत्रित** पदों का जारी रहना।

1. इस मंत्रालय के आदेश सं. .... दिनांक .... के क्रम में निम्नलिखित अस्थायी अराजपत्रित पदों को 15 अप्रैल, 1970 से 28-2-1971 की अवधि के लिए जारी रखने के लिए राष्ट्रपति की मंजूरी दी जाती है।

क्रम सं.	**पद का नाम**	**वेतनमान**	**पदों की संख्या**
1.	हिन्दी सहायक	रु. 210-530	1
2.	अनुवादक	रु. 210-380	2
3.	उच्च श्रेणी लिपिक	रु. 130-280	1
4.	अवर श्रेणी लिपिक/ टाइपिस्ट (हिन्दी)	रु. 110-180	2
5.	चपरासी	रु. 75-95	1

2. उन पदों पर होने वाला खर्च ....(लेखा शीर्ष) के नाम में डाला जाएगा।
3. यह आदेश वित्त मंत्रालय (व्यय अनुभाग) की सहमति से जारी किया जा रहा है। यह सहमति उस मंत्रालय के अ.टि. सं.............. दिनांक .... में दी गई है।

अवर सचिव, भारत सरकार

सं..........., नई दिल्ली, दिनांक ....

प्रतिलिपि निम्नलिखित को :

1. महालेखाकार, केंद्रीय राजस्व, नई दिल्ली।
2. कोषाधिकारी, नई दिल्ली।
3. हिन्दी अनुभाग।

9. हवाई यात्रा की संस्वीकृति

उदाहरण-1

आपके विभाग के उप-कानूनी सलाहकार श्री क.ख.ग. को एक विभागीय मुकदमे के बारे में कलकत्ते में ता. 16-4-70 को मौजूद रहना है। उनका समझा हुआ एक दूसरा मुकदमा गोहाटी उच्च न्यायालय में ता. 18-4-70 को आना है। और उसे वहाँ के सरकारी वकील को समझाने के लिए उन्हें 17-4-70 को गोहाटी पहुँचना जरूरी है। यदि वह कलकत्ता से रेल द्वारा गोहाटी जाएँगे तो समय पर नहीं पहुँच सकेंगे। इसलिए आवश्यक है कि उन्हें कलकत्ता से गोहाटी हवाई जहाज से यात्रा करने की अनुमति दी जाय। क्योंकि उनका वेतन 1200.00 रु. है, अर्थात् 1800.00 रु. से कम है, इसलिए वह हवाई जहाज यात्रा के हकदार नहीं हैं। इसके लिए विभाग के संयुक्त सचिव की मंजूरी है।

इस विषय से संबंधित एक टिप्पणी और हवाई यात्रा की मंजूरी (संस्वीकृति) का मसौदा प्रस्तुत है।

टिप्पणी का मसौदा

1. श्री क.ख.ग., उन कानूनी सलाहाकार को.......... के विरुद्ध मुकदमे के बारे में ता. 16.4.70 को कलकत्ता उच्च न्यायालय में मौजूद रहना है। उनसे संबंधित एक दूसरा मुकदमा 18.4.70 को गोहाटी उच्च न्यायालय में ता. 18.4.70 को आना है। उसके बाद में वहाँ के सरकारी वकील से बात करने के लिए उनका 17.4.70 को गोहाटी पहुँचना आवश्यक है। यदि वह 16.4.70 की रात को गोहाटी के लिए रेल से चलेंगे तो वहाँ समय पर नहीं पहुँच सकेंगे। इसलिए यह आवश्यक है कि वे कलकत्ता से 16.4.70 की शाम को या 17.4.70 को सबेरे हवाई जहाज से गोहाटी जाएँ।
2. श्री क.ख.ग. का वर्तमान वेतन 1200.00 रु. है। वित्त मंत्रालय द्वारा जारी किए गए आदेशों के अनुसार 1800.00 रु. से कम वेतन पाने वाले अधिकारी हवाई यात्रा के हकदार नहीं हैं। इसलिए श्री क.ख.ग. को उपर्युक्त हवाई जहाज की यात्रा के लिए संयुक्त सचिव की मंजूरी आवश्यक है।
3. हवाई यात्रा की मंजूरी का मसौदा प्रस्तुत है। संयुक्त सचिव महोदय द्वारा मंजूरी देने के बाद ही जारी किया जाएगा।

हवाई यात्रा की मंजूरी का मसौदा

सं. ....

भारत सरकार,

...... विभाग

नई दिल्ली, दिनांक ....

.... विभाग के उप-कानूनी सलाहकार श्री क.ख.ग. को ता. 16-4-70 से 18-4-70 के बीच में कलकत्ता से गोहाटी की हवाई यात्रा करने के लिए राष्ट्रपति की मंजूरी दी जाती है।

उन्हें ता. 16-4-70 को कलकत्ता में काम निपटाकर तुरंत गोहाटी पहुँचना आवश्यक है और उनकी हवाई यात्रा लोकहित में आवश्यक समझी गई है।

अवर सचिव, भारत सरकार

प्रतिलिपि निम्नलिखित को प्रेषित :

1. महालेखाकार, केंद्रीय राजस्व, नई दिल्ली।
2. **ट्रेजरी अफसर** (कोषाधिकारी) नई दिल्ली।
3. श्री क.ख.ग.

उप-कानूनी सलाहकार.............विभाग।

(10) विविध

उदाहरण-1

क्रम सं. 35 (नि.)

क्रम सं. 36 (आ.)

केंद्रीय अनुवाद ब्यूरो में वरिष्ठ अनुवादकों के पदों पर भर्ती के बारे में सभी मंत्रालयों/विभागों को सीधे ही का.ज्ञा. परिचालित कर दिया है। यह निर्धारित प्रशासनिक पद्धति एवं परंपरा के विपरीत व प्रतिकूल है। वस्तुतः इसके पहले की सभी रिक्तियों के परिपत्र का.ज्ञा. गृह मंत्रालय (रा.भा.एकक) द्वारा परिचालित किये जाते रहे हैं। इसके अतिरिक्त सभी रिक्तियों/नियुक्तियों आदि के बारे में भी ब्यूरो को अपने प्रशासनिक मंत्रालय गृह मंत्रालय (रा.भा.एकक) को अवगत कराना, परामर्श लेना आदि अपेक्षित है।

इस प्रसंग में यह उल्लेखनीय है कि केवल अनुवाद संबंधी सामग्री या अन्य नेमी प्रकार की सूचना के बारे में सभी मंत्रालयों/विभागों/कार्यालयों और केंद्रीय अनुवाद ब्यूरो के बीच सीधे पत्र-व्यवहार करने की अनुमति देते हुए अभी एक का.ज्ञा. जरूर जारी किया गया था, लेकिन उसमें यह स्पष्ट कर दिया गया था कि सभी नीति संबंधी मामलों में गृह मंत्रालय द्वारा ही सभी मंत्रालयों/विभागों को लिखा जाना चाहिए।

इसलिए इस बारे में ब्यूरो को ध्यान दिलाना जरूरी है। मसौदा अनुमोदनार्थ

प्रस्तुत है।

हस्ता.

उदाहरण-2

भारत सरकार

गृह मंत्रालय

संयुक्त सचिव ने केंद्रीय अनुवाद ब्यूरो की अद्यतन प्रगति के विषय में जानकारी चाही थी इस संबंध में नोट ब्यूरो से मँगवा लिया गया है, जो पताका 'क' पर रखा हुआ है।

इस नोट में पदों की भर्ती अर्थात् ब्यूरो में कुल कितने पद थे, कितने भरे गए हैं और कितने रिक्त हैं, इस बारे में संक्षिप्त विवरण दिया है एवं इसका समेकित विवरण पताका 'बी' पर है। जहाँ तक मैनुअलों के अनुवाद का प्रश्न है, 1971-72 में जो मैनुअल अनुवाद किए गए हैं, उनका विवरण पताका 'सी' पर है एवं जो मैनुअल अभी पुनरीक्षित होने हैं, उनका विवरण पताका 'डी' पर है। विवरण से पता चलेगा कि ब्यूरो की अनुवाद संबंधी प्रगति बहुत ही संतोषजनक रही है। अनुवाद के लिए 15,000 पृष्ठों का लक्ष्य इस वर्ष निर्धारित किया गया था, लेकिन फरवरी के अंत तक ब्यूरो में 17,147 पृष्ठों का अनुवाद हो चुका है। अगले वर्ष के लिए कार्यक्रम का ब्यौरा ब्यूरो में तैयार किया जा रहा है और इस वर्ष ब्यूरो का लक्ष्य 40,000 पृष्ठों का है।

(सुधाकर द्विवेदी)
उप सचिव (रा.भा.)

संयुक्त सचिव (रा.भा.)

उदाहरण-3

गृह मंत्रालय के दिनांक 31-5-1973 के कार्यालय ज्ञापन में क्रम सं. 1 उल्लिखित अनुलग्नक वहाँ से अब आ गया है और क्रम सं. 3 पर रखा है। जुलाई 1973, जून 1974 सत्र की कक्षाओं का गठन 31-7-73 तक पूरा होना था। चूँकि इस बारे में काफी विलंब हो चुका है और दूसरे इसी उद्देश्य के लिए हम पहले से ही रेल प्रशासनों से, फाइल सं. .... पर क्रम सं. .... के द्वारा कार्रवाई कर चुके हैं और उनसे कक्षाओं में नामित कर्मचारियों की संख्या संबंधी आँकड़े या तो मिल चुके हैं या मिल जाएँगे, अतः इस समय गृह मंत्रालय के संदर्भाधीन ज्ञापन के प्रचारित करने का कोई अर्थ नहीं है। यदि आवश्यक समझें तो एक पत्र नामित कर्मचारियों तथा कक्षाओं में उपस्थित होने वाले कर्मचारियों की संख्या की जानकारी प्राप्त करने के लिए भेज दिया जाए। आदेश तथा मार्गदर्शन के लिए

प्रस्तुत।

ह./-

क्रम सं. 1 पर गृह मंत्रालय के कार्यालय ज्ञापन के पैरा 2 का उद्धरण सभी रेल प्रशासनों एवं उपसचिव, रेलवे बोर्ड को कार्यान्वयन के लिए भेज दें।

ह./

प्रारूप अनुमोदनार्थ प्रस्तुत।

ह./-

यथासंशोधित।

ह./-

उदाहरण-4

विचाराधीन पत्र के पैरा-1 से पता चलता है कि गृह मंत्रालय के अधीनस्थ कार्यालय, केंद्रीय अनुवाद ब्यूरो ने सीधे दक्षिण-पूर्व रेलवे को पत्र लिखकर यह कहा है कि रेलवे पर जो मैनुअल, फार्म आदि असांविधिक सामग्री अनुवाद के लिए पड़ी है उसे ब्यूरो को अनुवाद के लिए भेज दिया जाए।

इस संबंध में पहली और आपत्तिजनक बात तो यह है कि एक अन्य केंद्रीय मंत्रालय के अधीनस्थ कार्यालय ने हमारे मंत्रालय के अधीनस्थ कार्यालय को सीधे पत्र लिखा। दूसरी बात यह है कि वर्तमान नीति के अनुसार रेलवे के समस्त असांविधिक साहित्य का अनुवाद स्वयं रेल मंत्रालय अथवा रेलों द्वारा ही किया जाना है। ब्यूरो को कोई सामग्री अनुवादार्थ भेजने का प्रश्न नहीं उठता।

हो सकता है, इस तरह के पत्र ब्यूरो ने अन्य रेल प्रशासनों को भी लिखे हों। अतः एक परिपत्र सभी रेलों को भेज दिया जाये जिसका मसौदा (I) अनुमोदनार्थ प्रस्तुत है।

केंद्रीय अनुवाद ब्यूरो के निदेशक के नाम भी अ.स. पत्र का मसौदा (II) अनुमोदनार्थ प्रस्तुत है।

ह./-

उदाहरण-5

हाल ही में गृह मंत्रालय ने सभी मंत्रालयों/विभागों को एक परिपत्र जारी किया है जिसमें अन्य बातों के साथ-साथ यह भी आशा व्यक्त की गई है कि मार्च, 1975 के अंत तक सामान्य आदेशों, अधिसूचनाओं, नियमों, करारों, नोटिसों आदि को हिन्दी और अंग्रेजी दोनों में जारी करने से संबंधित सांविधिक अपेक्षाओं के कम से कम 20 प्रतिशत का अनुपालन अहिन्दी भाषी क्षेत्रों में स्थित कार्यालयों में भी अवश्य होने लगेगा। यह परिपत्र सभी रेल प्रशासनों से आवश्यक कार्रवाई के लिए भेजा गया है।

पश्चिम रेलवे का विचाराधीन पत्र इसी संदर्भ में है जिसमें रेलवे ने जानना

चाहा है कि क्या अहिन्दी भाषी क्षेत्रों में यह उल्लेखनीय है कि 1969 में बोर्ड ने यह विनिश्चय किया था कि अहिन्दी भाषी क्षेत्रों में स्टेशन संचालन नियम अंग्रेजी में ही जारी किए जाएँ क्योंकि इन क्षेत्रों में इन नियमों को हिन्दी में जारी करने के मार्ग में कुछ बाधाएँ थीं।

स्टेशन संचालन नियम किसी स्टेशन विशेष के कार्य संचालन के लिए केवल उक्त स्टेशन के कर्मचारियों के मार्गदर्शन के लिए होते हैं। अहिन्दी भाषी क्षेत्रों में अभी भी अधिकांश कर्मचारी हिन्दी नहीं जानते। ऐसी स्थिति में इन नियमों को हिन्दी में जारी करने से कोई प्रयोजन सिद्ध नहीं होगा। अतः सुझाव है कि अहिन्दी भाषी क्षेत्रों में इन नियमों को अंग्रेजी में ही जारी करना पहले की तरह चालू रखा जाए। संभवतः पश्चिम रेलवे को उक्त आशय का पत्र भेज दिया जाए।

पत्र का मसौदा अनुमोदनार्थ प्रस्तुत है।

ह./-
तारीख

कृपया निदेशक (रा.भा.) देख लें क्योंकि यह एक सिद्धान्त संबंधी प्रश्न है।

ह./-
ता.

(1) क्या अहिन्दी भाषी क्षेत्रों में संबद्ध अधिकारी अंग्रेजी जानते हैं और,

(2) अहिन्दी भाषी क्षेत्रों में 20 प्रतिशत काम हिन्दी में शुरू करने की गृह मंत्रालय की नीति के संदर्भ में स्टेशन संचालन नियम की स्थिति को स्पष्ट करने की जरूरत है। पश्चिम रेलवे के वे क्षेत्र जहाँ प्रादेशिक भाषाओं की लिपि देवनागरी है, वहाँ 20 प्रतिशत की नीति लागू करनी चाहिए।

ह./-
ता.

कृपया इस संबंध में तदनुकूल आदेश पश्चिम रेलवे को भेजा जाए।

ह./-
ता.

उपनिदेशक, राजभाषा के उपर्युक्त नोट के संदर्भ में पश्चिम रेलवे के नाम पत्र का प्रारूप अनुमोदनार्थ प्रस्तुत है।

ह./-
ता.

उदाहरण-6

विचाराधीन कार्यालय ज्ञापन के द्वारा गृह मंत्रालय ने कहा है कि हिन्दी

प्रशिक्षण कक्षाओं के लिए आवास तथा फर्नीचर की व्यवस्था सामान्यतः संतोषजनक नहीं है। उनका मत है कि हि.शि.पी. के अधीन सभी प्रशिक्षार्थी शिक्षित वयस्क हैं तथा प्रायः उनमें वरिष्ठ अधिकारी भी शामिल होते हैं जो वर्तमान व्यवस्था को हेय दृष्टि से देखते हैं। उन्होंने आवेदन किया है कि एक प्रशिक्षणार्थी के लिए मेज और कुर्सी सेट की वर्तमान व्यवस्था के स्थान पर आधुनिक किस्म की ऐसी कुर्सियों की व्यवस्था की जाए, जो मेज व कुर्सी दोनों का काम देती है क्योंकि एक तो ये कुर्सियाँ न केवल आरामदेह होती हैं, बल्कि मेज-कुर्सी सेट के मुकाबले सस्ती पड़ती हैं, और कम जगह घेरती हैं। इसके अलावा, शिक्षक के लिए अलमारी की व्यवस्था करने तथा कमरे की सफाई एवं झाड़-पोंछ की उचित एवं पक्की व्यवस्था करने के लिए कहा है जिसमें प्रशिक्षणार्थी अनुकूल वातावरण में हिन्दी कक्षाओं में आने में हिचकिचाहट अनुभव न करें और सहर्ष भाग लेने के लिए आकृष्ट हों।

संभवतः इस बारे में सभी प्रमुख संबद्ध और अधीनस्थ कार्यालयों को एक परिपत्र भेज दिया जाए जिसका प्रारूप अनुमोदनार्थ प्रस्तुत है।

चूँकि नयी व्यवस्था में वित्त का प्रश्न भी निहित है, इसलिए जारी होने से पहले वित्त (व्यय) शाखा भी इसे सहमति के लिए देख लें।

ह./-

अध्याय 5

हिन्दीभाषी राज्यों एवं जिलों की कार्य-पद्धति तथा टिप्पणियों के उदाहरण

(1) (क) भूमिका

कार्यालय-कार्य-पद्धति की अभी तक जो चर्चा हुई है उसमें मूलतः केंद्रीय सचिवालय की कार्यविधि की चर्चा ही सम्मिलित रही है। हम यह अनुभव करते हैं कि केवल केंद्र सरकार के सचिवालय स्तर की ही कार्य-पद्धति से ही काम नहीं चलेगा, अपितु हमें हिन्दी भाषी राज्यों के सचिवालय के साथ-साथ जिला स्तर की कार्यविधि का भी अवलोकन एवं अध्ययन करना पड़ेगा। इस पुस्तक के लेखन के समय तक उत्तर प्रदेश के सचिवालय में किसी लिखित कार्यविधि के अभाव में वर्षों से चली आती मान्य परंपराओं के आधार पर ही कार्य चलता आ रहा था और किसी एक नियम का पालन नहीं हो रहा था। कतिपय नए आई.ए.एस. के प्रशासनिक अधिकारियों ने इस कमी का अनुभव किया और कार्मिक विभाग ने कार्यालय-कार्य-पद्धति को सुचारु रूप से संचालन के लिए एक समिति का गठन किया और कार्यालय-कार्य-पद्धति को व्यवस्थित करने के उद्देश्य से एक पुस्तक को प्रकाशित करने का निश्चय किया । विश्वास यही है कि अब तक इस पुस्तक का प्रकाशन अवश्य हो गया होगा। किंतु इस पुस्तक में वहाँ के सचिवालय की कार्यालय-कार्य-पद्धति की चर्चा नहीं हो सकी है। हमने यहाँ अवश्य मध्य प्रदेश शासन द्वारा उपलब्ध सामग्री के आधार पर वहाँ के राज्य स्तर के सचिवालय की कार्यालय-कार्य-पद्धति की अवश्य चर्चा की है।

हम ऊपर यह उल्लेख कर ही चुके हैं कि सचिवालय की कार्य-पद्धति के साथ-साथ हमने जिला स्तर की कार्य-विधि का भी अवलोकन और अध्ययन किया

है और इस संबंध में हमने आगरा कलेक्ट्रेट और भोपाल कलेक्ट्रेट की कार्यालय-कार्य-पद्धति का भी परिचय प्राप्त किया, जिसे हम यहाँ प्रस्तुत कर रहे हैं। हमारी दृष्टि इस बात पर भी थी कि हिन्दी भाषी दो राज्यों, उत्तरप्रदेश और मध्यप्रदेश, के जिला स्तर का भी गहन अध्ययन किया जाए और दो राज्यों की जिला स्तर की कार्यालय-पद्धति को गहराई से देखा जाए और दो राज्यों में जो समानताएँ और विषमताएँ जिला स्तर पर हैं, उन्हें समझा जाए। हमने यहाँ मध्यप्रदेश के भी जिला भोपाल एवं सतना के दो जिलाधीशों द्वारा जारी किए गए कार्यालय-कार्य-पद्धति संबंधी आदेशों को ज्यों का त्यों इस पुस्तक में रखा है जिससे नए प्रशासनिक अधिकारी जिलों की कार्यालय-पद्धति में क्या परिर्वतन ला रहे हैं, उन्हें अच्छी तरह समझा जाए।

(ख) मध्य प्रदेश शासन

यहाँ सचिवालय की डाक-प्राप्ति की विधि और उसके निस्तारण की कार्य-पद्धति का संक्षिप्त परिचय दिया जा रहा है। यह देना इसलिए भी आवश्यक है कि केंद्रीय और राज्य सरकारों के सचिवालयों की कार्य-पद्धति में जो अंतर है या जो समानताएँ हैं, उन्हें ठीक-ठीक समझा जा सके।

(ग) डाक-प्राप्ति

1. सारी डाक सचिव के नाम से होती है, केवल अर्द्धसरकारी पत्र ही सरकारी अधिकारी के नाम से होते हैं।
2. सचिवालय के डाकघर में अलग-अलग विभागों की डाक अलग-अलग कर दी जाती है और विभागीय चपरासी डाकघर में जाकर अपने-अपने विभाग की डाक ले आते हैं।
3. केंद्रीय रजिस्ट्री अनुभाग समाप्त कर दिया गया है।
4. अनुभाग में डायरीकार गोपनीय, अर्द्धसरकारी पत्रों तथा सील लगे पत्रों को छोड़कर शेष डाक को खोल लेता है।
5. प्रत्येक अनुभाग में अलग-अलग सील लगाई जाती है।
6. डायरीकार डाक खोलकर डायरी करता है। तब अनुभाग अधिकारी के समक्ष प्रस्तुत करता है। डाक-पैड में रखकर डाक अवर सचिव के पास भेज दी जाती है। अवर सचिव के डाक-अवलोकन के पश्चात् डाक अनुभाग अधिकारी के पास आती है, तब संबंधित सहायक के पास दी जाती है।

मध्यप्रदेश शासन कक्ष (सेक्शन) पंजी. क्रमांक दिनांक सामान्य प्रशासन अनुभाग

(घ) डाक निर्गमन

1. पत्र की प्राप्ति
2. निर्गमन रजिस्टर का क्रमांक..............फाइल संख्या.................
3. सील.........जावक क्रमांक ....दिनांक.............को प्रेषित

लोकल डाक भेजने की रीति

आटो रिक्शा में दो बार डाक-दोपहर 12 बजे तथा मध्याह्न 3 बजे लोकल दफ्तरों में भेजी जाती है।

फाइल रजिस्टर

पत्र संख्या	दिनांक	किससे प्राप्त हुई	किस अनुभाग/ विभाग को भेजी गई (रजिस्टर्ड)	हस्ताक्षर प्राप्त करने वाले के

(ङ) मिसिल-पद्धति (सचिवालय) भोपाल

1. पंजिका................क्रमांक...............................दिनांक..................प्रेषक का क्रमांक...................दिनांक.............................(किससे आया) विषय...............
2. हर एक पृष्ठ पर ऊपर विषय दिया जाता है।
3. फाइल कवर में पूरा पत्राचार होता है। सबसे अंत में आया पत्र ऊपर फाइल कवर में रख दिया जाता है और इसके साथ टिप्पणी के कागजात होते हैं। टिप्पणी का अंतिम कागज सबसे ऊपर टैग लगाकर रख दिया जाता है।

4. पृष्ठ संख्या ऊपर से नीचे लिखी जाती है। सबसे अंत में आया पत्र, सबसे नीचे होता है।
5. जब तक फाइल का निस्तारण नहीं हो जाता, फाइल का पत्राचार वाला भाग तथा टिप्पणी वाला भाग पैड में खुला रहता है। कभी-कभी पत्राचार वाला भाग फाइल कवर में रहता है।
6. जब मामले का निपटान हो जाता है, तब फाइल कवर के अंदर टिप्पणी वाला भाग पहले तथा पत्राचार वाला भाग नीचे होता है।
7. पृष्ठ संख्या या संदर्भ केवल पेंसिल से होनी चाहिए।
8. फाइल का क्रमांक कोई नहीं दिया जाता।
9. सबसे अंत में फाइल को सी दिया जाता है, लेकिन फाइल की क्रम संख्या, नहीं, केवल विषय दिया जाता है।
10. कहीं-कहीं टिप्पणी वाले भाग में, हर एक पृष्ठ पर फाइल की क्रम संख्या भी दी जाती है।
11. जो झंडी/पताका लगाई जाती है, वह इस प्रकार होती है :
    जरूरी
    तत्काल
    समय-सीमा
    सर्वप्रथम
    (सर्वोच्च प्राथमिकता)

म.प्र.सचिवालय	टिप्पणी	का.विभाग
	....	
	....	
हस्ता. (सहायक)	....	....
हस्ता. (कार्या.अधी.)		....

.... 1. चर्चा करें।

.... 2. बात कर जाइए

अधि.

हस्ता.

.... हस्ता. (सहायक)

.... हस्ता. (कार्या.अधी.)

(च) मध्यप्रदेश सचिवालय

(i) स्थानांतरण

उदाहरण-1

सा.प्र.वि.

विषय : श्री व्ही.बी.सिंह, बुदेला को लेखा शाखा से स्थानांतरित/समर्पित करने बाबत।

श्री बुदेला, उच्च श्रेणी लिपिक लेखा शाखा द्वारा प्रस्तुत प्रार्थना पत्र एवं पूर्व में इनके स्थानांतरण हेतु भेजे गए कार्यालयाधीन प्रस्ताव का कृपया अवलोकन हो।

श्री व्ही.बी.एस. बुदेला, उच्च श्रेणी लिपिक वर्तमान में लेखा शाखा में चतुर्थ वर्ग कर्मचारियों के वेतन देयक एवं उससे संबंधित पूरक देयकों को बनाने का कार्य कर रहे हैं। इनके वेतन देयक में बहुत-सी त्रुटियाँ होती हैं जिससे कर्मचारी परेशान रहते हैं। कई बार इन्हें त्रुटियों को सुधारने हेतु कहा गया लेकिन त्रुटियों में अभी तक सुधार नहीं किया गया। जब कोई कर्मचारी इनसे अपने वेतन के बारे में जानकारी लेने आते हैं तो उन्हें समझाने एवं संतोषजनक उत्तर देने के बजाय झगड़ना प्रारंभ कर देते हैं। इनका कहना है कि मुझे जोड़ने-घटाने का कार्य नहीं आता। लेखा शाखा में किसी भी टेबिल का कार्य ऐसा नहीं है जिस पर जोड़ने-घटाने का कार्य न होता हो। ऐसी स्थिति में श्री बुदेला को लेखा शाखा में रखा जाना असंभव ही नहीं बल्कि असमर्थता भी है। आज इनके द्वारा कार्यालय के प्रारंभिक समय से कक्ष में अधिक शोर उत्पन्न किया गया।

अतः निवेदन है कि श्री बुदेला का लेखा शाखा से अन्य किसी भी विभाग में स्थानांतरण किया जाय, अन्यथा विवश होकर इन्हें लेखा शाखा से समर्पित करना होगा।

ह./-

इसका स्थानान्तरण वित्त विभाग में किया जाए।

ह./-

विषय : श्री व्ही.बी.सिंह बुदेला को लेखा शाखा से स्थानांतरित/समर्पित करने बावत
पूर्व पृष्ठ से

पूर्व पृष्ठ पर हुए पत्राचार के आदेशानुसार स्वच्छ प्रतियाँ हस्ताक्षरार्थ प्रस्तुत हैं।

ह./-

मध्य प्रदेश शासन
सामान्य प्रशासन विभाग
(सचिवालय प्रशासन उपविभाग)

—आदेश—

भोपाल, दिनांक 16 दिसम्बर, 1986

क्रमांक 10368/7525 ए-1- स्था./86 श्री व्ही.बी.सिंह बुदेला, उच्च श्रेणी लिपिक, मध्यप्रदेश सचिवालय का तत्काल प्रभाव से वित्त विभाग में श्री के.एस. त्रिवेदी के स्थान पर पदस्थ किया जाता है।

आदेशानुसार

ह./-

अवर सचिव (स्थापना)

क्रमांक 10369/7524 ए-1- स्था./86 भोपाल, दिनांक 16 दिसम्बर, 1986

प्रतिलिपि :

1. संबंधित सचिव, मध्यप्रदेश शासन, भोपाल।
2. मुख्य लेखाधिकारी, मध्यप्रदेश सचिवालय, भोपाल।
3. सचिवालय प्रशासन उपविभाग/व्यक्तिगत नत्थी।
4. संबंधित कर्मचारी की ओर सूचनार्थ एवं आवश्यक कार्यवाही हेतु अग्रेसित।

ह./-

अवर सचिव (स्थापना)

(ii) अनुत्तरदायित्व का परिचय

उदाहरण-2

मध्य प्रदेश शासन

सामान्य प्रशासन विभाग

(सचिवालय प्रशासन उपविभाग)

क्रमांक 10405/1. स्था भोपाल, दिनांक ....

प्रति

श्री एस.एस.फसाटे,
अधीक्षक, मध्यप्रदेश सचिवालय,
स्था.शा.(नगर) विभाग, भोपाल

विषय : श्री एस.एस.फसाटे के विरुद्ध कार्रवाई।

आपके विरुद्ध लगाए गए आरोप तथा उसके समर्थन में दिए गए अभिकथनों का विवरण संलग्न है। साथ ही उन दस्तावेजों और गवाहों की सूचियाँ भी संलग्न हैं जिनके द्वारा उक्त आरोप का समर्थन किया जाना है।

आप इस ज्ञापन की प्राप्ति से **सात दिन के भीतर** आपका लिखित बचाव कथन इस विभाग में प्रस्तुत करें और बतायें कि क्या आप इस प्रकरण में व्यक्तिगत सुनवाई के इच्छुक हैं।

मुख्य सचिव के आदेशानुसार

ह./-

अवर सचिव (स्थापना)
मध्यप्रदेश शासन,
सामान्य प्रशासन विभाग

मध्य प्रदेश शासन
सामान्य प्रशासन विभाग
(सचिवालय प्रशासन उपविभाग)

श्री एस.एस.फसाटे, अधीक्षक, मध्यप्रदेश सचिवालय के विरुद्ध लगाए गए आरोप का विवरण।

श्री एस.एस.फसाटे, अधीक्षक, मध्यप्रदेश सचिवालय के विरुद्ध निम्नलिखित आरोप लगाया जाता है :

मध्यप्रदेश सचिवालय के सहकारिता विभाग में अधीक्षक की हैसियत से कार्य करते हुए श्री एस.एस.फसाटे ने उनके अधीन कार्यरत लिपिकों के कार्य के अधीक्षण में शिथिलता एवं अनुत्तरदायित्व का परिचय दिया। जिसके फलस्वरूप राज्य शासन के मद में एन.सी.डी.सी. द्वारा भेजे गए बैंक ड्राफ्ट रु. 1, 24, 41, 944 गुम हुए, उनसे संबंधित नस्तियाँ अनुपलब्ध रहीं और राज्य शासन को ब्याज के रूप में आर्थिक हानि उठानी होगी।

इस प्रकार श्री फसाटे ने स्वयं को उनके विरुद्ध अनुशासनिक कार्रवाई का पात्र बना लिया है।

मुख्य सचिव के आदेशानुसार
ह./-
अवर सचिव (स्थापना)
मध्यप्रदेश शासन
सामान्य प्रशासन विभाग

मध्य प्रदेश शासन
सामान्य प्रशासन विभाग
(सचिवालय प्रशासन उपविभाग)

श्री एस.एस.फसाटे, अधीक्षक, मध्यप्रदेश शासन के विरुद्ध लगाए गए अतिरिक्त आरोप।

आरोप क्रमांक-1

उनके अनुत्तरदायित्व पूर्ण रवैये से रु. 24,67,750/- राशि के पाँच और बैंक ड्राफ्ट राज्य शासन के खाते में जमा कराने की कार्रवाही श्री डी.पी.देशपांडे, उच्च श्रेणी लिपिक द्वारा नहीं की गई।

आरोप क्रमांक-2

उन्होंने श्री डी.पी.देशपांडे, उच्च श्रेणी लिपिक-I की टेबिल का निरीक्षण किया था। परंतु वर्ष 59 से दिनांक 10-3-71 तक के बैंक ड्राफ्ट रजिस्टर के संबंध में कुछ भी नहीं बताया।

आदेशानुसार
ह./-
अवर सचिव (स्थापना)
मध्यप्रदेश शासन
सामान्य प्रशासन विभाग

मध्य प्रदेश शासन
सामान्य प्रशासन विभाग
(सचिवालय प्रशासन उपविभाग)

श्री एस.एस.फसाटे, अधीक्षक, मध्यप्रदेश सचिवालय के विरुद्ध लगाए गए आरोप के समर्थन में अभिकथनों का विवरण।

श्री एस.एस.फसाटे, सहकारिता विभाग कक्ष-2 के अधीक्षक थे और श्री डी. पी.देशपांडे, उच्च श्रेणी लिपिक-I उनके अधीन कार्यरत थे। उनका यह कर्तव्य था कि वे यह देखते कि श्री देशपांडे द्वारा उन्हें अंकित कागजों पर समय पर कार्रवाई की जाती है और उपसचिव के आदेशानुसार वे शासन के पक्ष में प्राप्त होने वाले बैंक ड्राफ्ट्स का रजिस्टर बराबर रखते हैं। श्री देशपांडे द्वारा ऐसा कोई रजिस्टर नहीं रखा गया और श्री फसाटे ने श्री देशपांडे द्वारा ऐसा करने के लिए समय पर उचित कदम नहीं उठाए। इसके परिणामस्वरूप नेशनल कॉआपरेटिव डेवलपमेंट कारपोरेशन, नई दिल्ली से राज्य शासन को वित्तीय सहायता के तौर पर भेजे गए निम्नलिखित बैंक ड्राफ्ट्स गुम हो जाने के कारण रु. 1,24,41,944 समय पर राज्य शासन के खाते में जमा नहीं हो सके और इसके परिणामस्वरूप राज्य शासन को ब्याज की अनावश्यक हानि उठानी होगी :

	बैंक ड्राफ्ट क्र.	धनराशि	प्राप्त होने की तारीख
1.	एल.बी. 195617/24.3.71	रु. 24,45,944	30.3.71
2.	एल.बी. 743982/5.12.70	रु. 46,82,000	8.12.70
3.	एल.बी. 244849/19.11.71	रु. 30,14,000	23.11.71
4.	एल.बी. 213674/19.6.71	रु. 22,90,000	21.6.71

श्री देशपांडे ने इन बैंक ड्राफ्ट्स के गुम हो जाने की सूचना भी वरिष्ठ अधिकारियों को नहीं दी और श्री फसाटे ने भी इस ओर कोई ध्यान नहीं दिया। उनके समुचित नियंत्रण एवं अधीक्षण के अभाव में उपर्युक्त बैंक ड्राफ्ट्स के गुम

होने और राज्य शासन को आर्थिक हानि उठाने की स्थिति उत्पन्न हुई। श्री फसाटे ने इस प्रकार उनके अधीन कार्यरत कर्मचारियों पर उचित नियंत्रण रखने और उनके कार्य के अधीक्षण में शिथिलता एवं अनुत्तरदायित्व का परिचय देकर स्वयं को उनके विरुद्ध अनुशासनिक कार्रवाई का पात्र बना लिया है।

मुख्य सचिव के आदेशानुसार
ह./-
अवर सचिव (स्थापना)
मध्य प्रदेश शासन
सामान्य प्रशासन विभाग

मध्य प्रदेश शासन
सामान्य प्रशासन विभाग
(सचिवालय प्रशासन उपविभाग)

श्री एस.एस.फसाटे, अधीक्षक, मध्यप्रदेश सचिवालय के विरुद्ध लगाए गए आरोप के समर्थन में प्रस्तुत किये जाने वाले दस्तावेजों और गवाहों की सूची।

दस्तावेज

1. आवक पंजी, सहकारिता विभाग, भाग 11 और 12, वर्ष 1970
2. आवक पंजी, सहकारिता विभाग, भाग 2, 4, और 7, वर्ष 1971
3. उपसचिव, सहकारिता द्वारा जारी किये गये निर्देश

गवाह

1. उपसचिव, सहकारिता विभाग, मध्यप्रदेश शासन
2. श्री जी.एम.बुरबुरे, उच्च श्रेणी लिपिक-2, मध्यप्रदेश सचिवालय, गृह विभाग।
3. श्री व्ही.एच.वर्मा, उच्च श्रेणी लिपिक-2, शिक्षा विभाग
4. श्री ए.जी.पाठक, निम्न श्रेणी लिपिक, सहकारिता विभाग

मुख्य सचिव के आदेशानुसार
ह./-
अवर सचिव (स्थापना)

मध्यप्रदेश शासन
सामान्य प्रशासन विभाग
(सचिवालय प्रशासन उपविभाग)

श्री एस.एस.फसाटे, अधीक्षक, मध्यप्रदेश सचिवालय के विरुद्ध लगाए गए अतिरिक्त आरोपों के समर्थन में अभिकथनों का विवरण

आरोप क्रमांक-1

मध्यप्रदेश सचिवालय के सहकारिता विभाग में अधीक्षक की हैसियत से कार्यरत रहते हुए राष्ट्रीय सहकारी विकास निगम, नई दिल्ली से मध्यप्रदेश शासन को वित्तीय सहायता के बतौर निम्नलिखित बैंक ड्राफ्ट प्राप्त हुए परंतु राज्य शासन के खाते में जमा न होकर गुम हो गए।

क्रम	गुम बैंक ड्राफ्ट का क्रमांक व दिनांक	राशि	आवक रजिस्टर का दिनांक
1.	एल.बी. 163670/25.2.71	रु. 72,500/-	2.3.71
2.	एल.बी. 163671/25.2.71	रु. 72,500/-	2.3.71
3.	एल.बी. 170618/10.3.71	रु. 15,00,000/-	16.3.71
4.	एल.बी. 195622/25.3.71	रु. 4,46,250/-	26.3.71
5.	एल.बी. 195629/27.3.71	रु. 3,76,500/-	30.3.71

उन्होंने उक्त बैंक ड्राफ्ट की राशि शासकीय कोषालय में संबंधित लिपिक द्वारा जमा करवाने के लिए कोई कार्रवाई नहीं की। इस प्रकार से शाखा के अधीक्षक के नाते अधीनस्थ लिपिकों पर नियंत्रण नहीं रख सके जिससे शासन को बैंक ड्राफ्ट के गुमने से ब्याज की अनावश्यक राशि उक्त निगम को देनी पड़ी।

आरोप क्रमांक-2

उन्हें श्री डी.पी.देशपांडे, उच्च श्रेणी लिपिक-I की टेबिल का निरीक्षण करने के लिए निर्देशित किया गया था। उन्होंने अपनी निरीक्षण टीप में वर्ष 59 से दिनांक 10.3.71 के बैंक ड्राफ्ट रजिस्टर के संबंध में जानकारी न देकर तथ्य को छुपाया है। उक्त रजिस्टर बाद में श्री देशपांडे की रिकार्डेड नस्तियों में प्राप्त हुआ।

आदेशानुसार

ह./-

अवर सचिव (स्थापना)
मध्यप्रदेश शासन
सामान्य प्रशासन विभाग

प्रति,

अवर सचिव (स्थापना)
मध्यप्रदेश शासन,
सामान्य प्रशासन विभाग।

विषय : श्री एस.एस.फसाटे के विरुद्ध कार्रवाई

संदर्भ-आपका पत्र क्रमांक 10405/1/ स्था.दि. 9.9.72

महोदय,

संदर्भित पत्र मुझे दिनांक 10.10.72 को प्राप्त हुआ है। इसके अनुसार मुझे मेरा बयान सात दिन के अंदर प्रस्तुत करना है। लिखित बयान प्रस्तुत करने की तिथि, उक्त बचाव के अनुसार दिनांक 17.10.72 को समाप्त होती है। दिनांक 14.10.72 से 17.10.72 तक कार्यालय की छुट्टी है और मुझे बचाव कथन के लिए संबंधित नस्तियों का निरीक्षण करना आवश्यक है।

बैंक ड्राफ्ट का रजिस्टर रखने संबंधी उपसचिव (सह) द्वारा जो आदेश दिए गए हैं उस नस्ती का भी मुझे निरीक्षण करना आवश्यक है।

इसी प्रकार जो बैंक ड्राफ्ट्स गुम हुए बताए गए हैं उसमें से एक ड्राफ्ट क्रमांक..........जिसकी धनराशि रु. 24,90,000/- है, बाद में पाया गया और उसके संबंध में जो रिपोर्ट की गई है यह प्रकरण भी मुझे देखना आवश्यक है।

इसके अलावा मुझ पर जो अधीक्षण में शिथिलता के आरोप लगाए गए हैं, इस संबंध में भी मुझे प्रकरणों का निरीक्षण करना जरूरी है जिससे मैं इन आरोपों का खंडन कर सकूँ।

मैं यहाँ यह भी स्पष्ट कर देना चाहता हूँ कि जो आरोप मुझ पर लगाये गये हैं वह मुझे मान्य नहीं हैं और प्रकरण में व्यक्तिगत सुनवाई का मैं इच्छुक हूँ।

अतएव निवेदन है कि बचाव कथन प्रस्तुत करने के लिए मुझे पर्याप्त समय दिया जाए।

भोपाल
दिनांक 13 अक्टूबर, 1972

ह./
एस.एस.फसाटे
अधीक्षक
मध्यप्रदेश सचिवालय

मध्य प्रदेश शासन
सामान्य प्रशासन विभाग
(सचिवालय प्रशासन उपविभाग)
क्रमांक एफ 9-28/73-1 ए/स्था. भोपाल दिनांक 16 मार्च 1974
प्रति.

श्री एस.एस. फसाटे,
अधीक्षक,

मध्यप्रदेश सचिवालय,
स्थानीय शासन विभाग,
भोपाल।

विषय : विभागीय जाँच श्री एस.एस.फसाटे, अधीक्षक, मध्यप्रदेश सचिवालय।

आपके विरुद्ध निम्नलिखित आरोपों के संबंध में विभागीय जाँच की गई थी :

आरोप क्रमांक-1

मध्यप्रदेश सचिवालय के सहकारिता विभाग में अधीक्षक की हैसियत से कार्य करते हुए श्री एस.एस.फसाटे ने उनके अधीन कार्यरत लिपिकों के कार्य के अधीक्षण में शिथिलता एवं अनुत्तरदायित्व का परिचय दिया। जिसके फलस्वरूप राज्य शासन के पक्ष में एन.सी.डी.सी. द्वारा भेजे गए 4 बैंक ड्राफ्ट रुपए 1,24,41,944 गुम हुए, उनसे संबंधित नस्तियां अनुपलब्ध रहीं और राज्य शासन को ब्याज के रूप में आर्थिक हानि उठानी होगी।

अतिरिक्त आरोप-1

उनके अनुत्तरदायित्व पूर्ण रवैये से रु. 24,67,750 राशि के पाँच और बैंक ड्राफ्ट राज्य शासन के खाते में जमा कराने की कार्यवाही श्री डी. पी. देशपांडे, उच्च श्रेणी लिपिक (प्रथम) द्वारा नहीं की गई।

अतिरिक्त आरोप-2

1. उन्होंने श्री डी. पी. देशपांडे, उच्च श्रेणी लिपिक-I की टेबिल का निरीक्षण किया था। परंतु वर्ष 1959 से दिनांक 10.3.71 तक के बैंक ड्राफ्ट रजिस्टर के संबंध में कुछ भी नहीं बताया।
2. दिनांक 9.10.72 को आपको आरोप पत्र देकर लिखित बचाव कथन प्रस्तुत करने को सूचित किया गया था, किंतु आपको समय देने पर भी संपूर्ण बचाव कथन प्राप्त न होने एवं सही तथ्यों को प्रकाश में लाने के लिए आरोपों के संबंध में जाँच करना आवश्यक था, इसलिए श्री एस.महालिंगम, अवर सचिव, मध्यप्रदेश, वित्त विभाग को आपके विरुद्ध प्रारंभ की गई विभागीय जाँच में जाँच अधिकारी नियुक्त किया गया था।
3. जाँच अधिकारी ने दिनांक 19.10.73 को प्रस्तुत अपने प्रतिवेदन में आपके विरुद्ध लगाए गए आरोप क्रमांक-1, अतिरिक्त आरोप क्रमांक-1 और आरोप क्रमांक-2 सिद्ध पाए हैं।
4. इसके पश्चात् मामले से संबंधित समस्त अभिलेख, जाँच प्रतिवेदन तथा जाँच के दौरान अभिलिखित संपूर्ण साक्ष्य पर समुचित विचारोपरांत मैं, जाँच अधिकारी के प्रतिवेदन से सहमत होकर इस निर्णय पर पहुँचा हूँ कि आपके विरुद्ध लगाए गए सारे आरोप पूर्णतया सिद्ध पाए गए हैं, और जहाँ तक इन आरोपों के संबंध में शास्ति अधिरोपित करने का प्रश्न है, मैं अन्तिम

रूप से यह निर्णय लेता हूँ कि इन आरोपों की गंभीरता को देखते हुए प्रत्येक सिद्ध आरोप के लिए शासकीय सेवा से आपको पदच्युत कर दिया जाय।

5. अतएव एतद् द्वारा नोटिस दिया जाता है कि आप इसकी प्राप्ति के 15 दिन के भीतर कारण बताएँ कि आप पर प्रस्तावित शासित क्यों न अधिरोपित की जाए। यदि आपने समयावधि में कोई अभ्यावेदन प्रस्तुत किया तो उस पर प्रस्तावित शास्ति के संबंध में अंतिम निर्णय लेने से पूर्व उस पर समुचित विचार किया जायेगा।
6. जाँच अधिकारी के प्रतिवेदन दिनांक 19.10.73 की प्रति संलग्न है।

ह./-

मुख्य सचिव

मध्य प्रदेश सचिव

मध्यप्रदेश शासन

(iii) भ्रष्टाचार आयोग

उदाहरण-3

मध्यप्रदेश शासन

सामान्य प्रशासन विभाग

(सचिवालय प्रशासन उपविभाग)

क्रमांक एफ-9-1/85 ए-1 स्था. भोपाल दिनांक 21 जून, 1985

प्रति,

श्रीमती फूलकांति कटियार,
उच्च श्रेणी लिपिक,
मध्यप्रदेश सचिवालय,
राजस्व विभाग,
भोपाल।

विषय : विभागीय जाँच।

1. आपके विरुद्ध विभागीय जाँच करने का निर्णय लिया गया है। आपके विरुद्ध लगाया गया आरोप तथा उसके समर्थन में अभिकथन पत्रक का विवरण संलग्न है। इसके साथ ही उन दस्तावेजों व गवाहों की सूची भी संलग्न है।
2. अतः आप इस ज्ञापन की प्राप्ति के दिनांक से सात दिन के भीतर अपने प्रतिवाद का लिखित कथन इस विभाग में प्रस्तुत करें और बताएँ कि क्या आप प्रकरण में व्यक्तिगत सुनवाई की इच्छुक हैं आपके उत्तर पर गंभीरतापूर्वक विचार करने के पश्चात् ही अग्रिम कार्यवाही की जाएगी। परंतु यदि समयावधि के भीतर आपका कोई उत्तर प्राप्त नहीं हुआ तो

यह मानकर कि आपको कुछ नहीं कहना है अग्रेतर कार्रवाई की जाएगी।

संलग्न—उपरोक्तानुसार

आदेशानुसार

ह./-

अवर सचिव (स्थापना)

श्रीमती फूलकांति कटियार, उच्च श्रेणी लिपिक, मध्यप्रदेश सचिवालय के विरुद्ध जाँच के आरोप पत्र

श्रीमती फूलकांति कटियार, उच्च श्रेणी लिपिक, मध्यप्रदेश सचिवालय के विरुद्ध निम्नलिखित आरोप लगाया जाता है :

आरोप :

इन्होंने गलत जानकारी देकर दिनांक 12.11.75 से गृह भाड़ा भत्ता प्राप्त किया और समय-समय पर भत्ता पुनरीक्षित भी कराया।

इस प्रकार श्रीमती फूलकांति कटियार ने शासकीय सेवक होने के नाते गैर-जिम्मेदारी पूर्ण आचरण किया है, जिससे उनकी संनिष्ठा स्पष्टतः संदिग्ध प्रतीत होती है। उनका यह कृत्य मध्यप्रदेश सिविल सेवा (आचरण) नियम, 1965 के नियम-3 का स्पष्ट उल्लंघन है तथा मध्यप्रदेश सिविल सेवा (वर्गीकरण, नियंत्रण तथा अपील) नियम, 1966 के अंतर्गत उपरोक्त आरोप के आधार पर अपने आपको अनुशासनात्मक कार्यवाही का पात्र बना लिया है।

आदेशानुसार

ह./-

अवर सचिव (स्थापना)

अभिकथन पत्रक, जिस पर श्रीमती फूलकांति कटियार, उच्च श्रेणी लिपिक मध्यप्रदेश सचिवालय के विरुद्ध लगाया गया आरोप आधारित है।

1. आरोप के संबंध में श्रीमती फूलकांति कटियार को मध्यप्रदेश सचिवालय में दिनांक 12.11.75 को निम्न श्रेणी लिपिक के पद पर नियुक्त किया गया था। उन्होंने दिनांक 16.1.76 को गृह भाड़ा भत्ते के लिए आवेदन किया था। उन्होंने 5/18 सुभाष नगर कालोनी, गोबिन्दपुरा में रु. 45.00 किराए पर रहना बताया था तथा मकान मालिक का नाम श्री आर. बी. कटियार लिखा था, जिसके आधार पर श्रीमती कटियार को दिनांक 12.11.75 से गृह भाड़ा भत्ता स्वीकृत किया गया । इन्होंने दिनांक 12.11.75 को गृह भाड़ा भत्ता पुनरीक्षित करने के लिए घोषणापत्र (फार्म-एफ) प्रस्तुत किया, जिसमें 5/18 सुभाषनगर, भोपाल में रहना बताया, जिसके आधार पर उनका गृह भाड़ा भत्ता पुनरीक्षित किया गया।
2. प्राप्त जानकारी के अनुसार श्रीमती कटियार के पति श्री राजेन्द्र बहादुर कटियार जोकि पुट्ठा मील, भोपाल में टर्नर हेल्पर के पद पर कार्यरत हैं

एवं जिन्हें पुट्ठा मील की तरफ से न्यू कालोनी में सन् 1980 से क्वार्टर नम्बर 86 आबंटित किया है एवं उनके पति ने इस आवास को 1980 से ही किराये पर भिन्न-भिन्न व्यक्तियों को दे रखा है। इसके आधार पर श्रीमती कटियार को वित्त विभाग के ज्ञापन दिनांक 15.1.73 के पैरा-11 के अंतर्गत अनेक्सर के पैरा-5 के अनुसार शासन को जानकारी देनी थी जोकि उन्होंने नहीं दी। इस प्रकार वित्त विभाग के ज्ञापन दिनांक 25.6.83 के पैरा-11 के अनुसार श्रीमती कटियार गृह भाड़ा भत्ते की पात्रता में नहीं आती थीं क्योंकि उनके पति को क्वार्टर आबंटित था।

अभ्यायोजन दस्तावेजों की सूची, जिनके द्वारा श्रीमती फूलकांति कटियार, उच्च श्रेणी लिपिक, मध्यप्रदेश सचिवालय के विरुद्ध लगाए गए आरोप का समर्थन किया जाना है।

1. श्रीमती फूलकांति कटियार, तत्कालीन निम्न श्रेणी लिपिक, मध्यप्रदेश सचिवालय, स्थानीय शासन विभाग द्वारा दिनांक 16.1.76 को प्रस्तुत।
2. सामान्य प्रशासन विभाग (सचिवालय प्रशासन उपविभाग) का ज्ञापन क्रमांक-डी-2842/एफ/स्था./बी 176 दिनांक 10.3.1976 जिसके अनुसार श्रीमती कटियार को दिनांक 12.11.75 से गृह भाड़ा भत्ता स्वीकृत किया गया।
3. श्रीमती फूलकांति कटियार, उच्च श्रेणी लिपिक द्वारा प्रस्तुत घोषणा पत्र दिनांक 7.10.83, जिसमें 5/18 सुभाषनगर, भोपाल में रहना बताया गया।
4. सामान्य प्रशासन विभाग (सचिवालय प्रशासन उपविभाग) का ज्ञापन क्रमांक एफ-5-12/83/1 स्था.-1 बी दिनांक 1.2.84 जिसके अंतर्गत श्रीमती फूलकांति कटियार का गृह भाड़ा भत्ता पुनरीक्षित किया गया।
5. गृह भाड़ा पुनरीक्षित करने के लिए श्रीमती कटियार द्वारा दिनांक 9.7.84 को प्रस्तुत फार्म-एफ जिसमें उन्होंने दिनांक 2.4.84 से क्वार्टर नम्बर जे-146 हर्षवर्धन नगर, भोपाल में श्री वीरेन्द्र कुमार के मकान में निवास करने का उल्लेख किया है।
6. पुलिस अधीक्षक, भोपाल का ज्ञापन क्रमांक जिविज्ञा (भो(पीपी 85)1506) दिनांक 4.2.85, जिसके अंतर्गत श्रीमती कटियार एवं उनके पति श्री राजेन्द्र बहादुर कटियार के संबंध में जानकारी प्राप्त हुई।
7. मध्यप्रदेश शासन, वित्त विभाग का ज्ञापन क्रमांक बी-11.2.73 आर-2 चार दिनांक 15.1.73 तथा ज्ञापन क्रमांक एफ-पी 11.2.83 आर-2 चार दिनांक 25.6.83

आदेशानुसार
ह./-

3. श्रीमती कटियार ने दिनांक 9.7.84 को पुनः गृह भाड़ा भत्ते को पुनरीक्षित करने के लिए फार्म एफ भरकर प्रस्तुत किया है एवं लिखा है कि वह दिनांक 2.4.84 से क्वार्टर नम्बर जे-146 हर्षवर्धन नगर, भोपाल में श्री वीरेन्द्र कुमार के मकान में निवास करने लगी हैं और किराया रु. 175.00 दे रही हैं। परंतु प्राप्त जानकारी के अनुसार उक्त क्वार्टर श्रीमती कटियार के पति के भाई के नाम पर आबंटित है। श्रीमती कटियार उसमें दिनांक 2.4.84 से भी नहीं रही और न ही रु. 175.00 किराया दिया है। ये अपने पति के साथ ही 5/18 सुभाष नगर में जून, 1971 से रह रही हैं।

4. इस प्रकार श्रीमती कटियार शासन को धोखा देकर गृह भाड़ा भत्ते की राशि वसूल करती रहीं तथा समय-समय पर पुनरीक्षित भी कराती रहीं एवं ज्यादा गृह भाड़ा भत्ता प्राप्त करने की चेष्टा की है।

5. उनका यह कृत्य मध्यप्रदेश सिविल सेवा (आचरण) नियम, 1965 के नियम-3 का स्पष्ट उल्लंघन है तथा मध्यप्रदेश सिविल सेवा (वर्गीकरण, नियंत्रण तथा अपील) नियम, 1966 के अंतर्गत आरोप के आधार पर अपने आपको अनुशासनात्मक कार्रवाई का पात्र बना लिया है।

आदेशानुसार
ह./-
अवर सचिव

मध्यप्रदेश शासन
सामान्य प्रशासन विभाग
(सचिवालय प्रशासन उपविभाग)

आदेश

क्रमांक एफ-9-1/85/ए-1 स्था. भोपाल, दिनांक 16 अगस्त, 1985

श्रीमती फूलकांति कटियार, उच्च श्रेणी लिपिक, मध्यप्रदेश सचिवालय, राजस्व विभाग के विरुद्ध विभागीय जाँच करने का निर्णय लिया गया है। उक्त विभागीय जाँच के लिए श्री मोहम्मद असलम, अवर सचिव, मध्यप्रदेश शासन, वन विभाग को जाँचकर्ता अधिकारी नियुक्त किया जाता है।

मुख्य सचिव के आदेशानुसार
ह./-
अवर सचिव (स्थापना)
म.प्र.शासन, सा.प्र.वि.

क्रमांक एफ-9-1/85/ए-1 स्था. भोपाल, दिनांक 16 अगस्त, 1985

प्रतिलिपि :

गोपनीय : श्री मोहम्मद असलम, अवर सचिव, मध्यप्रदेश शासन, वन विभाग, भोपाल। जाँच से संबंधित निम्नलिखित अभिलेख संलग्न कर भेजे जा रहे हैं :

(1) श्रीमती फूलकांति कटियार को सम्बोधित इस विभाग का ज्ञापन क्रमांक एफ-9-1/85/ए-1 स्था. दिनांक 21 जून, 85 एवं उनके विरुद्ध लगाये गए आरोप पत्र आरोपों के समर्थन में अभिकथन पत्रक, दस्तावेजों एवं गवाहों की सूची (प्रतिलिपियाँ)

2. अवर सचिव, म.प्र. शासन, सा.प्र.वि. (सचिवालय प्रशासन उपविभाग) को संबोधित श्रीमती फूलकांति कटियार उच्च श्रेणी लिपिक का अभ्यावेदन दिनांक 28.6.85 मय संलग्नक (मूलतः)

3. श्रीमती फूलकांति कटियार तत्कालीन नि.श्रे.लि. म.प्र.सचिवालय, स्थानीय शासन विभाग द्वारा दिनांक 16.1.76 को प्रस्तुत सोलेमन अफेरमेशन (मूलतः)

4. सा.प्र.वि. (सचिवालय प्रशासन उपविभाग) का ज्ञापन क्रमांक डी-2842/1/स्था. बी./76 दिनांक 10 मार्च, 1976 (मूलतः)

5. श्रीमती कटियार द्वारा प्रस्तुत घोषणा-पत्र दिनांक 7.10.83 जिसमें 5/18 सुभाष नगर, भोपाल में रहना बताया गया (मूलतः)

6. सचिवालय प्रशासन उपविभाग का ज्ञापन क्रमांक एफ-5-1283/1/ स्था. बी. दिनांक 1.2.84, जिसके अंतर्गत श्रीमती फूलकांति कटियार, उच्च श्रेणी लिपिक मध्यप्रदेश सचिवालय के विरुद्ध विभागीय जाँच के संबंध में साक्षियों की सूची

1. श्री डी.एन.चौबे, अनुभाग अधिकारी, सामान्य प्रशासन विभाग (सचिव प्रशासन उपविभाग)

2. श्री शौकत अली, उच्च श्रेणी लिपिक, सामान्य प्रशासन विभाग (जाँच) प्रशासन उपविभाग वर्तमान में लेखा शाखा।

आदेशानुसार

ह./-

अवर सचिव (स्थापना)

मध्यप्रदेश शासन

सामान्य प्रशासन विभाग

(सचिवालय प्रशासन उपविभाग)

भोपाल, दिनांक 17 फरवरी, 1986

आदेश

क्रमांक एफ-9-1/85/1-ए स्था. इस विभाग का आदेश समसख्या दिनांक 30.9.85 निरस्त करते हुए श्रीमती फूलकांति कटियार, उच्च श्रेणी लिपिक, मध्यप्रदेश सचिवालय के विरुद्ध विभागीय जाँच के प्रकरण में मध्यप्रदेश सिविल सेवा (वर्गीकरण नियंत्रण तथा अपील) नियम 1966 के नियम-14(5)(ग) के अन्तर्गत श्री एम.एम. गर्ग, अनुभाग अधिकारी, सामान्य प्रशासन विभाग (सचिवालय प्रशासन उपविभाग) को प्रस्तुतकर्ता अधिकारी नियुक्त किया जाता है।

आदेशानुसार
ह./-
अवर सचिव
सामान्य प्रशासन विभाग

क्रमांक एफ-9-1/85/1-स्था. भोपाल 17 फरवरी, 1986

प्रतिलिपि :

1. श्री मोहम्मद असलम, अवर सचिव, मध्यप्रदेश शासन, वनविभाग, भोपाल
2. श्री एम.एल.गर्ग, अनुभाग अधिकारी, सचिवालय प्रशासन उपविभाग
3. श्री डी.एन. मौर्य, अनुभाग अधिकारी, वित्त विभाग
4. श्रीमती फूलकांति कटियार, उच्च श्रेणी लिपिक, मध्यप्रदेश सचिवालय, राजस्व विभाग, भोपाल की ओर इस विभाग के पृष्ठांकन समसंख्या दिनांक 30.2.85 के संदर्भ में सूचनार्थ तथा आवश्यक कार्यवाही हेतु अग्रेषित।

ह./-
अवर सचिव (स्थापना)

श्रीमती कटियार का गृह भाड़ा भत्ता पुनरीक्षित किया गया (मूलतः)

7. गृह भाड़ा पुनरीक्षित करने के लिए श्रीमती कटियार द्वारा दिनांक 9.7.84 को प्रस्तुत फार्म 'एफ' जिसमें उन्होंने दिनांक 2.4.84 से क्वार्टर नम्बर जे-146, हर्षवर्धन नगर, भोपाल में श्री वीरेन्द्र कुमार के मकान में निवास करने का उल्लेख किया है। एवं डिक्लेरेशन फार्म 'ई' दिनांक 9.7.84 (मूलतः)
8. पुलिस अधीक्षक, भोपाल का ज्ञापन क्रमांक/जिविज्ञा/भो/पीपी/85/(1506) दिनांक 4.2.85 जिसके अन्तर्गत श्रीमती कटियार एवं उनके पति श्री राजेन्द्र बहादुर कटियार के संबंध में जानकारी प्राप्त हुई (मूलतः)
9. म.प्र.शासन, वित्त विभाग का ज्ञापन क्रमांक-बी-11-2-73-आर-2 चार, दिनांक 15.1.73 (मूलतः) तथा ज्ञापन क्रमांक एफ-बी-11/2/83/आर-2 चार, दिनांक 25.6.83 (प्रतिलिपि)

1. कृपया प्रकरण में मध्यप्रदेश सिविल सेवा (वर्गीकरण, नियंत्रण तथा अपील)

नियम, 1966 के अनुसार समयावधि में जाँच कर अपना प्रतिवेदन (दो प्रतियों में) इस विभाग को शीघ्र भेजने का कष्ट करें।

2. श्रीमती फूलकांति कटियार, उच्च श्रेणी लिपिक, मध्यप्रदेश सचिवालय, राजस्व विभाग, भोपाल को सूचनार्थ तथा आवश्यक कार्यवाही हेतु अग्रेषित।

ह./-

अवर सचिव (स्थापना)

प्रतिवेदन

विषय : श्रीमती फूलकांति कटियार, उच्च श्रेणी लिपिक, म.प्र. शासन, राजस्व विभाग के विरुद्ध विभागीय जाँच

श्रीमती फूलकांति कटियार, उच्च श्रेणी लिपिक, म.प्र.शासन, राजस्व विभाग के विरुद्ध विभागीय जाँच प्रकरण में निम्नलिखित आरोप लगाए गए :

'इन्होंने गलत जानकारी देकर दिनांक 12.11.75 से गृह भाड़ा भत्ता प्राप्त किया और समय-समय पर भत्ता पुनरीक्षित भी करवाया'।

श्रीमती फूलकांति कटियार ने लगाए गए उक्त आरोप स्वीकार नहीं किए व व्यक्तिगत सुनवाई चाही इसलिए मौखिक जाँच की कार्रवाई की गई। श्रीमती फूलकांति कटियार ने अपना लिखित उत्तर प्रस्तुत किया।

श्रीमती फूलकांति कटियार, उच्च श्रेणी लिपिक के विरुद्ध प्रकरण संक्षिप्त में यह है कि उन्होंने म.प्र.शासन से दिनांक 12.11.75 से गृह भाड़ा भत्ता प्राप्त किया व दिनांक 7.10.83 से पुनरीक्षित गृह भाड़ा भत्ता प्राप्त किया। इसके लिए श्रीमती फूलकांति कटियार ने दिनांक 11.1.76 हलफनामा व 7.10.83 को गृह भाड़ा पुनरीक्षित किए जाने हेतु घोषणा पत्र फार्म 'एफ' में प्रस्तुत किया, कि वे मकान नम्बर 5/18 सुभाष नगर में किराए से रहती हैं। इन हलफनामों और घोषणा पत्र के आधार पर म.प्र.शासन द्वारा गृह भाड़ा भत्ता दिए जाने व उसे पुनरीक्षित किए जाने के आदेश दिए गए। किन्तु वास्तविकता यह है कि श्रीमती फूलकांति कटियार के पति श्री राजेन्द्र बहादुर कटियार भोपाल के पुट्ठा मील कारखाने में टर्नर हैल्पर के पद पर कार्यरत हैं और उन्हें पुट्ठा मील की ओर से सन् 1980 से क्वार्टर नं. 86 आबंटित है और श्री आर.बी.कटियार ने उसे उसी समय से किराये पर दिया हुआ है। इसकी जानकारी श्रीमती फूलकांति कटियार को नियमानुसार म.प्र.शासन को देनी थी जोकि उनके द्वारा नहीं दी गई व श्रीमती फूलकांति कटियार को वित्त विभाग के ज्ञापन दिनांक 26.6.83 के पैरा-11 के अनुसार गृह भाड़ा भत्ता पाने का मामला नहीं आता है क्योंकि उनके पति को पुट्ठा मील की ओर से क्वार्टर नं. 86 आबंटित है।

श्रीमती फूलकांति कटियार ने अपने दबाव में लिखित उत्तर दिया है उसमें उन्होंने बताया कि उन्होंने 12.11.75 से गृह भाड़ा भत्ता प्राप्त किया व पुनरीक्षित करवाया क्योंकि 12.11.75 से क्वार्टर नं 5/18 सुभाषनगर में किराये से रहता आ

रहा हैं। उन्होंने जो 16.1.76 को फार्म दिया था उसमें गलती से मकान मालिक के नाम के स्थान पर उनके द्वारा उनके पति का नाम भरा गया, यहाँ 'गृह निर्माण मंडल' लिखना था। उन्होंने अपने उत्तर में यह भी बताया कि उनके द्वारा जो 28.6.85 का जबाव दिया गया उसके साथ गृह निर्माण मंडल को दिए गए किराए की रसीद संलग्न की गई है और उनके द्वारा उसी आधार पर गृह भाड़ा भत्ता समय-समय पर पुनरीक्षित करवाया है।

अभियोजन पक्ष की ओर से श्री शौकत अली, उच्च श्रेणी लिपिक सामान्य प्रशासन विभाग, म.प्र.शासन और डी.एन.मौर्य, अनुभाग अधिकारी, वित्त विभाग, तत्कालीन अनुभाग अधिकारी (सामान्य प्रशासन विभाग) का बयान अंकित किया गया। इन दोनों के ही द्वारा श्रीमती फूलकांति कटियार का गृह भाड़ा संबंधी प्रकरण ड्राप किया गया था।

श्री शौकत अली गवाह नं. 1 ने अपने बयान में बताया कि श्रीमती फूलकांति कटियार ने प्रर्दश पी-1 हलफनामा व प्रर्दश पी-3 हलफनामा उनके समय में प्रस्तुत किया। इस हलफनामों को आधार मानते हुए आदेश प्रर्दश पी-4 गृह भाड़ा संबंधी स्वीकृति आदेश जारी किए गए। श्रीमती फूलकांति कटियार का नाम सरल क्रमांक-10 पर उसमें अंकित है। इन्हीं हलफनामों पर गृह भाड़ा भत्ता शासन द्वारा स्वीकृत किया गया। इसके बाद श्रीमती फूलकांति कटियार द्वारा प्रर्दश पी-5 और पी-6 जोकि घोषणापत्र और हलफनामा है, दिया गया जिसमें पता बदला हुआ बताया गया। श्री शौकत अली ने आगे बताया कि श्रीमती कटियार के विरुद्ध शिकायत प्राप्त हुई कि ये धोखा देकर गृह भाड़ा भत्ता ले रही हैं। इस पर पुलिस द्वारा जाँच करवाई गई। पुलिस अधीक्षक ने पत्र क्र.वि.शा./मी.मा.मी./85(105) दिनांक 4.2.85 द्वारा जाँच रिपोर्ट भेजी जोकि प्रर्दश पी-7 है जिसमें शिकायत की पुष्टि की थी विस्तृत विवरण दिया। इस जाँच रिपोर्ट के आधार पर श्रीमती कटियार के विरुद्ध कार्रवाई की गई।

गवाह नं. 2 श्री डी.एन.मौर्य, अनुभाग अधिकारी ने अपने बयान में यह तथ्य दोहराये हैं जो गवाह नं. 1 श्री शौकत अली ने अपने बयान में बताया है। श्री मौर्य ने बताया कि श्रीमती कटियार ने हलफनामे जो पूर्व में प्रस्तुत किए उसमें क्वार्टर 5/18, सुभाष नगर में रहना बताया बाद में पता चला कि यह क्वार्टर श्री आर.बी.कटियार, श्रीमती कटियार के पति को हाउसिंग बोर्ड द्वारा आबंटित किया गया इस कारण श्रीमती कटियार को गृह भाड़ा पाने की पात्रता नहीं है। श्रीमती कटियार ने बाद में गृह भाड़ा भत्ता पुनरीक्षित किए जाने हेतु प्रर्दश पी-6 प्रस्तुत किया उसमें निवास का स्थान क्वार्टर नं 146-जे हर्षवर्धन नगर बताया, जाँच में पता चला कि यह आवास गृह श्रीमती कटियार के पति के भाई के नाम से आबंटित है। श्री मौर्य ने और आगे ध्यान दिया कि पुलिस की रिपोर्ट के अनुसार श्रीमती कटियार 5/18 सुभाष नगर में ही रहती हैं। इस प्रकार उनके द्वारा गलत जानकारी

देकर गृह भाड़ा भत्ता प्राप्त किया गया।

श्रीमती कटियार द्वारा उनके बयान के लिए कोई मौखिक गवाही प्रस्तुत नहीं की गई और न कोई लेखी बयान प्रस्तुत किया इसलिए उन्हें परीक्षण किया गया। श्रीमती कटियार ने अपने बयान में बताया कि श्री आर.बी.कटियार उनके पति हैं उनके द्वारा क्वार्टर नं 5/18 सुभाष नगर खरीदा गया। उनके पति उसमें किराये से रहते थे किराया 45/- था। क्वार्टर का आधिपत्य मार्च 84 में किया। श्रीमती कटियार ने बताया कि वे शादी के बाद से दिनांक 12.11.75 से क्वार्टर नं. 5/18 में अपने पति के साथ रहती हैं। उन्होंने गलती से श्री आर.बी.कटियार का नाम मकान मालिक लिखवा दिया (प्रर्दश पी-1 में) उन्होंने आगे बताया कि प्रर्दश पी-3 में सन् 71 से रहने की जानकारी गलती से लिख दी गई है। श्रीमती कटियार ने बताया कि उनके द्वारा प्रर्दश पी-6 क्वार्टर नं. 146-जे में रहना बताया व 175/- किराया प्रतिमाह देना बताया है तब वे क्वार्टर नं.5/18 सुभाष नगर में नहीं रहीं और बन्द रखा गया और श्री वीरेन्द्र कुमार उनके पति के भाई हैं। श्रीमती कटियार ने यह भी बताया कि उनके पति श्री आर.बी.कटियार पुट्ठा मिल में काम करते हैं और उन्हें वहाँ से 1980 से पुट्ठा मिल का क्वार्टर नं. 86 आवंटित है उसका किराया भी कटता है उनके पति ने इसे किराये पर नहीं उठाया है। उनके पति प्राइवेट सर्किल में हैं इसलिए पुट्ठा मिल से क्वार्टर की जानकारी उनके द्वारा शासन को नहीं दी गई उन्हें नियमों का ज्ञान नहीं था इसलिए यह स्थिति उत्पन्न हुई है। श्रीमती कटियार ने अपने बयान में यह भी बताया है कि उनके पति अभी पुट्ठा मिल के क्वार्टर में रहते हैं और वे सुभाष नगर के क्वार्टर नं. 5/18 में रहती हैं। श्रीमती कटियार ने दिनांक 18.11.75 को जो लिखित उत्तर प्रस्तुत किया उसमें भी उनके द्वारा स्वीकार किया गया कि गृह भाड़ा भत्ते के फार्म में गलती से मकान मालिक के नाम के स्थान पर उनके पति का नाम लिखा गया है, यहाँ गृह निर्माण मंडल होना था।

श्रीमती कटियार का पहला हलफनामा प्रर्दश पी-1 दिनांक 16.1.76 पर है उसमें मकान मालिक का नाम श्री आर.बी.कटियार बताया और रहना 12.11.75 से बताया है। किराया प्रतिमाह 45/- देना ही बताया है। दूसरा हलफनामा प्रर्दश पी-3 दिनांक 7.10.83 का है उसमें भी मकान मालिक का नाम श्री आर.बी. कटियार बताया, किराया प्रतिमाह 50/- और रहना 1 जून, 1971 बताया है। पहले हलफनामों में 12.11.75 से दूसरे में 1 जून, 1971 बताया है तीसरे हलफनामे में मकान मालिक का नाम वीरेन्द्र कुमार रहना क्वार्टर नं. 146-जे हर्षवर्धन नगर बताया। यह हलफनामा दिनांक 9.7.84 का है। श्रीमती कटियार ने स्वयं स्वीकार किया है कि उनके द्वारा मकान मालिक का नाम लिखने में गलती हुई है। श्रीमती कटियार द्वारा मकान नं. 146-जे में रहने के संबंध में किराए की कोई रसीद प्रस्तुत नहीं की गई

है। श्रीमती कटियार ने यह भी स्वीकार किया कि उनके पति को पुट्ठा मिल की ओर से क्वार्टर नं. 86 आबंटित है व किराया कटता है यह क्वार्टर उन्हें सन् 1980 से आबंटित है।

पुलिस अधीक्षक की रिपोर्ट प्रर्दश पी-7 स्पष्ट है कि श्रीमती कटियार क्वार्टर नं. 5/18 सुभाष नगर कालोनी में रहती हैं ये क्वार्टर नं. 146-जे में कभी भी नही रही हैं। क्वार्टर नं. 5/18 का आधिपत्य श्री आर.बी.कटियार द्वारा हाउसिंग बोर्ड से सन् 1971 में लिया है और उन्हें पुट्ठा मिल की ओर से क्वार्टर नं. 86 सन् 1980 से आबंटित है।

उपरोक्त परिप्रेक्ष्य में स्पष्ट है कि श्रीमती कटियार द्वारा जो घोषणा पत्र और हलफनामे दिए गए उसमें सही-सही जानकारी नहीं दी गई। क्वार्टर नं. 5/18 मे पहले हलफनामे में सन् 75 नवम्बर से रहना और बाद के हलफनामों में जून, 71 से रहना बताया है यह उनकी गलती है। कोई भी पत्नी अपने पति के मकान में किराये से नहीं रहती है। इनके द्वारा यह बताना कि वे श्री आर.बी.कटियार के क्वार्टर नं. 5/18 में पहले प्रतिमाह किराया 45/- और बाद में 50/- से रहती हैं सही नहीं है। फिर यह घोषणा करना कि वे क्वार्टर नं. 146 जे में कुछ समय तक रहीं व 175/- प्रतिमाह किराया दिया, पुलिस रिपोर्ट के आधार पर सही नहीं लगता। श्रीमती कटियार द्वारा किराया भुगतान की रसीद भी प्रस्तुत नहीं की गई है। इसके अतिरिक्त श्रीमती कटियार के पति को पुट्ठा मिल की ओर से किराये पर सन् 1980 से क्वार्टर नं. 86 आबंटित किया गया इसकी जानकारी न देते हुए घोषणा पत्र और हलफनामा श्रीमती कटियार द्वारा प्रस्तुत किया गया। यह कृत्य शासकीय सेवक के लिए सही नहीं है।

श्रीमती कटियार को पहली बार शासन आदेश क्र.बी.-2842/एफ.एस.एल. बी/76 भोपाल दिनांक 10.3.76 के अनुसार दिनांक 12.11.75 स गृह भाड़ा रु. 12.65 स्वीकृत किया गया (प्रर्दश पी-2) इसे पुनरीक्षित शासन के आदेश क्रम. एफ-5/12/83/एफ.एस.एस./बी भोपाल दिनांक 1.2.84 द्वारा दिनांक 14.10.82 से रु. 36.10 और 3.11.82 से रु. 34.10 भाड़ा भत्ता स्वीकृत किया गया (प्रर्दश पी-4) श्रीमती कटियार को गृह भत्ता दिए जाने की अवधि को दो भागों में बाँटा जा सकता है। पहली अवधि 12.11.75 से सन् 1980 तक जबकि उनके पति को पुट्ठा मिल से क्वार्टर नं. 86 किराये पर आबंटित किया गया। इस प्रकरण में विचार का मुद्दा यह है कि श्रीमती कटियार द्वारा गलत जानकारी देकर गृह भाड़ा भत्ता प्राप्त किया। श्रीमती कटियार ने हलफनामा दिया है उसमें एक बार प्रतिमाह 45/- और दूसरी बार रु. 50/- किराया श्री आर.बी. कटियार को देना बताया और पहली बार नवम्बर 75 से और दूसरी बार 1 जून, 1971 बताया जोकि सही नहीं है।

श्री आर.बी.कटियार को पुट्ठा मिल से किराये पर 1980 से क्वार्टर न. 86

आबंटित हुआ उनकी पत्नी शासकीय सेवा में है। इस संबंध में वित्त विभाग का ज्ञापन क्र.बी-11-2-83 नि-2चार दिनांक 25.6.83 के अनुसार स्पष्ट आदेश है कि श्रीमती कटियार के पति प्राइवेट कम्पनी पुट्ठा मिल में काम करते हैं वहाँ से उन्हें किराये पर मकान मिला है यदि यह जानकारी श्रीमती कटियार शासन को देतीं तब उन्हें गृह भाड़ा भत्ता बन्द कर दिया जाता क्योंकि उन्हें गृह भाड़ा भत्ता पाने की पात्रता नहीं होती। यह जानकारी श्रीमती कटियार ने नहीं देते हुए दिनांक 7.10.83 को हलफनामा प्रर्दश पी-3 प्रस्तुत किया उसके बाद हलफनामा प्रर्दश पी-6 प्रस्तुत किया और बताया कि क्वार्टर 5/18 में 50/- किराये से 1 जून, 1971 से रह रही हैं और बाद में क्वार्टर नं. 146-जे हर्षवर्धन नगर में 2.4.84 से रु. 175/- में रहती हैं जोकि सही नहीं है।

इसलिए मैं इस निष्कर्ष पर पहुँचता हूँ कि श्रीमती फूलकांति कटियार उच्च श्रेणी लिपिक, मध्य प्रदेश शासन राजस्व विभाग के विरुद्ध लगाया गया आरोप कि उन्होंने गलत जानकारी देकर दिनांक 12.11.75 से गृह भाड़ा भत्ता प्राप्त किया और समय-समय पर भत्ता पुनरीक्षित भी कराया सिद्ध पाया जाता है।

ह./-
अवर सचिव
गृह (पुलिस) विभाग

प्रति,

अवर सचिव,
मध्य प्रदेश शासन,
सामान्य प्रशासन विभाग (स्थापना शाखा)

विषय : विभागीय जाँच बाबत।

सन्दर्भ : आपका का.प. एफ-9-1/85ए-1/स्था दिनांक 29.5.85

आपके द्वारा सन्दर्भित ज्ञापन में जो आरोप लगाकर शास्तियाँ अधिरोपित की गई हैं उसके संबंध में निवेदन है कि :

(1) श्रीमान की सेवा में दि. 28.6.85 को आवेदन पत्र प्रस्तुत कर पूर्णरूप से स्थिति को स्पष्ट किया गया था कि अपने गृह निर्माण मंडल, भोपाल द्वारा सुभाष नगर स्थित गृह 5/18 भाड़े पर लिया था, जिसके प्रमाण में मैंने रसीद संलग्न की थी। जिससे यह सिद्ध होता है कि मैंने भाड़े का ही घर निवास हेतु उपयोग में लाया जिसका मैंने शासन द्वारा स्वीकृत गृह भाड़ा भत्ता प्राप्त किया।

(2) श्रीमान को अवगत कराना चाहूँगी कि प्रश्नाधीन गृह वर्ष 1984 में गृह निर्माण मंडल की ओर से मेरे पति श्री आर.बी.कटियार द्वारा क्रय किया गया है फिर भी अभी तक उक्त गृह की रजिस्ट्री उनके नाम की नहीं

हुई है, जिससे फिलहाल यह नहीं कहा जा सकता कि उक्त गृह पर उनका नाम अंकित हो गया है।

(3) शासन द्वारा इस संबंध में जाँच की जा चुकी है और जाँच के दौरान जो तथ्य सामने आये हैं उनके आधार पर मुझे शास्तियां अधिरोपित करने संबंधी कारण बताओ नोटिस दिया गया है, इस संबंध में केवल इतना ही निवेदन करना है कि ये दो शास्तियों का कठिन दण्ड न देते हुए जो रकम भाड़े के रूप में मैंने शासन से प्राप्त की है इस सम्पूर्ण रकम मेरे से वसूल करने की ही शासित देने का कष्ट करें जिससे मैं आर्थिक संकट से बच सकूँ। मुझे विश्वास है कि श्रीमान् मेरे असमंजस के प्रति मानवीय दृष्टिकोण अपनाकर उचित आदेश देने का कष्ट करेंगे।

भवदीया
ह./-
(फूलकांति कटियार)
उ.श्रे.लि.
मध्य प्रदेश शासन, राजस्व
विभाग (शाखा-9)

मध्य प्रदेश शासन
सामान्य प्रशासन विभाग
(सचिवालय प्रशासन उपविभाग)

कारण बताओ नोटिस

क्रमांक एफ-9-1/85-ए-1 स्था. भोपाल दिनांक 29 मई, 1986

प्रति,

श्रीमती फूलकांति कटियार,
उच्च श्रेणी लिपिक,
मध्य प्रदेश शासन,
राजस्व विभाग,
भोपाल।

आपके विरुद्ध निम्नलिखित आरोप के संबंध में विभागीय जाँच की गई थी :

आरोप :

1. इन्होंने गलत जानकारी देकर दिनांक 12.11.75 से गृह भाड़ा भत्ता प्राप्त किया और समय-समय पर भत्ता पुनरीक्षित भी कराया।
2. चूँकि सही तथ्यों को प्रकाश में लाना आवश्यक था इसलिए नियमानुसार उसकी जाँच करने हेतु जाँच अधिकारी की नियुक्ति की गई थी और जाँच अधिकारी ने दिनांक 7.4.86 को जाँच प्रतिवेदन प्रस्तुत किया (प्रतिलिपि

संलग्न) जिसमें जाँचकर्ता अधिकारी ने आरोप को सिद्ध होना पाया है।

3. जाँच अधिकारी का प्रतिवेदन एवं प्रकरण से संबंधित समस्त अभिलेखों पर पूर्ण विचारोपरान्त, जाँच अधिकारी के दिए गए निष्कर्ष से सहमत होते हुए, मध्यप्रदेश सिविल सेवा (वर्गीकरण नियंत्रण तथा अपील) नियम 1966 द्वारा प्रदत्त शक्तियों का प्रयोग करते हुए विशेष सचिव, मध्यप्रदेश शासन ने अन्तिम रूप से निर्णय लिया है कि आपको गृह भाड़ा भत्ता के रूप में भुगतान की गई समस्त राशि वसूल की जाय एवं आप पर दो वेतन वृद्धियाँ रोकने की शास्ति अधिरोपित की जाये।
4. अतएव एतद् द्वारा आपको कारण बताओ नोटिस दिया जाता है कि इसके प्राप्ति के 15 दिन के भीतर कारण बताएँ कि आप पर प्रस्तावित शास्ति क्यों न अधिरोपित की जाये यदि आपने निर्धारित समयावधि में कोई अभ्यावेदन प्रस्तुत किया तो प्रकरण में अन्तिम निर्णय लेने के पूर्व उस पर समुचित विचार किया जावेगा।

विशेष सचिव के आदेशानुसार

ह./-

अवर सचिव (स्थापना)

मध्य प्रदेश शासन

सामान्य प्रशासन विभाग

(सचिवालय प्रशासन उपविभाग)

आदेश

भोपाल दिनांक 21 जुलाई, 1986

क्रमांक एफ-9-1/85-ए-1-स्था. श्रीमती फूलकांति कटियार, उच्च श्रेणी लिपिक, मध्यप्रदेश सचिवालय के विरुद्ध निम्नलिखित आरोपों के संबंध में विभागीय जाँच की गई थी :

आरोप :

1. इन्होंने गलत जानकारी देकर दिनांक 12.11.75 से गृह भाड़ा भत्ता प्राप्त किया और समय-समय पर पुनरीक्षित भी कराया।
2. चूँकि सही तथ्यों को प्रकाश में लाना आवश्यक था इसलिए नियमानुसार जाँच करने हेतु जाँच अधिकारी की नियुक्ति की गई थी और जाँच अधिकारी ने दिनांक 7.4.86 को जाँच प्रतिवेदन प्रस्तुत किया जिसमें जाँचकर्ता अधिकारी ने आरोप को सिद्ध होना पाया है।
3. जाँच अधिकारी के प्रतिवेदन एवं प्रकरण से संबंधित समस्त अभिलेख पर विचारोपरांत विशेष सचिव, मध्यप्रदेश शासन ने जाँच अधिकारी के इस निष्कर्ष से सहमत होते हुए अन्तिम रूप से यह निर्णय लिया था कि सिद्ध

पाये गए आरोप के लिए इनसे गृह भाड़ा भत्ता के रूप में भुगतान की गई समस्त राशि वसूल की जाय एवं इन पर दो वेतन-वृद्धियाँ रोकने की शास्ति अधिरोपित की जाये। तदनुसार श्रीमती कटियार को नियमानुसार दिनांक 29.5.86 को कारण बताओ नोटिस दिया गया, जिसके उत्तर में उन्होंने दिनांक 7.6.86 को अभ्यावेदन प्रस्तुत किया, जो सन्तोषजनक नहीं पाया गया।

4. अतः प्रकरण से संबंधित समस्त अभिलेख एवं श्रीमती कटियार द्वारा अभ्यावेदन पर विचारोपरान्त मध्यप्रदेश सिविल सेवा (वर्गीकरण, नियंत्रण तथा अपील) नियम, 1966 के नियम 12 द्वारा प्रदत्त शक्तियों को प्रयोग में लाते हुए मुख्य सचिव मध्यप्रदेश शासन ने अंतिम आदेश दिया है कि श्रीमती कटियार उच्च श्रेणी लिपिक, मध्यप्रदेश सचिवालय को गृह भाड़ा भत्ता के रूप में भुगतान की गई समस्त राशि वसूल की जाये एवं उन पर दो वेतन वृद्धियाँ असंवषी प्रभाव से रोने की शास्ति अधिरोपित की जाए।

मुख्य सचिव के आदेशानुसार

ह./-

अवर सचिव (स्थापना)

म.प्र.शासन, सामान्य प्रशासन विभाग

क्रमांक एफ-9-1/85-ए-1-स्था.   भोपाल दिनांक 21 जुलाई, 86

प्रतिलिपि :

1. मुख्य लेखाधिकारी, मध्यप्रदेश सचिवालय, भोपाल
2. सचिवालय प्रशासन उप विभाग-2/व्यक्तिगत नस्ती,
3. चरित्रावली लिपिक,
4. श्रीमती फूलकांति कटियार, उच्च श्रेणी लिपिक, म.प्र. साचवालय, राजस्व विभाग की ओर सूचनार्थ तथा आवश्यक कार्यवाही हेतु अग्रेषित।

ह./-

अवर सचिव (स्थापना)

म.प्र.शासन, सामान्य प्रशासन विभाग

रजिस्टर्ड ए.डी.

मध्यप्रदेश सचिवालय

(iv) अनधिकृत रूप से अनुपस्थित (अनुशासनिक कार्यवाई)

उदाहरण-4

मध्यप्रदेश शासन

सामान्य प्रशासन विभाग

(सचिवालय प्रशासन उपविभाग)

क्रमांक एफ-9-12/82/ए-1-स्था.   भोपाल दिनांक 10 अगस्त, 1983

प्रति,

श्रीमती लीलावती वमा,
निम्न श्रेणी लिपिक,
म.प्र. सचिवालय

द्वारा– श्री महेश प्रसाद वर्मा,
विज्ञान शिक्षक,
गोधागंज
कटनी, जिला जबलपुर (म.प्र.)

विषय : विभागीय जाँच।

1. आपके विरुद्ध विभागीय जाँच करने का निर्णय लिया गया है। आपके विरुद्ध लगाया गया आरोप तथा उसके समर्थन में अभिकथन पत्रक का विवरण संलग्न है। साथ ही इन दस्तावेज व गवाह जिनके द्वारा आरोप का समर्थन किया जाना है, की सूची भी संलग्न है।
2. अतः इस ज्ञापन की प्राप्ति के दिनांक से **सात दिन के भीतर** अपने प्रतिवाद का लिखित कथन इस विभाग में प्रस्तुत करें और बतायें कि क्या आप प्रकरण में व्यक्तिगत सुनवाई की इच्छुक हैं आपके उत्तर पर गम्भीरतापूर्वक विचार करने के पश्चात् ही अग्रिम कार्यवाही की जावेगी। परन्तु यदि समयावधि के भीतर आपका कोई उत्तर प्राप्त नहीं हुआ तो यह मानकर कि आपको कुछ नहीं कहना है, अग्रेतर कार्यवाही की जावेगी।

आदेशानुसार
ह./-
अवर सचिव (स्थापना)

श्रीमती लीलावती वर्मा, निम्न श्रेणी लिपिक, मध्यप्रदेश सचिवालय के विरुद्ध विभागीय जाँच के लिए आरोप-पत्र का प्रारूप :

श्रीमती लीलावती वर्मा, निम्न श्रेणी लिपिक, मध्यप्रदेश सचिवालय के विरुद्ध निम्नलिखित आरोप लगाया जाता है :

आरोप :

ये दिनांक 25.6.81 से बिना पूर्व अवकाश स्वीकृत कराये अनधिकृत रूप से अनुपस्थित हैं।

इस प्रकार श्रीमती लीलावती वर्मा द्वारा मध्यप्रदेश सिविल सेवा (आचरण) नियम, 1965 के नियम 3(2), (3) तथा (7) का उल्लंघन किया गया है, शासन आदेशों की अवहेलना की है तथा अनुशासनहीनता का परिचय देकर उपर्युक्त आरोप के आधार पर अपने आपको अनुशासनात्मक कार्यवाही का पात्र बना लिया है।

आदेशानुसार

ह./-

अवर सचिव (स्थापना)

म.प्र.शासन, सा.प्र.वि.

अभिकथन पत्रक, जिस पर श्रीमती लीलावती वर्मा, निम्न श्रेणी लिपिक, मध्यप्रदेश सचिवालय के विरुद्ध लगाया गया आरोप आधारित है।

1. श्रीमती लीलावती वर्मा, निम्न श्रेणी लिपिक द्वारा दिनांक 25.6.81 को आदिम जाति कल्याण विभाग में एक सादे कागज पर आवेदन पत्र प्रस्तुत कर निवेदन किया गया कि वे ड्यूटी पर आने में असमर्थ हैं, अतः दिनांक 25.6.81 से उन्हें अवकाश पर समझा जाए।
2. आदिम जाति कल्याण विभाग द्वारा इन्हें तत्काल कार्य पर उपस्थित होने हेतु ज्ञापन दिनांक 15.7.81 द्वारा निर्देश दिए गए थे परंतु ये कार्य पर उपस्थित नहीं हुईं। इसी तरह सामान्य प्रशासन विभाग (सचिवालय प्रशासन उपविभाग) के ज्ञापन दिनांक 5.8.81 द्वारा श्रीमती वर्मा को, उनके द्वारा दिए गए पते पर उनके द्वारा आवेदित अवकाश अस्वीकृत किये जाने की सूचना दी जाकर, उन्हें तत्काल कार्य पर उपस्थित होने हेतु निर्देश दिए गए थे, परंतु श्रीमती वर्मा द्वारा अवकाश के आवेदन पत्र में दिया गया पता गलत होने से उन्हें भेजा गया पत्र उन्हें न मिलकर विभाग में वापस प्राप्त हुआ। ये आज तक अपने कार्य पर उपस्थित नहीं हुईं एवं बिना आवेदन पत्र दिए अनधिकृत रूप से अनुपस्थित हैं।
3. आदिम जाति कल्याण विभाग द्वारा इनके अवकाश की अनुशंसा नहीं की गई है एवं इन्हें नौकरी से पृथक् करने की अनुशंसा की गई है।

इस प्रकार श्रीमती लीलावती वर्मा, निम्न श्रेणी लिपिक ने मध्यप्रदेश सिविल सेवा (आचरण) नियम 1965 के नियम 3 (2), (3) तथा 7 का उल्लंघन किया है। इस प्रकार अपने कार्य की परवाह न करते हुए अनधिकृत रूप से अनुपस्थित रह कर घोर अनुशासनहीनता की है तथा स्वयं को अनुशासनात्मक कार्यवाही का पात्र बना लिया है।

आदेशानुसार

ह./-

अवर सचिव (स्थापना)

अभिलेखों की सूची

1. आदिम जाति कल्याण विभाग को संबोधित श्रीमती वर्मा का दिनांक 25.6.81 से अवकाश हेतु आवेदन पत्र दिनांक 25.6.81 (मूलतः)
2. आदिम जाति कल्याण विभाग का ज्ञापन क्रमांक डी 1325/25/1/81 दिनांक 28.7.81 जिसमें श्रीमती वर्मा को तत्काल कार्य पर उपस्थित होने

हेतु निर्देश प्रसारित किये जाने का उल्लेख है (मूलतः)

3. आदिम जाति कल्याण विभाग का ज्ञापन क्रमांक 1442/25/1/91 दिनांक 19.8.81 जिसमें श्रीमती वमा के अवकाश की अनुशंसा नहीं की गई है (मूलतः)
4. सामान्य प्रशासन विभाग, सचिवालय प्रशासन उपविभाग का ज्ञापन क्रमांक 2133/1-स्था/बी/81 दिनांक 5.9.81 जिसमें इनका अवकाश अस्वीकृत किए जाने के निर्देश दिए जाकर तत्काल कार्य पर उपस्थित होने हेतु सूचित किया गया है (प्रतिलिपि)
5. आदिम जाति हरिजन तथा पिछड़ा वर्ग कल्याण विभाग का ज्ञापन क्रमांक 481/732/25/1/83 दिनांक 8.3.83 जिसमें इन्हें नौकरी से पृथक् करने की अनुशंसा की गई है (मूलतः)

गवाहों की सूची

1. श्री आर.एस.शर्मा, अवर सचिव, म.प्र.शासन, आदिम जाति हरिजन तथा पिछड़ा वर्ग कल्याण विभाग, भोपाल
2. श्री एम.के.शर्मा, अनुभाग अधिकारी, सामान्य प्रशासन विभाग (सचिवालय प्रशासन उपविभाग) वर्तमान में अवर सचिव स्कूल व शिक्षा विभाग।

आदेशानुसार

ह./-

अवर सचिव (स्थापना)

भोपाल दिनांक 29.3.84

अवर सचिव महोदय,
(स्थापना)
बल्लभ भवन, भोपाल।

विषय : विभागीय जाँच।

संदर्भ : कार्यालय का रजिस्टर्ड पत्र क्रमांक एफ-9-2/82/ए-1-स्था., भोपाल दिनांक 15 मार्च, 1984 (पत्र प्राप्ति दिनांक 23.3.84)

आदरणीय महोदय,

1. निवेदन है कि विगत 10-11 वर्षों से मेरे सर (खोपड़ी) में दर्द रहता है। दर्द अचानक तेज हो जाता है और बेचैनी के कारण चक्कर आ जाता है। ऐसी ही घटना एक दिन कार्यालय से घर लौटते समय घटी। मैं अचानक नीचे गिर गई और जब होश आया तब तक मुझे घर पहुँचाया जा चुका था।
2. मेरे पति श्री चन्द्रभान वर्मा की असामयिक मृत्यु के कारण मैं सामाजिक ही नहीं शारीरिक एवं मानसिक स्तर पर भी टूट गई हूँ। जिससे अक्सर

ही मेरे सर में दर्द रहता है।

3. मेरे सर दर्द का इलाज सरकारी, गैरसरकारी डॉक्टरों द्वारा एलौपेथिक व होम्योपैथिक पद्धतियों से कराया जा चुका है। आंशिक आराम लगता है तथा दवा का असर खत्म होते ही पुनः वही स्थिति होती है। सरदर्द के इलाज हेतु मैं दिसम्बर 79 में माधव डिस्पेंसरी, ग्वालियर भी गई और व्यक्तिगत खर्च से इलाज कराया। इस इलाज के पर्चों की फोटोस्टेट प्रतियाँ, सहज संदर्भ हेतु अवलोकनार्थ संलग्न हैं।

4. दिनांक 24.6.81 की रात को मेरे पति स्वप्न में दिखे, और तभी से मेरी हालत में फिर से वही पुनरावृत्तियाँ शुरू हो गईं। तब मैंने अपने आपको कार्यालय आने में असमर्थ पाया और दिनांक 25.6.81 से 'अवकाश पर माना जावे' ऐसा आवेदन कार्यालय को भेजा। घर के बुजुर्गों की सलाह से इसे प्रेतबाधा समझकर उस प्रकार का इलाज भी कराया गया लेकिन वह भी स्थायी आराम न दे सका। आज भी मेरी यही स्थिति है। जब-जब सिर में दर्द होता है तब-तब दवा खाती रहती हूँ। इसी प्रकार जीवन कट रहा है।

5. कार्यालय द्वारा भेजे गए पत्र दिनांक 15.7.81 एवं 5.8.81 मुझे प्राप्त नहीं हुए। कृपया मेरे प्रथम आवेदन दिनांक 25.6.81 पर लिखे वर्तमान पते का अवलोकन करने की कृपा करें।

   हाल ही में कार्यालय की ओर से प्राप्त संदर्भित पत्र रजिस्टर्ड डाक से दिनांक 23.3.84 को प्राप्त हुआ है। इसके संबंध में मेरी प्रार्थना है कि आप मेरी इस लम्बी अनुपस्थिति को जिस प्रकार के अवकाश में उचित समझ, स्वीकारने की कृपा करें। यदि कार्यालय आवश्यक समझे तो, मुझे व्यक्तिगत सुनवाई हेतु उपस्थित होने में कोई आपत्ति नहीं है।

6. यह भी विनम्र अनुरोध है कि मैं अब अतिशीघ्र अपने कार्यालय कर्तव्य पर उपस्थित हो जाऊँगी। श्रीमान मेरे अभ्यावेदन पर सहानुभूतिपूर्वक विचार कर निर्णय लेने की कृपा करें।

संलग्न : फोटो स्टेट प्रतियाँ

भवदीया

ह./-

(लीलावती वर्मा)

नि.श्रे.लि.

म.प्र.सचिवालय

मध्यप्रदेश शासन

सामान्य प्रशासन विभाग

(सचिवालय प्रशासन उपविभाग)

आदेश :

भोपाल दिनांक 7 मई, 1984

क्रमांक एफ 9-12/82/ए-1-स्था. श्रीमती लीलावती वर्मा, निम्न श्रेणी लिपिक, मध्यप्रदेश सचिवालय के विरुद्ध विभागीय जाँच करने का निर्णय लिया गया है। उक्त विभागीय जाँच में श्री जी.पी.अग्रवाल, अवर सचिव, मध्यप्रदेश शासन, समाज कल्याण विभाग को जाँचकर्ता अधिकारी नियुक्त किया जाता है।

मुख्य सचिव के आदेशानुसार

ह./-

अवर सचिव (स्थापना)

म.प्र.शासन, सा.प्र.वि.

क्रमांक एफ-9-12/82/ए-1-स्था. भोपाल दिनांक 7 मई, 1984

प्रतिलिपि :

गोपनीय 1. श्री जी.पी.अग्रवाल, अवर सचिव, मध्यप्रदेश शासन, समाज कल्याण विभाग, भोपाल।

जाँच से संबंधित निम्नलिखित अभिलेख संलग्न कर आपको और भेजे जा रहे हैं :

(1) श्रीमती लीलावती वर्मा को संबोधित इस विभाग का ज्ञापन क्रमांक एफ 9-12/82/ए-1-स्था.दि. 15.3.84 एवं उनके विरुद्ध लगाये गए आरोप पत्र, आरोपों के समर्थन में अभिलेखों का विवरण दस्तावेजों एवं गवाहों की सूची (प्रतिलिपियाँ)

(2) श्रीमती लीलावती वर्मा, नि.श्रे.लि. का लिखित कथन दिनांक 29.3.84 (मूलतः)

(3) आदिम जाति कल्याण विभाग को संबोधित श्रीमती लीलावती वर्मा का दिनांक 25.6.81 से अवकाश हेतु आवेदन पत्र दिनांक 25.6.81 (मूलतः,

(4) आदिम जाति कल्याण विभाग का ज्ञापन क्रमांक डी/1325/25/1/81 दिनांक 29.7.81 जिसमें श्रीमती वर्मा को तत्काल कार्य पर उपस्थित होने हेतु निर्देश प्रसारित किए जाने का उल्लेख है (मूलतः)

(5) आ.जा.क. विभाग का ज्ञापन क्रमांक 1442/25/1/81 दिनांक 19.8.81 जिसमें श्रीमती वर्मा के अवकाश की अनुशंसा नहीं की गई है (मूलतः)

(6) सामान्य प्रशासन विभाग (सचिवालय प्रशासन उपविभाग) का ज्ञापन क्रमांक 2133/1-स्था/बी/81 दिनांक 5.9.81, जिसमें इनका अबकाश अस्वीकृत किए जाने के निर्देश दिए जाकर तत्काल कार्य पर उपस्थित होने हेतु सूचित किया गया है (प्रतिलिपि)

(7) आ.जा.हरिजन तथा पिछड़ा वर्ग कल्याण विभाग का ज्ञापन क्रमं. 481/732/25/1/83 दिनांक 8.3.83, जिसमें इन्हें नौकरी से पृथक् करने की अनुशंसा की गई है (मूलतः)

(8) श्रीमती वर्मा के इलाज की फोटोस्टेट प्रतियाँ

2. कृपया प्रकरण में मध्यप्रदेश सिविल सेवा (वर्गीकरण, नियंत्रण तथा अपील) नियम 1966 के अनुसार समयावधि में जाँच कर अपना जाँच प्रतिवेदन (दो प्रतियों में) इस विभाग को शीघ्र भेजने का कष्ट करें।

(रजिस्टर्ड डाक द्वारा) श्रीमती लीलावती वर्मा, निम्न श्रेणी लिपिक मध्यप्रदेश, सचिवालय, एक्सप्रेस फोटोस्टेट, 6 ठक्कर बाबा शाप्स पानी की टंकी के पास, शहजहाँनाबाद, भोपाल की ओर सूचनार्थ तथा आवश्यक कार्यवाही हेतु अग्रेषित।

संलग्नक : उपरोक्तानुसार

(क्रमांक 1 के लिये)

ह./-

अवर सचिव (स्थापना)

म.प्र.शासन, सा.प्र.वि.

मध्यप्रदेश शासन,

सामान्य प्रशासन विभाग

(सचिवालय प्रशासन उपविभाग)

आदेश :

भोपाल, दिनांक 20 सितम्बर, 1984

क्रमांक एफ 9-12/82/ए-1-स्था. श्रीमती लीलावती वर्मा, निम्न श्रेणी लिपिक, मध्यप्रदेश सचिवालय के विरुद्ध स्थापित विभागीय जाँच में श्री जी.पी. अग्रवाल, तत्कालीन अवर सचिव, मध्यप्रदेश शासन, समाज कल्याण विभाग को जाँचकर्ता अधिकारी नियुक्त किया गया था। चूंकि श्री अग्रवाल अब अवर सचिव (स्थापना) सामान्य प्रशासन विभाग के पद पर पदस्थ हो गए हैं, अतः अब इस विभागीय जाँच में श्री वासुदेव शर्मा, अवर सचिव, मध्यप्रदेश शासन, सामान्य प्रशासन तथा नगरीय कल्याण विभाग को जाँचकर्ता अधिकारी नियुक्त किया जाता है।

मुख्य सचिव के आदेशानुसार

ह./-

अवर सचिव (स्थापना)

पृ. क्रमांक एफ 9-12/82/ए-1 स्था. भोपाल, दिनांक 20 सितम्बर, 84

गोपनीय :

1. श्री वासुदेव शर्मा, अवर सचिव, म.प्र.शासन, सामान्य प्रशासन एवं नगरीय कल्याण विभाग, भोपाल की ओर सूचनार्थ एवं आवश्यक कार्यवाही हेतु

अग्रेषित।

2. श्री जी.पी. अग्रवाल, तत्कालीन अवर सचिव, म.प्र.शासन, समाज कल्याण विभाग को भेजा गया इस विभाग का पत्र पृ. 9 एफ 9-12/82ए-1-स्था. दिनांक 7.5.84 तथा जाँच से संबंधित इस विभाग द्वारा भेजे गए मय सहपत्रों के पृ. 3 के 17 पर (मूलतः संलग्न) इसके अतिरिक्त तत्कालीन जाँचकर्ता अधिकारी से प्राप्त निम्नलिखित अभिलेख भी मूलतः संलग्न भेजा जा रहा है

   (1) नोटशीट पृ. 1-3

   (2) पृ. 11 से 28 पत्र व्यवहार

3. कृपया प्रकरण में म.प्र.सिविल सेवा (वर्गीकरण, नियंत्रण तथा अपील) नियम 1966 के अनुसार समयावधि में जाँच कर अपना जाँच प्रतिवेदन (दो प्रतियों में) इस विभाग को शीघ्र भेजने का कष्ट करें।

4. श्री आर.एस.नामदेव, सहायक, म.प्र. सचिवालय, सा.प्र.वि. (सचिवालय प्रशासन उप विभाग) की ओर सूचनार्थ तथा आवश्यक कार्यवाही हेतु अग्रेषित।

5. श्रीमती लीलावती वर्मा, नि.श्रे.लि., म.प्र.शासन, स्था.शा.विभाग, की ओर सूचनार्थ एवं आवश्यक कार्यवाही हेतु अग्रेषित।

ह./-

अवर सचिव (स्थापना)

मध्यप्रदेश शासन

सामान्य प्रशासन विभाग

(सचिवालय प्रशासन उपविभाग)

आदेश :

भोपाल, दिनांक 7 मई, 1984

क्रमांक एफ 9-12/82/ए-1-स्था. श्रीमती लीलावती वर्मा, निम्न श्रेणी लिपिक, मध्यप्रदेश सचिवालय के विरुद्ध विभागीय जाँच करने का निर्णय लिया गया है तथा उसके लिए मध्यप्रदेश सिविल सेवा (वर्गीकरण, नियंत्रण तथा अपील) नियम 14 (5) (ग) के अन्तर्गत श्री आर.एस.नामदेव, सहायक, मध्यप्रदेश सचिवालय, सामान्य प्रशासन विभाग (सचिवालय प्रशासन उपविभाग) को प्रस्तुतकर्ता अधिकारी नियुक्त किया जाता है।

मुख्य सचिव के आदेशानुसार

ह./-

अवर सचिव (स्थापना)

म.प्र.शासन, सा.प्र.वि.

क्रमांक एफ 9-12/82/ए-1-स्था. भोपाल दिनांक 7 मई, 1984

प्रतिलिपि :

1. श्री जी.पी.अग्रवाल, जाँच अधिकारी एवं अवर सचिव, म.प्र. शासन, समाज कल्याण विभाग, भोपाल की ओर इस विभाग के पृष्ठांकन समसंख्या, दिनांक..........के संदर्भ में।
2. श्री आर.एस.नामदेव, सहायक, म.प्र.सचिवालय, सा.प्र.वि. (सचिवालय प्रशासन उप विभाग-2) भोपाल
3. श्रीमती लीलावती वर्मा, नि.श्रे.लि., म.प्र.सचिवालय, एक्सप्रेस फोटो स्टेट, 6 ठक्कर बाबा शाप्स, पानी की टंकी के पास शहजहांनाबाद, भोपाल, की ओर सूचनार्थ तथा आवश्यक कार्यवाही हेतु अग्रेषित।

ह./-

अवर सचिव (स्थापना)

म.प्र.शासन, सा.प्र.वि.

विषय : विभागीय जाँच श्रीमती लीलावती वर्मा, निम्न श्रेणी लिपिक

जाँच प्रतिवेदन-10.9.86

प्रकरण की कथावस्तु इस प्रकार है कि श्रीमती लीलावती वर्मा, निम्न श्रेणी लिपिक के विरुद्ध ज्ञापन दि. 15 मार्च, 1984 द्वारा संरचित की जाकर उनको आरोप पत्र, अभिकथन पत्रक, अभिलेख सूची, गवाहों की सूची भेजी है। श्रीमती लीलावती वर्मा के विरुद्ध जो आरोप लगाये गए हैं वे निम्न प्रकार हैं :

1. ये दिनांक 25.6.81 से बिना पूर्व अवकाश स्वीकृत करा अनधिकृत रूप से अनुपस्थित हैं।

   इसी प्रकार श्रीमती वर्मा द्वारा मध्यप्रदेश सिविल सेवा (आचरण) नियम 1965 के नियम 3 (2) (3) तथा 7 का उल्लंघन किया है। शासनादेशों की अवहेलना की है तथा अनुशासनहीनता का परिचय देकर उपरोक्त आरोपों के आधार पर अपने आपको अनुशासनात्मक कार्रवाई का पात्र बना लिया है।
2. श्रीमती लीलावती वर्मा ने आरोप पत्र का उत्तर अपने पत्र दिनांक निरंक द्वारा प्रस्तुत किया है। श्रीमती वर्मा ने बताया है कि 10-11 वर्षों से उनके सर में दर्द रहता है। वह पति की मृत्यु के कारण शारीरिक एवं मानसिक रूप से टूट चुकी हैं। दिनांक 25.6.81 की रात को स्वप्न में उनके पति दिखे जिससे उनकी हालत खराब हो गई और दिनांक 25.6.81 को अवकाश पर माने जाने का आवेदन पत्र कार्यालय में भेजा और उसके बाद उन्होंने अपना इलाज कराया। शासन की ओर से भेजे गए पत्र दिनांक 15.7.81 व 5.8.81 उन्हें प्राप्त नहीं हुए और उनकी लम्बी अनुपस्थित

को किस प्रकार के अवकाश में समझा जाकर स्वीकृत किया जाय और व्यक्तिगत सुनवाई हेतु उपस्थित होने में उन्हें कोई आपत्ति नहीं है। उनके अभ्यावेदन पर सहानुभूतिपूर्वक विचार कर निर्णय किया जाय।

3. मामले में शासन की ओर से प्रस्तुतकर्ता अधिकारी श्री नामदेव को नियुक्त किया गया तथा इस संबंध में पूर्व जाँच अधिकारी श्री जी.पी.अग्रवाल, अवर सचिव, समाज कल्याण विभाग थे तथा बाद में जाँच अधिकारी श्री वासुदेव शर्मा, अवर सचिव को नियुक्त किया गया।
4. आरोप पत्र के साथ जो साक्ष्य सूची भेजी गई है उसमें श्री आर.एस. शर्मा, अवर सचिव, आदिम जाति कल्याण विभाग, श्री एम.के.शर्मा, अनुभागीय अधिकारी, सामान्य प्रशासन विभाग हैं। श्री आर.एस.शर्मा का कथन पूर्व जाँच अधिकारी श्री अग्रवाल द्वारा सम्मिलित किया गया है। मैनें जाँच प्रारंभ करते समय श्रीमती लीलावती वर्मा का अभिकथन (प्ली) दि. 26.8.86 को अभिलिखित की तथा श्री एम.के.शर्मा, तत्कालीन अनुभाग अधिकारी वर्तमान में अवर सचिव, शिक्षा विभाग का कथन दि. 8.9.86 को अंकित किया है। श्रीमती वर्मा ने अपनी ओर से कोई साक्ष्य देना आवश्यक नहीं समझा। केवल स्वयं को कथन अंकित कराया जो 9.9.86 को अभिलिखित किया गया है।
5. आरोप की विषय वस्तु बहुत ही सीमित स्वरूप की है कि दि. 25.6.81 से बिना कोई अवकाश स्वीकृत कराये श्रीमती वर्मा अनधिकृत रूप से अनुपस्थित हैं। इस आरोप में यह प्रश्न निहित नहीं है कि अनुपस्थित रहने का कारण क्या है और ऐसा कारण औचित्यपूर्ण नहीं। केवल तथ्यात्मक एक ही बात है कि बिना अवकाश स्वीकृत कराए 25.6.81 से अनधिकृत रूप से अनुपस्थित रहीं। श्रीमती वर्मा को ज्ञापन दि. 15.7.81 व 5.8.81 जारी होकर श्रीमती वर्मा को प्राप्त हुआ या नहीं यह प्रश्न गौण हो जाता है।
6. श्रीमती वर्मा ने आवेदन पत्र दि. 25.6.81 प्रस्तुत किया है उसमें यह बताया है कि ड्यूटी पर आने में असमर्थ हैं और उन्हें 25.6.81 से अवकाश पर समझा जाए। इससे यह प्रतिभासित होता है कि उनका अवकाश स्वीकृत नहीं किया गया था और वे बिना अवकाश स्वीकृति के ही अनुपस्थित रही हैं। श्रीमती लीलावती वर्मा ने अपने कथन में भी यह नहीं प्रतिपादित किया कि अवकाश स्वीकृत के बाद अनुपस्थित रही थीं। श्रीमती वर्मा ने अपने आवेदन पत्र में यह भी नहीं बताया है कि उनको किस प्रकार का अवकाश अपेक्षित है और कितने दिन का। श्रीमती वर्मा ने यह भी बताया है कि 25.6.81 से अनुपस्थित रहने के बाद 4 मई,

84 को ज्वाइन किया है और वे करीब 3 वर्ष अनुपस्थित रहीं और इस अवधि के लिए आज तक उन्होंने अवकाश के लिए निर्धारित फार्म में आवेदन प्रस्तुत नहीं किया है। उन्होंने अपने कथन में यह भी बताया है कि उन्हें इस बात का ज्ञान है कि अर्जित अवकाश का निर्धारित फार्म पर आवेदन पत्र दिया जाता है परन्तु उन्होंने नहीं दिया है और तबियत खराब होने से अवकाश स्वीकृत करने से पूर्व ही चली गईं। अभियोजन के गवाह श्री एम.के.शर्मा ने बताया कि आदिम जाति कल्याण विभाग में जब श्रीमती वर्मा पदस्थ थी उस समय वे 25.6.81 से बिना पूर्व अवकाश स्वीकृत कराये अनुपस्थित रही थीं।

7. आरोप के विशिष्ट स्वरूप को देखते हुए यह प्रश्न असंगत हो जाता है कि बिना अवकाश स्वीकृत कराए अनुपस्थित रहने का औचित्य क्या है। यहाँ पर तो तथ्यात्मक बात केवल यही है कि 25.6.81 से अनुपस्थित रहने से पूर्व अवकाश स्वीकृत कराया था या नहीं।
8. जाँच में प्रस्तुत अभिलेख साक्षी श्री एम.के.शर्मा का कथन तथा श्रीमती वर्मा के कथन से यह सिद्ध होता है कि 25.6.81 से अनुपस्थित रहने से पूर्व कोई अवकाश स्वीकृत नहीं था। कुल मिला कर अभिलेख तथा कथनों से यह आरोप सिद्ध होना पाया जाता है।

ह./-
अवर सचिव

मध्यप्रदेश शासन,
सामान्य प्रशासन विभाग,
(सचिवालय प्रशासन उपविभाग)

आदेश :

भोपाल, दिनांक 8 दिसम्बर, 1986

क्रमांक एफ 9-12/82/ए-1-स्था.....श्रीमती लीलावती वर्मा, नि.श्रे.लि. मध्यप्रदेश सचिवालय के विरुद्ध निम्नलिखित आरोप के संबंध में विभागीय जाँच की गई थी :

आरोप :

1. ये दिनांक 25.6.81 से बिना पूर्व अवकाश स्वीकृत कराये अनधिकृत रूप से अनुपस्थित हैं।
2. श्रीमती वर्मा को दिनांक 10.8.83 को आरोप पत्र देकर उनका बचाव कथन माँगा गया था, जिसके उत्तर में उन्होंने केवल यही कथन दिया था कि उनके पति की असामयिक मृत्यु के कारण वे मानसिक रूप से परेशान रहती थीं एवं उनके सिर में दर्द रहता है, इसी कारण वे कार्यालय से अनुपस्थित रहने लगीं। इस प्रकार सही तथ्यों को प्रकाश में लाने के लिए

जाँच अधिकारी की नियुक्ति की गई थी। जाँच अधिकारी ने जाँच पूर्ण कर अपना प्रतिवेदन दिनांक 10.8.86 को प्रस्तुत किया जिसमें श्रीमती वर्मा पर लगाया गया आरोप सिद्ध पाया गया है।

3. जाँचकर्ता अधिकारी के प्रतिवेदन से यह तथ्य प्रकट होते हैं कि श्रीमती वर्मा के पति की मृत्यु के कारण वे मानसिक रूप से परेशान थीं, इसी कारण वे कार्यालय में उपस्थित नहीं हो सकीं। तथापि वे पूर्णतः दोषमुक्त नहीं कही जा सकतीं, क्योंकि कुछ दिन पश्चात् उन्हें अपने कार्य पर उपस्थित होना चाहिए था अथवा अवकाश के लिए आवेदन पत्र प्रस्तुत करना चाहिए था।

4. प्रकरण से संबंधित समस्त अभिलेख एवं श्रीमती वर्मा द्वारा की गई अनियमितता तथा आरोप की गम्भीरता पर विचारोपरान्त मध्यप्रदेश सिविल सेवा (वर्गीकरण, नियंत्रण तथा अपील) नियम 1966 के नियम 12 द्वारा प्रदत्त शक्तियों को प्रयोग में लाते हुए मुख्य सचिव, मध्य प्रदेश शासन ने आदेश दिया है कि श्रीमती लीलावती वर्मा, नि.श्रे.लि., मध्यप्रदेश सचिवालय की एक वेतनवृद्धि असंवषी प्रसव से रोकी जाये साथ ही उनकी अनुपस्थित अवधि दिनांक 25.6.81 से 3.8.84 तक का अवकाश स्वीकृत किया जाये, जो भी उन्हें देय हो।

मुख्य सचिव के आदेशानुसार
ह./-
अवर सचिव (स्थापना)
म.प्र.शासन, सा.प्र.वि.

क्रमांक एफ 9-12/82/ए-1-स्था. भोपाल दिनांक 8 दिसम्बर, 86

प्रतिलिपि :

1. मुख्य लेखा अधिकारी, म.प्र.सचिवालय, भोपाल,
2. सचिवालय प्रशासन उप विभाग-2/व्यक्तिगत नस्ती,
3. चरित्रावली लिपिक
4. श्रीमती लीलावती वर्मा, नि.श्रे.लि., म.प्र.सचिवालय, की ओर सूचनार्थ एवं आवश्यक कार्यवाही हेतु अग्रेषित।

ह./-
अवर सचिव (स्थापना)

उदाहरण-5

टिप्पण-संख्या 10

आवती सं., पृष्ठ 10, पत्र-व्यवहार

1. श्री अर्धेन्दु भूषण, एम.एल.ए. ने प्रश्न पूछा है कि शासकीय सेवाओं के

लिए महाराष्ट्र सरकार किन-किन जातियों-जमातों का अनुसूचित जातियों एवं पिछड़े वर्गों में समादेश करती है। यह प्रश्न राज्य विधान सभा के नागपुर अधिवेशन के लिए 15 नवम्बर, 1960 को निर्धारित है।

2. बम्बई राज्य ने 1 मई, 1955 को एक आदेश पृष्ठ 11 पताका 'क' जारी किया था जिसमें उन जातियों के नाम दिए गए थे जिन्हें तत्कालीन राज्य सरकार सार्वजनिक सेवाओं के लिए अनुसूचित जातियों एवं पिछड़े वर्गों में शुमार करती थी।

3. उपर्युक्त आदेश को पुनर्गठित बम्बई राज्य सरकार ने 10 जून, 1957 के आदेश पृष्ठ 12 पताका 'ख' द्वारा दुरस्त किया था। महाराष्ट्र राज्य निर्माण के पश्चात् महाराष्ट्र राज्य सरकार ने 3 जुलाई, 1960 को इस सम्बन्ध में एक नया आदेश पृष्ठ 13 पताका 'ग' जारी किया है।

1 मई, 1955 के आदेश में जिन जातियों और जमातों को अनुसूचित एवं पिछड़ा माना गया था, उससे अधिक जातियाँ और जमातें 10 जून, 1957 के आदेश में समाविष्ट हैं। कारण राज्य पुनगर्ठन में विदर्भ, मराठवाड़ा, सौराष्ट्र आदि कई क्षेत्र बम्बई राज्य में शामिल कर लिए गए थे। उसी तरह गुजरात-सौराष्ट्र का इलाका जब बम्बई राज्य से अलग हो गया, तब वहाँ की कुछ जातियों और जमातों को अनुसूचित एवं पिछड़ी हुई जातियों की सूची से अलग करना आवश्यक हो गया था। ऐसी जातियाँ जो पहले अनुसूचित थीं, लेकिन जिन्होंने धर्मपरिवर्तन कर लिया था, उन्हें अनुसूचित जातियों की सूची से हटाना भी आवश्यक था। इसलिए 3 जुलाई, 1960 को महाराष्ट्र सरकार का आदेश निकाला गया। उस आदेश में जिन जातियों के नाम दर्शाए गए हैं, वे ही शासकीय सेवाओं की दृष्टि से महाराष्ट्र राज्य सरकार द्वारा अधिकृत एवं मान्य हैं। उपर्युक्त जानकारी सदन के पटल पर प्रस्तुत करंने में कोई आपत्ति नहीं दिखाई देती।

आदेशार्थ
रा.म.कर्णे
14.9.60

अवर सचिव

वा.कृ.घोरपड़े
14.9.60

उपसचिव

कृपया साथ के नोट को देख लें।

दा.गो.दामले
19.9.60

मुख्य मंत्री

ठीक है, लेकिन यदि कोई पूछे कि राज्य सरकार के 3 जुलाई 1960 के आदेश में निर्दिष्ट जातियों तक ही अनुसूचित तथा पिछड़े वर्गों

की सूची को मर्यादित क्यों और कैसे किया गया, तो, महाराष्ट्र राज्य पिछड़े वर्गों के आयोग ने उपर्युक्त सूची को जो मान्यता दी है, उसकी भी जानकारी दी जानी चाहिए।

यशवंत चव्हाण
20.9.60

उपसिचव — मुख्य मंत्री के वृत्तानुसार कार्यवाही की जाए।

दा.गो.दामले
21.9.60

अवर सचिव — महाराष्ट्र राज्य पिछड़े वर्गों के आयोग द्वारा प्रदत्त मान्यता की प्रति तथा उत्तर का आलेख प्रस्तुत किया जाए।

वा.कृ.घोरपड़े
21.9.60

रा.म.कर्णे — पृष्ठ 14 पताका 'घ' महाराष्ट्र राज्य पिछड़े वर्गों के आयोग द्वारा प्रदत्त मान्यता की प्रतिलिपि एवं स्वीकृति के लिए आलेख प्रस्तुत है।

रा.म.कर्णे
22.9.60

अवर सचिव

वा.कृ.घोरपड़े
22.9.60

उप सचिव — ठीक है। पत्र महाराष्ट्र राज्य विधान-सभा सचिवालय को यथोचित कार्यवाही के लिए भेज दिया जाए।

दा.गो.दामले
23.9.60

स्वीकृत आलेख प्रेषणार्थ दैनिकी क्लर्क को प्रेषित।

वा.कृ.घोरपड़े
23.9.60

उदाहरण-6

क्र.सं. 9—जिलाधीश इलाहाबाद का पत्र सं. 2601/आर.ए.वि. पत्र दिनांक 20 सितम्बर, 1955 ई./अवर सचिव

अवर सचिव

1. कृपया विचाराधीन पत्र क्र.सं. 9 देखिए।
2. इस संबंध में यह निवेदन करना है कि स्वतन्त्रता प्राप्त होने के पश्चात् जून, 1948 में भारत सरकार द्वारा समस्त प्रांतीय सरकारों एवं चीफ कमिश्नरों को इस आशय के निर्देश प्रेषित किए गए थे कि सरकारी पत्रों में 'आपका आज्ञाकारी सेवक' वाक्यांश लिखने के बजाय 'भवदीय' शब्द

का प्रयोग तुरंत आरम्भ कर दिया जाए। भारत सरकार का इस आशय का पत्र क्रमसं 1 पर है।

3. पूर्व परिपाटी के अनुसार सरकारी पत्र समाप्त करने का रूप परतंत्रता का द्योतक समझा गया। अतः भारत सरकार द्वारा उपर्युक्त पैराग्राफ में वर्णित निदेश जारी किए जाने के बाद इस राज्य की सरकार ने उक्त संशोधन को अंगीकृत कर लिया व इस संबंध में समस्त विभागाध्यक्षों को आवश्यक आदेश अनिवार्य रूप से पालन करने हेतु जारी कर दिए गए। देखिए सरकारी परिपत्र संख्या 4036 3-47-48, दिनांक जून 1948 जो क्रमसं. 2 पर है।

4. विचाराधीन पत्र में जिलाधीश इलाहाबाद ने पूछा है कि क्या उक्त आदेश जारी किए जाने के बाद विशेष कर सरकारी पत्र को प्रारम्भ करने के विषय में भी कोई निर्देश प्रचारित हुए हैं। जहाँ तक अंग्रेजी में सरकारी पत्रों को प्रारम्भ करने के रूप का संबंध है उसमें कोई संशोधन अथवा परिर्वतन करना आवश्यक नहीं समझा गया। इस संबंध में कृपया पृष्ठ 2 पर अंकित टिप्पणियाँ तथा आज्ञाएँ देखिए। यहाँ पर यह भी उल्लेख करना आवश्यक है कि राजभाषा हिन्दी हो जाने से अधिकांश सरकारी पत्र-व्यवहार हिन्दी में होने लगा है और हिन्दी में सरकारी पत्र प्रारम्भ करने में ऐसी कोई कठिनाई प्रतीत नहीं होगी, कारण कि हिन्दी में सरकारी पत्र लिखने में अंग्रेजी वाक्यांश का आशय लेने की आवश्यकता नहीं रह जाती। अतः जिलाधीश को सूचित कर दिया जाए कि अंग्रेजी में सरकारी पत्र प्रारम्भ करने के रूप में कोई संशोधन नहीं हुआ है और उस समय तक उसका रूप वही रहेगा जब तक कि इसके विपरीत कोई अन्य आदेश जारी न किया जाए। आलेख स्वीकृतार्थ प्रस्तुत।

ह. सहायक

2.12.55

उदाहरण-7

प्राप्ति संख्या........पृष्ठांकन.........पत्र व्यवहार (विचाराधीन)

1. यह पत्र गांधी स्मारक इंटर कालेज, एटा उत्तर प्रदेश राज्य के प्रधानाचार्य ने भेजा है। इसमें प्रार्थना की गई है कि उक्त कालेज के 100 विद्यार्थियों तथा 5 अध्यापकों के लिए राज्य-सभा के दिनांक ...... के अधिवेशन में उपस्थित होने के लिए आवश्यक प्रवेश-पत्रों की व्यवस्था की जाए।

2. प्रवेश-पत्र वितरण संबंधी विनियम संख्या 10 के अधीन हम उक्त प्रार्थना को स्वीकार कर सकते हैं, किन्तु हमें उक्त कालेज के प्रधानाचार्य को यह सूचित करना होगा कि हमारी दर्शन-दीर्घा (विजिटर्स गैलरी) में स्थान

अत्यन्त सीमित है। अतः एक समय में केवल 25 छात्र ही दीर्घा में उपस्थित रह सकेंगे। इसके लिए इन छात्रों को 25-25 के चार समूहों में विभक्त होकर ही दीर्घा में जाना होगा।

3. हमें प्रार्थी को यह भी सूचित करना होगा कि जिन छात्रों के प्रवेश पत्रों की प्रार्थना की गई है उनमें से प्रत्येक का नाम, पिता का नाम, स्थायी पता तथा दिल्ली में ठहरने का पता इत्यादि की सूचना प्राप्त होने पर ही प्रवेश पत्र जारी किए जा सकेंगे।
4. साथ ही प्रत्येक छात्र के लिए पृथक्-पृथक् प्रवेश पत्र जारी करने के स्थान पर हम 25-25 के समूह के नाम एक-एक प्रवेश पत्र बना दें तो इनसे कार्य में अधिक सुविधा रहेगी।

आदेशार्थ प्रस्तुत
के.सिंह
20.10.57

अनुभाग अधिकारी
रा.प्र.शरन
21.10.57
अवर सचिव
कृपया मिल लीजिए।

विशेश्वरदयाल
22.10.57

मैं अवर सचिव से मिला। अवर सचिव का मत है कि 25-25 के समूह के नाम एक-एक प्रवेश पत्र जारी करने की अपेक्षा प्रत्येक छात्र के नाम पर ही पृथक्-पृथक् प्रवेश पत्र जारी करना सुरक्षा की दृष्टि से उचित होगा।

गांधी स्मारक कालेज के प्रधानाचार्य के नाम पत्र का आलेखन तैयार किया जाये।

रा.प्र.शरन
1.11.57

अपेक्षित पत्र का आलेख्य स्वीकृति के लिए प्रस्तुत है।

के.सिंह
2.11.57
रा.प्र.शरन
2.11.57

अवर/सचिव
मैंने आलेख्य में कुछ परिवर्तन कर दिया है।

विशेश्वर दयाल
3.11.57

(पत्र की स्वच्छ प्रतिलिपि जो प्रेषिती को भेजी जायेगी, निम्न है)

पत्र संख्या...........(.............) सा.प्र. 57 प्रेषित पत्र संख्या ....

राज्य-सभा सचिवालय

120, संसद भवन नई दिल्ली, दि. ....

प्रेषक,

विशेश्वरदयाल,
अवर सचिव,
राज्यसभा सचिवालय,
संसद भवन नई दिल्ली।

सेवा में,

प्रधानाचार्य,
गाधी स्मारक इंटर कालेज,
एटा, उत्तर प्रदेश।

विषय : **छात्रों के लिए राज्यसभा उपवेशन के प्रवेश-पत्र**

महोदय,

आपका उपर्युक्त विषय का पत्र सं. ....गां. स्मा. का 57 दिनांक ...... मिला। उसके उत्तर में मुझे यह निवेदन करने का निदेश हुआ है कि आपके विद्यालय के छात्रों के नाम दिनांक .... के लिए इस सचिवालय द्वारा प्रवेश-पत्र उसी दशा में जारी किए जा सकेंगे, जब उक्त छात्रों में से प्रत्येक के नाम एवं पते की सूची प्रवेश-पत्रों के लिए अपेक्षित दिनांक से कम से कम 5 दिन पूर्व इस सचिवालय में पहुँच जाएगी।

दर्शन-दीर्घा में स्थान सीमित होने के कारण आपके छात्रों को 25-25 के समूहों में जाना होगा और एक समय में अधिक से अधिक 25 छात्र ही दीर्घा में रह सकेंगे।

भवदीय
विशेश्वरदयाल
अवर सचिव

प्रेषित दिनांक ....
प्रेषणांकन................/रा.स.स.
चन्द्रकान्त
दि............

(2) आगरा जिला कार्यालय

यह देखने में आया कि आगरा कलेक्ट्रेट में डाक की प्राप्ति के लिए एक अवर श्रेणी क्लर्क होता है जो सम्पूर्ण डाक को प्राप्त करता है। डाक दो प्रकार की होती है (अ) स्थानीय (लोकल) (ब) बाहरी (आउट साइड)

(अ) **स्थानीय डाक (लोकल)**

स्थानीय डाक दो तरह की होती (क) पहली सामान्य डाक–जिसे प्योन बुक में हस्ताक्षर कराकर लेते हैं (ख) महत्वपूर्ण डाक–जिसकी डायरी की जाती है।

(ब) **बाहरी डाक (आउट साइड)**

बाहर की डाक भी संबंधित लिपिक (डायरी क्लर्क) लेता है। इसमें सामान्य तथा रजिस्टर्ड दोनों ही प्रकार के पत्र होते हैं। डायरी क्लर्क निम्न प्रकार की डाक अलग रखता है।

(क) अर्द्ध सरकारी पत्र–इन्हें संबंधित अधिकारी के पास सीधे भेज दिया जाता है।

(ख) आयुक्त (कमिश्नर) की डाक–जो उनके कार्यालय को भेजी जाती है।

(ग) अधिकारी के व्यक्तिगत नाम से पत्र–जो उनके पास सीधे भेज दिए जाते हैं।

हैड क्लर्क द्वारा पूरी डाक खोली जाती है और डाक पैड में रखकर एस. डी.एम. या एस.डी.एम. (प्रशासन) तथा जिलाधीश के पास अवलोकन के लिए भेज दी जाती है। इन अधिकारियों के देखने के बाद पूरी डाक हैड क्लर्क से होती हुई डायरी क्लर्क के पास आ जाती है। डायरी क्लर्क डाक पर सील लगाता है जो निम्न प्रकार है :

वर्ष..................
विभाग ....
मिसिल सं. ....
क्रम सं...........................
डायरी सं. ....
दिनांक ....

सील लगाने के बाद पूरी डाक डायरी रजिस्ट्रर में चढ़ती है और हैड क्लर्क ने जिस सहायक/क्लर्क के नाम निर्देश दिया होता है, उसके पास डायरी क्लर्क रजिस्टर में हस्ताक्षर कराकर वह डाक उसे दे देता है। यदि हैड क्लर्क (प्रधान लिपिक) को किसी पत्र का निपटान करना होता है तो वह संबंधित पत्रों को अपने पास रख लेता है।

वस्तुतः बाहर से आने वाली डाक दो प्रकार की होती है—(क) उ./दि.(ए./लेट) उत्तर दी जाने वाली डाक (ख) अनुत्तरीय डाक, अनु./दि.(एन.ए.डेट)—इसमें सरकारी निर्देश या अनुदेश आदि होते हैं।

(स) **मिसिल पद्धति**

कलेक्ट्रेट में मिसिल पद्धति केन्द्र की भाँति ही है किन्तु कुछ अंतर के साथ। अगर किसी मामले में कोई मिसिल पहले से नहीं चल रही है तो नई मिसिल संख्या डालकर खोली जाती है। मिसिल पर संख्या डालने की पद्धति केन्द्र की भाँति ही है।

आगरा कलेक्ट्रेट में एक नई बात देखने में जो आई है वह यह थी कि किसी मामले में एक फाइल या मिसिल खोलने की अपेक्षा दो मिसिलें एक ही पैड में रखी जाती हैं।

(क) पहले फाइल कवर में नोट/टिप्पणी के साथ-साथ विचाराधीन कागज (पेपर अण्डर कन्सोटरेशन) रखा जाता है और इसी में टिप्पणी का कार्य चलता रहता है जब तक कि मामले के संबंध में कोई अन्तिम निर्णय न ले लिया जाये और उससे संबंधित मसौदा स्वीकृत न हो जाय।

(ख) दूसरे फाइल कवर में जो मसौदा अंतिम रूप से स्वीकृत होकर बाहर पत्र या अन्य किसी विधा में भेज दिया जाता है उसकी प्रतिलिपि रखी जाती है। (आफिस कापी)

इस प्रकार एक ही पैड में दूसरा कवर नीचे रखा जाता है और टिप्पणी वाली फाइल ऊपर रखी जाती है। केन्द्र से इसमें यही अन्तर है वहाँ पर एक ही मिसिल में आधे भाग में टिप्पणी वाला अंश होता है और नीचे आधे दूसरे भाग में आने वाले पत्र (आवती) और बाहर भेजे जाने वाले पत्र रखे जाते हैं और टैग के माध्यम से दोनों खंड अलग-अलग कर दिए जाते हैं।

मिसिल में रखे कागजों पर (पत्रों पर) संख्या नीचे से ऊपर की ओर लिखी जाती है। यहाँ यह द्रष्टव्य है कि लखनऊ सचिवालय में केन्द्र की ही भाँति मिसिल में संख्या ऊपर से नीचे की ओर लिखी जाती है।

मिसिल में नोटिंग करते समय फाइल, अधिकारी का पदनाम ऊपर लिखकर मार्क की जाती है। क्लर्क नीचे बाईं तरफ हस्ताक्षर करता है और राजपत्रित अधिकारी नीचे दाहिनी तरफ हस्ताक्षर करते हैं। राजपत्रित अधिकारी भी अपने से ऊपर अधिकारी को टिप्पणी लिखकर मार्क करता है वह भी ऊपर ही अधिकारी का नाम लिखता है।

अगर हाशिये में पेंसिल या स्याही से कोई निशान लगाया जाता है तो किसी पत्र की तरफ ध्यान आकर्षित करने के लिए होता है।

लाल स्याही का बाईं तरफ प्रयोग विशेष ध्यान आकर्षित करने के लिए होता

है।

हस्ताक्षर या आदेश किसी भी पेंसिल, स्याही-लाल या नीली से किया जा सकता है।

(3) उत्तर प्रदेश के एक जिले (झांसी) की टिप्पणियों के उदाहरण

(1) नियुक्ति

उदाहरण-1

जिलाधीश

स्थानीय रोजगार दफ्तर से कुछ काल को अस्थाई नियुक्तियों के लिए नाम माँगे गए थे। वहाँ से 18 नाम प्राप्त हुए थे, लेकिन उनमें से केवल दस परीक्षार्थ उपस्थित हुए, जिनमें से केवल 'क' को मैट्रिक पास होने के कारण विचार के लिए नहीं रखा गया। मैंने अन्य नौ अभ्यर्थियों से साक्षात्कार कर लिया है और उनकी योग्यतानुसार सूची यहाँ प्रस्तुत है।

कृपया इस सूची का अवलोकन कर लें और आवश्यक निर्देश दें।

हस्ता.

24/12/69

परगनाधीश

इनकी परीक्षा ली जाए और उसके पश्चात् एक बार फिर अभ्यर्थियों से साक्षात्कार किया जाए।

हस्ता. 25/12/69

जिलाधिकारी

आदेश दिनांक 25.12.69 के अनुपालन में सेवा योजन कार्यालय से 42 अभ्यर्थियों की सूची प्राप्त की गई तथा दिनांक 15.1.70 को नियमानुसार परीक्षा ली गई। इनमें से 27 अभ्यर्थी (6 अनुसूचित जाति) उपस्थित हुए। सूची के शेष अभ्यर्थी उपस्थित नहीं हुए। जो अभ्यर्थी सेवा योजन कार्यालय द्वारा भेजे पहले से बिना परीक्षा फार्म भर रहे थे, उन्हें भी अवसर दिया गया। इस प्रकार कुल 35 अभ्यर्थी जिनमें 11 अनुसूचित जाति के हैं, परीक्षा में बैठे। परीक्षाफल अगले पृष्ठ पर प्रस्तुत है प्राप्तांको के आधार पर सूची निम्न प्रकार है :

जनरल		अनुसूचित	
नाम	**300 में प्राप्तांक**	**नाम**	**300 में प्राप्तांक**
1. खलील अहमद	156	1. नारायण दास	105
2. सनत कुमार	107	2. दया सागर	99
3. मन्नू लाल	105	3. दशरथ	98-1/2 अनुभव

4. **योगेन्द्र कुमार (अनुभव)** 99
5. सतीशचन्द्र श्रीवास्तव 98
6. चन्द्रका प्रसाद (अनुभव) 97
7. प्रेम स्वरूप 97
8. अली मुतहर (अनुभव) 96
9. श्याम मनोहर 91/1/2
10. रमेशचन्द्र पुत्र नारायणदास 90/1/2
11. नारायण दास कुश्वाहा अनुभव 81-1/2
12. रमेशचन्द्र पुत्र त्रिलोकचन्द 87
13. रामकुमार गुप्ता 87
14. मोहन लाल 86
15. दीन दयाल 85

4. माता प्रसाद 94-1/2 अनुभव
5. बाबू लाल 90 अनुभव
6. प्रेमचन्द 86 अनुभव
7. धनीराम 82
8. गया प्रसाद 79 अनुभव
9. मथुरा प्रसाद 60
10. प्रेम नारायण 56 अनुभव
11. गनेशप्रसाद 49 अनुभव

साक्षात्कार में अनुपस्थित रहे।

इनमें से केवल नं. 9 मथुराप्रसाद शेष है, बाकी पहले से ही नियुक्ति पा चुके हैं। नं. 1 वह निर्वाचन कार्यालय से 31.1.70 को कार्यमुक्त हो जाएँगे। शेष सेवाओं में पहले ही से लगे हैं।

16. सुरेश कुमार सिद्ध (अनुभव) 75-1/2

इनमें से नं. 7 पहले ही लग चुके हैं नं. 16 पिछली कई 2 फसलों से ए. डब्लू.बी.एन. के पद पर कार्य कर रहा है, इसलिए अनुभव के आधार पर रखा गया।

जनरल नं. 16 श्री सुरेश कुमार सिद्ध के प्राप्तांक कम हैं परन्तु वे गत वर्षों से सीजनल स्टाफ में तथा अस्थाई पदों पर कार्य कर रहे हैं। इसी प्रकार अनुसूचित में नं. 9 व 10 के प्राप्तांक सन्तोषजनक नहीं हैं। नं. 10 प्रेम नारायण गल कई महीनों से अभिलेखालय में कार्य कर रहा है, अतः उसके भी हटने का प्रश्न नहीं आता। और उसने अनुभव सेवा कर लिया है। गनेश प्रसाद (रावल) गत 5 माह से कार्य कर रहे हैं, इसलिए अनुभव के आधार पर रखा जा सकता है।

यदि उचित समझा जाये तो जनरल के 16 व अनुसूचित 11 जो ऊपर अंकित है, सूची में रख लिये जायें। इसके बाद यदि आवश्यकता होगी तो परीक्षाफल की सूची से आवश्यकता होने पर ले लिये जाएँगे।

यह सूची केवल अस्थाई नियुक्तियों के लिए है।

हस्ता.

जी.सी.

28.1.70

हस्ता.
रा.आ.
28.1.70

प्र. अधिकारी

आदेशानुसार.........विषयों के आधार पर.........निर्धारित की गई 35 अभ्यर्थियों में से 25 अभ्यर्थियों ने 33% अंक प्राप्त किये जिनमें 7 अभ्यर्थी अनुसूचित जाति के उत्तीर्ण हुए हैं। तीन अभ्यर्थी अनुसूचित जाति के अनुत्तीर्ण रहे जिन्होंने क्रमशः 31%. 30% और 26% अंक प्राप्त किये हैं। जो अनुसूचित अभ्यर्थी उत्तीर्ण हुए हैं, इस समय सभी लगे हुए हैं। जो 3 अनुत्तीर्ण हैं वे भी लगे हुए हैं। 2 पहले से लगे हैं और शेष एक का प्रस्ताव भी किया जा चुका है। क्योंकि और कोई अभ्यर्थी नहीं था और रिक्ति अनुसूचित से ही भरी जानी थी।

इस कार्यालय की सूची से आवश्यकता आने पर निर्वाचन कार्यालय, संग्रह विभाग रेगुलर व सीजनल स्पेशल एल.ए.ओज, तथा अवकाश के प्रबंधों में अभ्यर्थियों की आवश्यकता होती है इस समय 28 की जो सूची है उसमें से 18 लगे हुए हैं। अतः यदि सभी उत्तीर्ण अभ्यार्थियों की सूची रख ली जाये तो अधिक नहीं होगी और बार-बार सेवा योजन कार्यालय से अभ्यर्थी बुलाने की आवश्यकता न रहेगी। यदि संख्या कम रखनी है तो जो उचित प्रतीत हो निर्धारित कर दी जाये।

हस्ता. — हस्ता.
जी.सी. 29/1/70 — 29/1/70
का.अ.

जिलाधिकारी

आपके आदेश दि. 25.12.69 के अनुसार सेवायोजन कार्यालय से सूची मँगाकर 15.1.70 को लिखित परीक्षा अभ्यर्थियों की ली गई। इसमें उन लिपिकों को भी सम्मिलित होने का मौका दिया गया जो बिना परीक्षा दिए अस्थाई सेवाओं में नियुक्त थे। कुल 35 व्यक्तियों ने परीक्षा दी, जिसमें से 25 अभ्यर्थियों के ....33% या उससे अधिक अंक हैं। यदि आप सहमत हों तो कलेक्ट्रेट में भविष्य में होने वाली अस्थाई नियुक्तियों में इन्हीं 25 अभ्यर्थियों को वरीयता के अनुसार मौका दिया जाये। उनमें से 7 अभ्यर्थी अनुसूचित जाति के हैं। वरीयता सूची क्रमांक 40 पर है और अनिवार्य तथा ऐच्छिक विषय के कुल प्राप्तांक के आधार पर बनाई गई है, लेकिन उसमें उन अभ्यर्थियों को सम्मिलित नहीं किया गया है जिनमें.........में 33%.........नहीं है। अनुसूचित जाति के 7 अभ्यर्थियों की सूची अलग से दी गई है।

परीक्षा निष्पक्ष रीति से ली गई है। परीक्षकों में से मैं स्वयं, श्री जयकृष्ण पालीवाल, श्री डी.के.जैन, डिप्टी कलेक्ट्रेट व श्री डी.एस.शर्मा प्रोवेशन अधिकारी थे।

चुने गए अभ्यर्थियों में श्री योगेन्द्र कुमार आफिस सुपरिंटेण्डेण्ट श्री निरंजन लाल जैन के सुपुत्र हैं, जो योग्यता के आधार पर सूची में आये हैं। कृपया उक्त सूची को अनुमोदित करें।

हस्ता.

3/2/70 प्र.अ.

जिलाधिकारी

आपके आदेशानुसार उत्तीर्ण अभ्यर्थियों की सूची संलग्न है। इसमें 25 अभ्यर्थी हैं, जिनमें सात अनुसूचित जाति के हैं। कृपया इस सूची को अनुमोदित करें।

हस्ता.

7/2/70 प्र.अ.

जिलाधिकारी

कृपया क्रमांक 41 पर श्री मोहन लाल गुप्ता के प्रार्थना पत्र पर आदेश दिनांक 21.4.70 का अवलोकन करें। दिनांक 15.1.70 को प्रार्थी अभ्यर्थियों की परीक्षा में सम्मिलित हुआ था। अनुमोदित सूची क्रमांक 41 पर है जिसमें प्रार्थी का नाम क्रमांक 19 पर है। परीक्षा के बाद इतनी रिक्तियाँ या स्थान उत्पन्न नहीं हुए कि प्रार्थी को बुलाया जा सकता इस समय.........में.........मैं कार्य कर रहा है। शेष अनुसूचित को छोड़कर खाली बैठे हैं।

हस्ता.

जी.सी. 23/4/70

(ii) स्थानान्तरण एवं नियुक्ति

उदाहरण-1

खंड विकास अधिकारियों के स्थानान्तरण एवं नियुक्ति संबंधी पत्रावली का उद्धरण

सं.पी-13 (3) स्था. /74-75

श्री नवल किशोर तिवारी, क्षेत्र विकास अधिकारी, बबीना का स्थानान्तरण आयुक्त, कृषि उत्पादन एवं ग्राम्य विकास उ.प्र. के आदेश सं. 2293 (1) स्था. प्रथम/74 दिनांक 25-5-74 के अन्तर्गत विकास खण्ड बबीना से विकास खंड नबावगंज जिला उन्नाव को किया जा चुका है और यह बबीना विकास खण्ड के कार्यभार से दिनांक 4-6-74 को मुक्त किये जा चुके हैं (अंकित क) वर्तमान समय इनका कार्यभार खण्ड विकास अधिकारी, बड़ागाँव को इस कार्यालय के आदेश संख्या 450/स्था. दिनांक 30-5-74 के अन्तर्गत सौंप दिया गया है (अंकित ब) वर्तमान समय में श्री छेदा लाल चौधरी, बड़ागाँव तथा बबीना दोनों विकास खंडों का कार्य संपादन कर रहे हैं।

यहीं श्री बाबू लाल दीक्षित खण्ड विकास अधिकारी गोहान्ड जिला हमीरपुर का स्थानान्तरण आयुक्त, झाँसी के आदेश सं. 556/1-1/74-75 (स्था. क्षेत्र.वि.

दिनांक जून 4, 1974 के द्वारा इस जिले को किया गया है (संकेत-अ) अतएव इनकी नियुक्ति इस जनपद में की जाती है। इस प्रसंग में कृपया प्रमुख विकास खण्ड गुरसराय के प्रार्थनापत्र दिनांक 25-5-74 पर पारित कृपया अपने आदेश दिनांक 7-6-74 का अवलोकन करें जिसके अन्तर्गत आपने श्री रामनिवास मिश्र का स्थानान्तरण विकास खण्ड गुरसराय से किये जाने के आदेश प्रसारित किये हैं (संकेत स) मैंने इनके (मिश्र) स्थानान्तरण के लिए शासन या आयुक्त को लिखने के लिए कहा था। कार्यवाही की जाय।

हस्ता. मुन्नीलाल
जिलाधीश।

उपरोक्त स्थिति में मेरा सुझाव निम्न प्रकार है :

1. श्री बाबू लाल दीक्षित, जिनका स्थानांतरण आयुक्त, झाँसी मंडल झाँसी के उपरोक्त आदेश दिनांक 4.6.74 के अंतर्गत इस जिले को किया गया है उन्हें विकास खंड गुरसराय में श्री रामनिवास मिश्र के स्थान पर नियुक्त कर दिया जाय।
2. श्री रामनिवास मिश्र खंड विकास अधिकारी, गुरसराय का स्थानांतरण प्रशासनात्मक दृष्टि से विकास खंड गुरसराय से विकास खंड बबीना कर दिया जाय।

हस्ता.
अति.जिला. (नि.)
15-6-74

जिलाधिकारी

कृपया टीप पृष्ठ संख्या 7 पर पारित अपने आदेश दिनांक रहित का अवलोकन करें आदेशानुसार श्री आर.एन.मिश्र खंड विकास अधिकारी के स्थानांतरण हेतु आयुक्त झाँसी मंडल झाँसी को आलेख हस्ताक्षरार्थ प्रस्तुत है।

अ.कु.श्रीवास्तव
अतिरिक्त जिलाधीश (नि.)
21.6.74

पत्र भेजा जाय। यदि श्री मिश्र कार्य नहीं कर पाते और ब्लाक प्रमुख से मतभेद भी है तो श्री मिश्र को बबीना स्थानांतरण कर दिया जाय। यह प्रस्ताव आपने पहले भी रखा था। गुरसराय ब्लाक में अच्छे कार्यकर्ता की आवश्यकता है। दीक्षित की अवकाश से वापस आने पर इस ब्लाक में नियुक्ति की जाय।

हस्ता. मुन्नीलाल
जिलाधीश
24.6.74

पत्र भेज दिया गया।

हस्ता.एम.वी.श्रीवास्तव
प्रधान लिपिक, 25.6.74
प्रधान लिपिक वार्ता करें।

हस्ता. अ.कु.श्रीवास्तव
अति.जिला. (नि.)
26.6.74

जिलाधिकारी

कृपया पृष्ठ 8 पर अपने आदेश दिनांक 24.6.74 का अवलोकन करें। पृष्ठ 7 पर दिए गए सुझाव के अनुसार श्री बाबूलाल दीक्षित की नियुक्ति विकास खंड गुरसराय तथा श्री रामनिवास मिश्र का स्थानांतरण प्रशासनात्मक दृष्टिकोण से विकास खंड गुरसराय से विकास खंड बबीना को किए जाने संबंधी आदेश का आलेख आपके हस्ताक्षर हेतु प्रेषित है।

हस्ता.अ.कु.श्रीवास्तव
अति.जिला. (नि.)
29.6.74

उदाहरण-2

ज्येष्ठ लिपिक/सहायक लिपिक की स्थानान्तरण एवं नियुक्ति संबंधी पत्रावली की टीप 18 का उद्धरण

अतिरिक्त जिलाधीश (नि.)

श्री राम प्रताप शर्मा का स्थानान्तरण हो जाने के फलस्वरूप विकास खंड बामौर में ज्येष्ठ लिपिक की व्यवस्था यदि आप उपरोक्त सुझाव के अनुसार श्री राम प्रताप शर्मा का स्थानान्तरण कर देते हैं तो विकास खण्ड बामौर में एक ज्येष्ठ लिपिक की पदोन्नति करनी होगी। इस संबंध में कृपया कार्यालय टीप 11 से 15 तक का अवलोकन करने की कृपा करें। पदोन्नति के लिए कनिष्ठ लिपिकों की एक प्रस्तावित सूची वर्ष 72-73 संकेत अ तैयार की गई थी और इसके बाद उसी सूची को वर्ष 73-74 को अन्तिम मान लिया गया है। मुझे यह भी बताया गया है कि वर्ष 72-73 से अभी तक किसी प्रस्तावित सूची के आधार पर पदोन्नतियाँ समय-समय की जाती रही हैं। यदि स्थिति आपत्तिजनक प्रस्तावित सूची तैयार करने के उपरान्त प्रत्येक वर्ष अन्तिम ज्येष्ठता सूची तैयार की जानी चाहिए परन्तु ऐसा नहीं किया गया है। जब तक आप इस प्रस्तावित सूची को अन्तिम सूची के रूप में अनुमोदित नहीं कर देते तब तक इस सूची को वैध नहीं माना जा सकता। चूँकि भूतपूर्व स्थापना लिपिक ने अपनी रिपोर्ट दिनांक 8-7-74 में यह सूचित किया है कि इस सूची पर किसी ने भी कोई आपत्ति नहीं की थी। अतएव यदि आप सहमत हैं तो स्थिति को नियमित करने हेतु इस सूची को अन्तिम सूची मानने के लिए अनुमोदित कर

दें ताकि रिकार्ड में रखी जा सके।

यदि आप उपरोक्त सुझाव के अनुसार उक्त सूची पर अपनी अनुमति प्रदान कर देते हैं तो उसके अनुसार ज्येष्ठता के आधार पर पदोन्नति किये जाने की स्थिति निम्न प्रकार आती है :

1. सूची के क्रमांक 1 पर श्री किशोरी लाल शर्मा का स्थानांतरण जनपद ललितपुर को हो चुका है। अतएव इस जनपद में इनकी पदोन्नति का प्रश्न नहीं उठता।
2. श्री लच्छा राम पूर्व में पदोन्नति किये जा चुके हैं।
3. श्री गफूर खाँ पदोन्नति के योग्य नहीं हैं और यह नवनिर्मित ललितपुर जनपद में कार्यरत हैं।
4. श्री रघुबीर सिंह टंडन वर्तमान समय में उप विकास आयुक्त के कार्यालय में कार्यरत हैं। इनका स्वत्व इस विभाग में है लेकिन संभवतः यह विकास खंड में जाने के लिए तैयार नहीं होंगे।
5. श्री विश्वनाथ अग्रवाल लघु सिंचाई विभाग में ज्येष्ठ लिपिक के पद पर कार्यरत हैं।
6. श्री एन.जे.सिंह अपनी घरेलू परिस्थितियोंवश पदोन्नति पर विकास खंड पर जाने के लिए तैयार नहीं हैं और इन्होंने ये प्रार्थना की है कि इन्हें जिला कार्यालय पर ही पदोन्नत कर दिया जाये। उनकी यह प्रार्थना मान्य नहीं है। पहले भी यह ज्येष्ठ लिपिक के पद पर पदोन्नत कर दिए गए थे लेकिन इनकी स्वयं की प्रार्थना पर इन्हें जिला कार्यालय में सहायक लिपिक के पद पर प्रत्यावर्तन करते हुए बुलाया गया था जिसकी पुष्टि स्था. लिपिक ने भी की है।

क्रमांक 7, 8 व 9 अंकित कर्मचारी वर्तमान समय में स्वतः ज्येष्ठ लिपिक के पद नियुक्ति है। क्रमांक 10 पर श्री महेश देव शर्मा का स्थानांतरण आगरा जनपद के लिए हो चुका है। अतएव इनके मामले पर विचार करने का प्रश्न ही नहीं उठता।

क्रमांक 11 पर अंकित श्री महेश प्रसाद गौतम का नाम ज्येष्ठता के आधार पर आता है। श्री गौतम की चरित्र पंजिका आपके अवलोकनार्थ प्रस्तुत है और उसमें की गई प्रविष्टियाँ संतोषजनक हैं। यह पूर्व में भी ज्येष्ठ लिपिक के पद पर पदोन्नति करते हुए विकास खंड बामौर में उपरोक्त प्रकार से रिक्त हुए पद पर पदोन्नति कर दी जाय उपरोक्त संस्तुति के आधार पर सुझाव का सारांश निम्न प्रकार है :

क्रमांक	नाम कर्मचारी	कहाँ से	कहाँ को
1.	श्री राम प्रताप शर्मा	बामौर	गुरसराय
2.	श्री जगदीश सहाय श्रीवास्तव	गुरसराय	मऊ रानीपुर

3.	श्री लच्छू राम	मऊ रानीपुर	बबीना (सम्बद्ध बड़ा गाव)
4.	श्री महेश प्रसाद गौतम कनिष्ठ लिपिक अभिलेखागार जिला	जिला. कार्या.	बामौर (ज्येष्ठ लि. के पद पर पदोन्नति से।

हस्ता. स्था. लि. हस्ता. प्रधान लि.

उक्त प्रस्ताव स्वीकृत

हस्ता.अ.कु.श्रीवास्तव

10-7-74

उदाहरण-3

जिलाधिकारी

शासनादेश संख्या 6883/1-4-74-30वी-4/74 दिनांक 26-10-74 जो उत्तर प्रदेश शासन के अनुभाग-4 से राजस्व परिषद् को सम्बोधित किया गया है तथा इस कार्यालय को पृष्ठांकित है कि अन्तर्गत इस जनपद से नव सृजित ललितपुर जनपद को कलेक्ट्रेट नियमित अधिष्ठान एवं संग्रह अधिष्ठान के निम्नांकित पदों को उनके पदधारियों सहित स्थानान्तरण किया जाना है। चूँकि उक्त पदों पर अस्थाई कर्मचारी कार्यरत हैं और ललितपुर जनपद में पहले से विद्यमान पदों पर 2 रिक्त पद हैं जबकि इस कार्यालय में कुल रिक्त पदों की संख्या 5 ही है। अतः यह देखते हुए कि स्थाई कर्मचारियों की संख्या इस जनपद में एवं ललितपुर जनपद में स्थाई पदों से अधिक हो न सके निम्न पदों के लिए प्रस्ताव प्रेषित किए जाते हैं :

1.	पेशकार रैवेन्यू आफिसर	-	230-280
2.	अहलमद रैवेन्यू आफिसर	-	200-320
3.	अहलमद द्वितीय रैवेन्यू आफिसर	-	200-320
4.	सहायक सामान्य लिपिक	-	200-320
5.	नगर क्षेत्र लिपिक द्वितीय	-	200-320
6.	सहायक आवकारी लिपिक	-	200-320
7.	निर्याता	-	200-320
8.	सहायक मुख्य राजस्व आंकिक	-	200-320

ललितपुर जनपद के लिए विकल्प देने वाले कर्मचारियों में निम्नलिखित स्थाई कर्मचारी हैं :

1.	श्री राम चरण लाल खरे	स्थाई	230-380

2.	श्री वशारत बेग	स्थाई	200-320
3.	श्री मोहन लाल द्विवेदी	स्थाई	200-320

इस प्रकार उक्त 8 पदों के प्रति केवल 3 स्थाई कर्मचारी ऐसे हैं जिन्होंने ललितपुर के लिए विकल्प दे रखा है, अतः अवशेष वेतनमान 200-320 के 5 पदों पर प्रशासनिक आधार पर स्थाई कर्मचारियों को स्थानांतरित करना होगा। इस वेतनमान में ललितपुर सम्मिलित झाँसी जनपद में कुल 68 पद हैं, जिनमें 4 अहलमदों के पद न्याय विभाग को न्यायपालिका एवं कार्यपालिका के पृथक्-पृथक् होने के फलस्वरूप चले गए हैं। इस प्रकार कुल 64 पद शेष हैं जिन पर 61 स्थाई कर्मचारी कार्यरत हैं। इस प्रकार इस वेतनमान में केवल 3 रिक्तियाँ हैं एक रिक्ति उनमें से श्री ब्रजभूषण लाल सहायक मुख्य राजस्व आंकिक के पहले से सुरक्षित रखी गई है, अतः वेतनमान 200-320 में केवल दो रिक्तियाँ बचती हैं। यह दोनों स्थान ललितपुर जनपद को स्थानांतरित किए जाएँ तथा इसके प्रति निम्न दो अस्थाई कर्मचारी जिन्होंने ललितपुर जनपद को विकल्प दिया है, भेजे जाएँ।

1.	श्री राजा राम खरे	अस्थाई	200-320
2.	श्री केशव दास	अस्थाई	200-320

उपर्युक्त अनुस्वर शासन द्वारा स्थानांतरण के लिए प्रस्तावित 8 पक्षों में 5 के प्रति 3 स्थाई एवं 2 अस्थाई कर्मचारी जिन्होंने ललितपुर जनपद के लिए विकल्प दिया था प्रस्तावित किए जा चुके हैं। अब 3 पद वेतनमान 200-320 के शेष रह जाते हैं, इनके प्रति किसी भी स्थाई कर्मचारी ने न तो विकल्प दिया है और न अब कोई रिक्त पद है जिसमें अस्थाई कर्मचारी को प्रशासनिक आधार पर भेजना होगा। इन तीन पदों के लिए निम्न तीन स्थाई कर्मचारियों के नाम प्रस्तावित किए जाते हैं, यदि आप अनुमोदन करें तो इनको स्थानांतरित ललितपुर जनपद कर दिया जाए :

1.	श्री मुरारी लाल	स्थाई	200-320
2.	श्री राम सेवक शर्मा	स्थाई	200-320
3.	श्री बहीद्उल्ला खां	स्थाई	200-320

इनमें क्रमांक एक पर अंकित श्री मुरारी लाल तहसील मोंठ में मुहर्रिर माल के पद पर कार्यरत हैं और नकल संबंधी कार्य करते हैं। राजस्व मंत्री ने अपने पिछले निरीक्षण में इनके कार्य में घोर नियमितताएँ पाई हैं, क्रमांक 2 व 3 पर अंकित अकर्मण्य कर्मचारी हैं। इन तीनों कर्मचारियों की चरित्र पंजिकाएँ अवलोकनार्थ प्रेषित हैं।

जैसा कि ऊपर अंकित किया है वेतनमान 200-320 में उपर्युक्त दो रिक्तियाँ थीं वह ललितपुर जनपद को स्थानांतरित कर दी गई हैं। ललितपुर जनपद में वेतनमान 200-380 के चार पद एवं वेतनमान 200-320 के 13 पद रहते हैं, इनके प्रति क्रमशः

एक व 9 स्थाई कर्मचारी यहाँ पर है। इस प्रकार इस जनपद में वेतनमान 230-380 के तीन तथा वेतनमान 200-320 की 4 रिक्तियाँ हैं। सम्मिलित जनपद की स्थिति को देखते हुए उक्त दोनों वेतनमान में अब कोई रिक्ति नहीं रह जाती है। अतः उपर्युक्त रिक्तियों में 7 कर्मचारियों को ललितपुर स्थानांतरित करना होगा, तब वह स्थिति बन सकेगी जिसके अनुसार यह कहा जाए कि दोनों जनपदों में जितने स्थाई पद उतने ही कर्मचारी हों। अतः वेतनमान 230-380 से निम्नांकित कर्मचारियों के गहन ललितपुर जनपद के लिए स्थानांतरित किए जाएँ। यह कर्मचारी प्रतिनियुक्ति पर बहुत दिनों से कार्यरत हैं और इनके वापस लौटने की संभावना नहीं है।

1. श्री रामराजा श्रीवास्तव जो पंचायत राज विभाग में प्रतिनियुक्ति पर है।
2. श्री मकसूद अली जो न्याय विभाग में प्रतिनियुक्ति पर है।
3. श्री श्रीराम श्रीवास्तव जो न्याय विभाग में प्रतिनियुक्ति पर है।

वेतनमान 200-320 से भी ललितपुर जनपद में विद्यमान रिक्तियों में निम्नांकित ऐसे कर्मचारियों, जो लम्बे अर्से से प्रतिनियुक्ति पर हैं और उनके वापिस आने की संभावना नहीं है, के गहन ललितपुर जनपद को स्थानांतरित कर दिए जाएँ।

1. श्री कृष्ण कुमार देवलिया
2. श्री कृष्ण स्वरूप नायक
3. श्री नाथू राम पाठक
4. श्री राम सहायक पहेरिया

इस प्रकार ललितपुर जनपद के सभी पदों पर जो पहले से विद्यमान हैं पर स्थाई कर्मचारियों के गहन हो जाएँगे और इस कार्यालय में कर्मचारियों की संख्या स्थाई पदों के अनुकूल रह सकेगी।

यदि अनुमोदन करें तो उपर्युक्त अनुसार पदों एवं कर्मचारियों के स्थानांतरण आदेश प्रस्तुत किए जाएँ जिसकी प्रतियाँ राजस्व परिषद् एवं मंडलायुक्त को सूचनार्थ एवं आवश्यक कार्यवाही हेतु प्रेषित की जाएँ।

(हस्ता.) 24/12/74
कार्यालय अधीक्षक

जिलाधीश

यथासंशोधित आलेख्य पत्र स्पष्ट प्रतियों के अनुमोदनार्थ एवं हस्ताक्षर हेतु प्रेषित है।

हस्ताक्षर	**हस्ताक्षर** **ओ.एस.**	**हस्ताक्षर**
23/12/74	25/12/74	26/12/74

उदाहरण-4

जिलाधिकारी

कृपया अपने आदेश दिनांक 26.12.74 का अवलोकन करें जो दाहिनी ओर संलग्न है जिसके द्वारा 8 पद तथा 8 कर्मचारी ललितपुर जनपद के लिए स्थानांतरित किए गए हैं। यह सभी कर्मचारी अपने-अपने पदों से दिनांक 31.12.74 को कार्यमुक्त हो जाएँगे जिसके फलस्वरूप कुछ पद रिक्त हो जाएँगे अथवा कुछ पद स्थानांतरित होने के फलस्वरूप पदधारी बने रहेंगे। अतः इनके स्थानांतरण एवं पदों की रिक्तियों को पूर्ण करने के लिए निम्न स्थानांतरण प्रस्तावित किए जाते हैं :

1. श्री राम चरण लाल, राजस्व आंकिक तहसील गरौब जो वेतनक्रम 230-380 के स्थाई कर्मचारी हैं का ललितपुर जनपद में स्थानान्तरण होने के फलस्वरूप यह पद रिक्त हो जाएगा। इस पद को भरने के लिए वेतनक्रम 200-320 के वरिष्ठतम कर्मचारी की पदोन्नति देनी होगी। इस वेतनमान में उपलब्ध वरिष्ठतम कर्मचारी कोटिक्रम सूची के अनुसार श्री महेश्वर दत्त तिवारी, नायब नाजिर तहसील मोंठ को परगनाधिकारी मोंठ के न्यायालय में श्री हरदयाल त्रिपाठी जिसको पेशकार के पद पर वेतनक्रम 230-380 में स्थानापन्न रूप में नियुक्त कर दिया जाए।
2. श्री निरंजन सिंह लिपिक विशेष भूमि अध्याप्ति अधिकारी से झाँसी इस कलेक्ट्रेट की कोटिक्रम सूची के वरिष्ठ कर्मचारी हैं जो प्रतिनियुक्ति से वापस आ रहे हैं इनका स्थानांतरण वेतनमान 200-320 में मऊ रानीपुर तहसील में नायब नाजिर के पद पर जो निर्मल सिंह के ललितपुर जाने के फलस्वरूप रिक्त हो गया है, किया जाए।
3. श्री मुरारी लाल मु. तहसील मोंठ का स्थानांतरण इस जनपद से ललितपुर जनपद हो जाने के कारण इस पद पर देवी दयाल कुर्क अमीन को नियुक्त किया जाए और आदेश दिया जाए कि वह इस पद पर सभी बकाया कार्य 15 दिन के अंदर पूरा करें।
4. राजस्व अभिलेखालय से निर्दाता का पद ललितपुर जनपद को स्थानांतरण हो जाने के फलस्वरूप इस कार्यालय से श्री गोबिन्द दास अड़जरिया ए. आर.के. जो कई वर्षों से कोर्ट लाइन में नहीं लिए गए हैं का स्थानान्तरण मु.जुडीशियल तहसील मोंठ श्री त्रिलोकीनाथ मिश्रा जिन्हें कोर्ट लाइन का पूरा समय हो रहा है के पद पर किया जाए तथा श्री मिश्रा को उसी तहसील में कुर्क अमीन के पद पर नियुक्त किया जाए।
5. श्री वशारत वेग वोडर को राजस्व अभिलेखालय में श्री गोबिन्द दास अड़जरिया के पद पर ए.आर.के. नियुक्त किया जाए।

हस्ताक्षर
कार्या.अधी.
27/12/74

प्रस्तावित स्थानांतरणों से मैं सहमत हूँ श्री महेश्वर दत्त तिवारी कोटिक्रम सूची के अनुसार वरिष्ठतम कर्मचारी हैं और उनकी चरित्र पंजिका के अवलोकन से प्रतीत होता है कि यह एक अच्छा कर्मचारी है। पदोन्नति की संस्तुति की जाती है।

हस्ता.

27/12/74

श्रीमान जी,
जो पद ललितपुर जिले में स्थानान्तरित कर दिया गया है वे खाली हैं।
(हस्ता.)
ओ.एस.
30/12/74

ओ/सी सी-ओ

पहले तो यह स्पष्ट किया जाए कि कितने पद ललितपुर स्थानांतरण हो रहे हैं, वे इस जिले से कम हो जायेंगे या नहीं।

(हस्ताक्षर)
30/12/74

कार्यालय अधीक्षक

इस समय वसूली का कार्य चल रहा है। अतः कम से कम परिवर्तन किए जाएँ फिलहाल आपका प्रस्ताव 3,4,5, तथा 6 स्वीकार किया जाता है। क्रमसंख्या 1 पर श्री महेश्वर दत्त जो सबसे वरिष्ठ हैं, पदोन्नति करके गरौठा, श्री रामचरण दास के स्थान पर भेजा जाए। क्रमसंख्या 2 पर दुबारा से प्रस्ताव जनवरी माह में दूसरे हफ्ते में रखा जाए। आदेश जारी किए जाएँ।

(हस्ताक्षर)
30/12/74

(iii) **उप नियुक्ति**

जिलाधीश

उदाहरण-1

बुंदेलखंड विकास निगम में प्रतिनियुक्ति पर जाने के लिए श्री जगदीश नारायण पाण्डे ने अपनी सहमति दी है। उन्हें भेजने में कोई आपत्ति नहीं है। यद्यपि उक्त पद आपके ही नियंत्रण में है, अतः रिआर्गनाइजेशन के अनुसार आप ही प्रतिनियुक्त स्वीकृत कर सकते हैं क्योंकि जिलाधिकारी ही बुंदेलखंड विकास निगम के प्रबंधीय

डायरेक्टर हैं। विकास निगम के पत्र का उत्तर प्रेषित है। यदि पांडे की नियुक्ति होती है तो उनको विकास निगम भेज दिया जाएगा। यदि आप यह समझें कि वह पद जिलाधिकारी के नियंत्रण का नहीं है तो राजस्व परिषद् से प्रतिनियुक्ति स्वीकृत कराने हेतु निवेदन किया जाएगा।

हस्ता.
का.अ.
11/11/74

हस्ता.
11/11/74

जिलाधीश

प्रबंध निदेशक, विकास निगम लि. झाँसी ने अपने पत्र संख्या 4055/दिनांक 26/11/74 में अंकित किया है कि इन्होंने श्री जगदीश नारायण पांडे की नियुक्ति अपने कार्यालय में वेतनक्रम 280-450 में दो अग्रिम वेतन वृद्धि देकर स्वीकार की है। कलेक्ट्रेट पुनर्गठन के शासनादेश संख्या 9/6/ओ.एण्ड एम.-1956 दिनांक 1.1.57 के परिशिष्ट डी भाग-2 की प्रविष्टि संख्या 7 के अंतर्गत अपने अधीनस्थ कर्मचारियों को ऐसे पदों पर जो उन्हीं के नियंत्रण में हों तथा असंवर्गीय हों पर प्रतिनियुक्ति स्वीकृत करने का अधिकार जिलाधिकारी को दिए गए हैं।

'क' तदनुसार बुंदेलखंड विकास निगम के उपर्युक्त पद पर जोकि आपके ही नियंत्रण में है श्री पांडे की प्रतिनियुक्ति इस शर्त के साथ स्वीकृत की जाये कि विकास निगम को श्री पांडे को भुगतान किए जाने वाले मासिक वेतन आदि के अतिरिक्त पेंशन कंट्रोब्यूशन आदि भी नियमानुसार शासन को देने होंगे। यह कंट्रोब्यूशन आदि वही होंगे जो जनरल मैनेजर को नीति के संबंध में शासन द्वारा लगाए गए हैं।

'ख' यदि आप श्री पांडे को उक्त प्रतिनियुक्ति की स्वीकृति प्रदान करें तो इनको नजारत अनुभाग में कार्यरत वरिष्ठ नायब नाजिर श्री वृन्दावन बिहारी लाल को जो वेतनक्रम 230-380 में कार्यरत हैं से श्री पांडे को कार्यमुक्त करा दिया जाए। इस पद का प्रबन्ध बाद में प्रेषित किया जाएगा।

हस्ता.
कार्या.अधी.
30/11/74

कृपया 'क' और 'ख' का प्रस्ताव स्वीकार करें ताकि श्री पांडे को तुरंत कार्यमुक्त किया जा सके।

एम.आर.
2/12/74

देखा। आदेश का आलेख रखें।

हस्ता.
2/11/74

जिलाधीश

आपके आदेश दिनांक 2/12/74 के क्रम में निवेदन है कि श्री वृन्दावन बिहारी ने निवेदन किया है कि नजारत का भारी चार्ज होता है जिसे वे 4 या 5 दिन में ले सकेंगे तथा बाद में 4 या 5 दिन उसके देने में लगेंगे। दूसरे उनको कैश बाक्स रखना पड़ता है जिसके कारण वे अपना कार्यालय छोड़कर नहीं जा सकते हैं जबकि नाजिर सदर के रूप में उन्हें बारंबार यहाँ-वहाँ जाना ही पड़ेगा। इनके निवेदन में सार है एवं उचित भी प्रतीत होता है। अतः निवेदन है कि श्री पांडे को वेतनमान 230-380 के वरिष्ठतम उपलब्ध कर्मचारी श्री ओमप्रकाश गुप्ता से कार्यमुक्त कराया जाय। श्री ओमप्रकाश के अन्य वरिष्ठ कर्मचारी बाहर हैं केवल आनंदस्वरूप गुप्ता ही इस कार्यालय में हैं जो अवकाश पर हैं व तहसील मऊ रानीपुर में राजस्व आंकिक पद पर कार्यरत हैं। उनके कार्यकलापों को देखते हुए उनको पदोन्नति देना उपयुक्त नहीं होगा। इसी कारण पूर्व में भी उनको पदोन्नति नहीं दी गई थी, अतः श्री ओमप्रकाश गुप्ता को वेतनमान 280-450 में पदोन्नति करके नाजिर सदर के पद पर स्थानापन्न रूप से नियुक्त कर दिया जाए। जब तक उनके वर्तमान पद माइन्स क्लर्क के पद का प्रबंध नहीं होता है, वे अपने कार्य के अतिरिक्त माइन्स का कार्य भी देखते रहेंगे।

हस्ता. एम.आर.
रा.सहा./का.अ. 5/12/74
5/12/74

प्रस्ताव स्वीकृत। आदेश आज ही जारी किए जाएँ। श्री पांडे को तुरंत ही कार्यभार से मुक्त किया जाए।

हस्ता.
5/11/74

(iv) **पदोन्नति जिलाधिकारी**

उदाहरण-1

1. श्री ओमप्रकाश गुप्ता जो वेतनक्रम 230-380 में आंकिक लिपिक के पद पर कार्यरत थे की पदोन्नति नाजिर सदर के पद पर होने के कारण उक्त खनिज लिपिक का पद रिक्त हो गया है जोकि दिनांक 8.12.74 से रिक्त चला आ रहा है इसे भरने के लिए वेतनमान 200-320 के वरिष्ठतम कर्मचारी को पदोन्नति देनी होगी। इस वेतनमान में उपलब्ध वरिष्ठतम कर्मचारी श्री बाबूलाल शर्मा नायब नाजिर हैं, लेकिन श्री शर्मा को खनिज लिपिक के पद पर नियुक्त नहीं किया जाना है। चूँकि नजारत अनुभाग में इस वक्त काफी चैन्ज हो गए हैं, अतः श्री शर्मा को नजारत ही अनुभाग में नायब (लेखा) के स्थान पर श्री मु. युसूफ खाँ जोकि अभी गए हुए

हैं की जगह पर स्थानापन्न रूप से स्थानांतरण कर दिया जाए।

2. श्री मु.युसुफ खाँ को स्थानीय लिपिक के पद का अच्छा ज्ञान है, अतः कार्य के हित में श्री मु.युसुफ खाँ को वेतनक्रम 230-380 में सी.आर. खैर के स्थान पर नियुक्त किया जाए।
3. श्री सी.आर.खैर जो इस समय स्थानीय लिपिक के पद पर वेतनमान 230-380 में स्थानापन्न रूप से कार्य कर रहे हैं को खनिज लिपिक के पद पर जो श्री ओमप्रकाश गुप्ता को पदोन्नति के कारण रिक्त हुआ है, पर कर दिया जाए।
4. चूँकि श्री प्रेमनारायण भार्गव अहलमद परगनाधिकारी मोंठ जिन्हें नायब नाजिर के पद का अच्छा ज्ञान है को वेतनमान 200-320 में श्री शर्मा के रिक्त हुए स्थान पर कर दिया जाए।
5. चूँकि प्रेमनारायण भार्गव अहलमद परगनाधिकारी मोंठ के रिक्त स्थान पर श्री भगवानदास (अ.जा.) ए.आर.के. (फौजदारी अभिलेखागार) जो हिन्दी टाइपिस्ट हैं को नियुक्त कर दिया जाए।
6. श्री निरंजन सिंह (अ.जा.) जो कोटिक्रम सूची के वरिष्ठ अभ्यर्थी हैं को श्री भगवानदास ए.जे.आर.के. के स्थान पर वेतनमान 200-320 में अस्थाई रूप से नियुक्त कर दिया जाए। यह पहले भी कई पदों पर कार्य कर चुके हैं।

हस्ता. **एम.आर.**
का.अ. 16/12/74

श्री मुहम्मद युसुफ खाँ की नियुक्तियों में इधर कई परिवर्तन हुए हैं। जिस पद पर इस समय हैं क्या उसका सही सम्पादन नहीं हो पा रहा है।

हस्ता.
17/11/74

जिलाधिकारी

'क' मोहम्मद युसुफ खाँ के कार्य से ऐसा प्रतीत होता है कि कोई भी अधिकारी संतुष्ट नहीं रहता। फिर भी उनका वर्तमान पद सबसे आसान पद है, यदि आप ठीक समझें तो श्री बाबूलाल शर्मा को स्थानीय लिपिक के पद पर प्रोन्नति दे दें तथा श्री युसुफ खाँ अपने वर्तमान पद पर ही कार्यरत रहें। प्रभारी अधिकारी नजारत से उनके विरुद्ध कोई आख्या प्राप्त नहीं हुई है। उपर्युक्त संशोधन के साथ प्रस्तावित प्रबंध स्वीकृत करने की कृपा करें।

हस्ता. **हस्ता.** बात करें
(विष्णुदत्त अग्रवाल) का.अ. **हस्ता.**
सा.लि.

18/12/74 18/12/74 18/11/74

कार्यालय अधीक्षक

मैंने आपसे बात की। चूँकि श्री बाबू लाल शर्मा की पदोन्नति होनी है। अतः 'क' पर अंकित प्रस्ताव स्वीकृत किया जाता है।

हस्ता.

19/11/74

(v) दक्षतारोध पार करना व स्थायीकरण

उदाहरण-1

जिलाधीश

श्री गोविन्द दास शर्मा, आंग्ल अभिलेखापाल के सेवा निवृत्त होने के फलस्वरूप दिनांक 1/7/71 को वेतनक्रम 280-450 में एक स्थाई रूप से रिक्त हुआ जिस पर वेतनक्रम 230-380 के स्थाई एवं वरिष्ठ कर्मचारी को पदोन्नति दी जाती है। कोटिक्रम सूची के अनुसार श्री नाथूराम खरे वेतनक्रम 230-380 के वरिष्ठतम कर्मचारी हैं क्योंकि इन्होंने अपनी पदोन्नति त्याग दी है एवं वे अभी अपने मूल वेतनक्रम में ही कार्य कर रहे हैं जबकि उनसे कई कनिष्ठ कर्मचारी ऊपर वेतन में कार्यरत हैं। श्री नाथूराम खरे पदोन्नति के योग्य भी नहीं हैं, अतः उनको छोड़कर अगले वरिष्ठतम कर्मचारी श्री महावीर प्रसाद वेतनमान 280-450 में या उसके समकक्ष पूर्व वेतनमान में दिनांक 4/4/67 से कार्यरत हैं।

इन्होंने निम्न पदों पर कार्य किया है :

1. मुख्य राजस्व आंकिक
2. आंग्ल अभिलेखापाल
3. राजस्व अभिलेखापाल

श्री महावीर प्रसाद खरे अभी दिनांक 6/6/74 से न्याय सहायक के पद पर कार्य कर रहे हैं। इनकी सेवा पुस्तिका एवं चरित्र पंजिका अवलोकनार्थ प्रेषित हैं। इनकी चरित्र पंजिका के अवलोकन से ज्ञात होगा कि इनको दिनांक 6/2/71 को मुख्य राजस्व आंकिक के पद पर एक विशेष प्रतिकूल प्रविष्टि दी गई थी। राजस्व अभिलेखापाल के पद पर इनके विरुद्ध एक शिकायत प्राप्त हुई थी जिसकी जाँच अतिरिक्त जिलाधिकारी (सीलिंग) के द्वारा की गई थी जिसमें उन्होंने आरोप संख्या 2 के प्रति केवल इतना सिद्ध पाया है कि शिकायतकर्ता श्री हीरालाल के नकल प्रार्थनापत्र पर उसके द्वारा पोस्टेज स्टाम्प दाखिल किए जाने पर भी उसको उक्त प्रार्थनापत्र पर लगाई गई आपत्ति के निराकरण हेतु समय से सूचना नहीं दी गई जिसके कारण उसे परेशानी हुई। उक्त पत्रावली अति. जिलाधिकारी (सीलिंग) की रिपोर्ट के साथ हाल ही में प्राप्त हुई है जो साथ में आदेशित हेतु प्रेषित की जा रही है। इसके अतिरिक्त और कोई तथ्य इनके विरुद्ध नहीं है। इतना अवश्य है

कि यदि आप श्री महावीर प्रसाद खरे को पदोन्नति वेतनक्रम में 280-450 में स्थाई करने का निर्णय लें तो इनको उक्त वेतनमान में वेतनस्तर 410/- पर लगी हुई दक्षतारोक को भी वार्षिक वृद्धि की देय तिथि से पार करने की अनुमति भी प्रदान करने की कृपा करें जो अभी तक नहीं दी गई है।

हस्ता.	हस्ता.	हस्ता.
सा. लि.	ओ.एस.	31/10/74
31/10/74	31/10/74	

ओ/सी-सी-ओ

सर्वप्रथम दक्षता अवरोध पार करने की कार्यवाही की जाए। दक्षता अवरोध पार करने के लिए शासन के क्या नियम हैं तथा किस कोटि का कार्य देना चाहिए। निर्देश रखे जाएँ।

हस्ताक्षर
1/11/74

जिलाधिकारी

कृपया अपने उक्त आदेश का अवलोकन करने की कृपा करें जिसमें आपने श्री महावीर प्रसाद, न्याय सहायक के सर्वप्रथम दक्षतारोध पार करने की कार्यवाही के संबंध में लिखा है। श्री महावीर प्रसाद खरे को वेतनक्रम 200-8-320-410 द. रो. 10-450 के वेतन स्तर 410/- दिनांक 1.8.74 से दक्षता रोक पार करनी है। संलग्न पत्रावली के पृष्ठ संख्या 18 पर संलग्न शासनादेश संख्या 41/2/71 नियुक्ति-3 दिनांक 20 जुलाई, 1972 के अनुसार पिछले पाँच वर्षों की प्रविष्टियों पर विचार करने के उपरान्त ही दक्षता रोक पार करने पर विचार किया जा सकता है। श्री खरे दिनांक 4.4.67 से उक्त वेतनमान में कार्यरत हैं और इन्होंने उक्त वेतनमान के निम्नांकित पदों पर वर्तमान पद के अलावा कार्य किया है।

1. मुख्य राजस्व आंकिक
2. आंग्ल अभिलेखापाल
3. राजस्व अभिलेखापाल

श्री खरे अभी दिनांक 6.6.74 से न्याय सहायक के पद पर कार्य कर रहे हैं। इनकी चरित्र पंजिका के अवलोकन से ज्ञात होगा कि इनको दिनांक 6.2.71 को मुख्य राजस्व आंकिक के पद पर एक विशेष प्रतिकूल प्रविष्टि दी गई थी उसके बाद दिनांक 23.8.72 को आंग्ल अभिलेखापाल के पद पर वर्ष 1971-72 को दूसरी प्रतिकूल प्रविष्टि दी गई। राजस्व अभिलेखापाल के पद पर इनके विरुद्ध एक शिकायत प्राप्त हुई थी जिसकी जाँच अति.जिलाधिकारी (संग्रह) द्वारा की गई थी जिसमें आरोप संख्या 2 के प्रति केवल इतना सिद्ध पाया गया है कि शिकायतकर्ता श्री हीरालाल के नकल प्रार्थनापत्र पर लगाई गई आपत्ति के निराकरण हेतु समय से सूचना नहीं

दी गई जिस कारण उसे परेशानी हुई। आपके आदेश दिनांक 10.11.74 पर एक चेतावनी दी गई जो व्यक्तिगत पत्रावली के दाहिनी ओर संलग्न है।

मैं यहाँ पर शासनादेश संख्या 46/2/66(बी) दिनांक 30 नवम्बर, 67 जोकि पृष्ठ संख्या 5 के पैरा 3 जोकि वरिष्ठ लिपिक के संबंध में दक्षतारोध पार करने के संबंध में है की ओर ध्यान आकर्षित करना चाहूँगा। इसमें स्पष्ट किया है कि अपने समस्त विभागीय नियम तथा मैनुअल, पेंशन रूल आदि का पूर्ण ज्ञान होना आवश्यक है।

श्री खरे की सेवा पुस्तिका एवं चरित्र पंजिका वास्ते अवलोकनार्थ एवं उचित आदेश हेतु प्रेषित है। कृपया अवलोकन कर दक्षता रोक पार करने के संबंध में अपने उचित आदेश देने की कृपा करें।

हस्ताक्षर

कार्या.अधी.

22/11/74

जिलाधिकारी

इस संबंध में मैं आपका विशेष ध्यान शासनादेश संख्या 41/2/71 जो पृष्ठ संख्या 18 पर संलग्न है के पैरा 2 सब पैरा (3) की ओर आर्कर्षित करना चाहूँगा।

पिछले चार महीनों में मैंने श्री महावीर प्रसाद न्याय सहायक का काम देखा है। मेरी राय में यह एक अच्छे और योग्य कर्मचारी हैं।

कृपया उचित आदेश पारित करें।

एम.आर.

30/11/74

दिनांक 5/12/74 को 9 बजे मेरे निवास स्थान पर बात करें।

हस्ताक्षर

31/11/74

जिलाधिकारी

श्री महावीर प्रसाद खरे न्याय सहायक वेतनक्रम 280-450 में दिनांक 4.4.1967 से कार्यरत हैं। इनको इसी वेतनमान में दिनांक 1.8.74 से दक्षतारोक पार करनी है जो वेतनस्तर 410/- पर लगी हुई है।

1. वरिष्ठ कर्मचारियों की दक्षता रोक पार करने के संबंध में शासनादेश संख्या 46/2/66 (बी) दिनांक 30.11.67 के अनुसार समस्त विभागीय नियम, मैनुअल तथा पेंशन रूल आदि का पूर्ण ज्ञान होना आवश्यक है तथा कार्यस्तर ऊँचा होना चाहिए एवं सत्यनिष्ठा प्रमाणित होना चाहिए।
2. दक्षता रोक पार करने के बारे में शासनादेश संख्या 41/2/71 दिनांक 28

जुलाई, 1972 में यह स्पष्ट किया है कि कर्मचारी का दक्षता रोक को देय तिथि से पहले का अभिलेख देखना चाहिए, विशेष रूप से पाँच वर्ष की प्रविष्टियों को।

पैरा नं-1 के संबंध में मुझे यह कहना है कि श्री खरे उसमें दिए गए निर्देशों को पूरा करते हैं।

जहाँ तक पैरा नं. 2 का प्रश्न है इनको 1969-70 की प्रविष्टि अच्छी है और इस वर्ष में इन्हें आयुक्त द्वारा सराहनीय कार्य का प्रमाणपत्र दिया गया। 1970-71 में इनको अच्छी प्रविष्टि मिली थी लेकिन इसी वर्ष में अपने कार्य में कमियाँ पाने के कारण जिलाधिकारी द्वारा एक प्रतिकूल प्रविष्टि दी गई। इसके बाद 1971-72 में एक प्रतिकूल प्रविष्टि प्रभारी अधिकारी की आख्या पर दी गई थी लेकिन जिलाधिकारी ने इस पर कोई टिप्पणी नहीं दी। इसके बाद वर्ष 1972-73 एवं 1973-74 में जो प्रविष्टियाँ दी गई हैं, वह उत्तम हैं।

श्री खरे, न्याय सहायक के पद पर कार्य लगन व मेहनत से कर रहे हैं। इनका कार्यस्तर ऊँचा है और अपना कार्य सुचारु रूप से कर रहे हैं। इनका कार्य आप स्वयं भली प्रकार देख रहे हैं और अभी तक इनके कार्य के विरुद्ध कोई शिकायत नहीं पाई गई।

अंत में मैं श्री महावीर प्रसाद खरे को दक्षता रोक वेतनक्रम 280-450 में दिनांक 1.8.74 से पार करने की संस्तुति करता हूँ। कृपया उचित आदेश पारित करें।

दिनांक 5.12.74 ह./-

प्रभारी अधिकारी, संयुक्त कार्यालय

आदेश

मैंने कार्यालय की आख्या दिनांक 21/11/74 तथा प्रभारी अधिकारी की आख्या दिनांक 5/11/74 देखी। इसी क्रम में श्री महावीर प्रसाद खरे की चरित्र पंजिका का अवलोकन किया। यद्यपि दो वर्षों 1970-71 तथा 1971-72 में श्री खरे को प्रतिकूल प्रविष्टियाँ मिलीं, पर वे इतनी गंभीर नहीं हैं कि इनकी दक्षता अवरोध पर रोक लगाई जाए, विशेष रूप से उस दशा में जब श्री खरे ने वर्तमान वर्ष में बड़ी लगन और कमठता से अपना कार्य समय से किया है।

अतः संपूर्ण परिस्थितियों को देखते हुए मैं श्री महावीर प्रसाद खरे की दक्षता अवरोध पार करने की स्वीकृति, जैसा प्रभारी अधिकारी ने संस्तुति की है, देता हूँ। आवश्यक कार्यवाही की जाए।

हस्ताक्षर

13/11/74

जिलाधिकारी

आपके आदेश दिनांक 13/12/74 के अनुसार श्री महावीर प्रसाद खरे को लगी दक्षता रोक दिनांक 1.8.74 से पार के आदेश दिए गए हैं। इसका आदेश तैयार कर दिया गया है। अतः अवलोकन कर हस्ताक्षर करने की कृपा करें।

हस्ता.	**हस्ता.**	**हस्ता.**
सा.लि.	ओ.एस.	17/11/74
	16/12/74	

जिलाधिकारी

कृपया बाईं ओर पृष्ठ संख्या 50 पर अपने आदेश 1.11.74 का अवलोकन करने की कृपा करें। आपके द्वारा श्री महावीर प्रसाद खरे, न्याय सहायक के स्थाईकरण के संबंध में यह आदेश दिया गया था कि सर्वप्रथम दक्षता अवरोध पार करने की कार्यवाही की जाय। श्री खरे की दक्षतारोध आपके आदेश दिनांक 13.12.74 द्वारा पार कर दी गई है।

अतः अब श्री महावीर प्रसाद खरे के स्थाईकरण का प्रश्न है इसके संबंध में कृपया बाईं ओर पृष्ठ संख्या 49 पर कार्यालय की टिप्पणी को देखने की कृपा करें। श्री खरे को श्री गोविन्द दास शर्मा, आंग्ल अभिलेखापाल के सेवानिवृत्त होने के फलस्वरूप दिनांक 1.7.71 को वेतनक्रम 280-450 में स्थाईकरण किया जाना है, अतएव उचित आदेश देने की कृपा करें।

हस्ता.
सा. लि.
19/12/74

श्री महावीर प्रसाद खरे को 1/7/71 से श्री गोविन्द दास शर्मा आंग्ल अभिलेखापाल के स्थान पर स्थाई कर दिए जाने की कृपा की जाए।

हस्ताक्षर
ओ.एस.
20/12/74

श्री महावीर प्रसाद खरे को 1/7/71 से वेतनक्रम 280-450 में स्थाई करने की संस्तुति की जाती है।

एम.आर.
22/12/74

आदेश को दुबारा टाइप किया जाए
दिनांक 26/12/74 को भेजे।

हस्ताक्षर
24/12/74

उदाहरण-2

श्री हरिदास दिसोरिया, कनिष्ठ लिपिक की व्यक्तिगत पत्रावली की टीप 9 का उद्धरण

अतिरिक्त जिलाधीश

कृपया स्थापना लिपिक की कार्यालय टीप (पृष्ठ) 7 दिनांक 18.9.74 का अवलोकन करने का कष्ट करें। जिसमें उन्होंने दर्शाया है कि श्री हरिदास दिसोरिया की दक्षतारोध की स्वीकृति वेतनक्रम 200-5-250 द.रो. 320 के प्रथम स्तर पर दिनांक 1.8.74 से की जानी है जिसके लिए देय तिथि क 5 वर्षों के अभिलेखों को देखना होगा। श्री दिसोरिया के चरित्र अभिलेखों का विवरण निम्न प्रकार है :

वर्ष	69-70	असंतोषजनक
,,	70-71	आंशिक विपरीत
,,	71-72	संतोषजनक
,,	72-73	तदैव
,,	73-74	तदैव

श्री दिसोरिया को पुराने वेतनमान में आपके पूर्वाधिकारी द्वारा 120.00 के प्रथम स्तर पर दिनांक 7.7.73 को दक्षरो. की स्वीकृति प्रदान की है, कार्यालय टीप पृष्ठ 5 का अवलोकन करने का कष्ट करें। खंड विकास अधिकारी की आख्या, चरित्र सेवापंजिका तथा संबंधित आपके अवलोकनार्थ एवं उचित आदेशार्थ सेवा में प्रस्तुत है।

हस्ता. प्रधान लिपिक 26-10-74

हस्ताक्षर आशुलिपिक 23-10-74

आदेश :

अभी ठहरे वर्ष 74-75 का कार्य देखा जाए।

हस्ता.
जि.नि.अ.
26-10-74

उदाहरण-3

श्री रामनारायण राजपूत, कनिष्ठ लिपिक की व्यक्तिगत पत्रावली की टीप 9 का उद्धरण

अतिरिक्त जिलाधीश (नि.)

कृपया आप स्थापना लिपिक की कार्यालय टीप दिनांक 19.8.74 अवलोकन करने का कष्ट करें जिसके आधार पर श्री आर.एन.राजपूत, स.लि. की दक्षता रोक की स्वीकृति नए वेतनमान 200-5-द.रो.-6-द.रो. 280द.रो. 8-320 में दिनांक 1.8.74 से प्रथम स्तर पर की जानी है जिसके लिए देय तिथि के पूर्व के 5 वर्षों के अभिलेखों को देखना

होगा श्री राजपूत के चरित्र अभिलेखों का विवरण निम्न प्रकार है :

वर्ष	विवरण
69-70	संतोषजनक
70-71	असंतोषजनक
71-72	संतोषजनक
72-73	तदैव
73-74	तदैव

श्री राजपूत की चरित्र सेवा पुस्तिका उक्त टीप सहित अब आपकी सेवा में अवलोकनार्थ एवं आदेशार्थ प्रस्तुत है। उपरोक्त 5 वर्षों में से केवल वर्ष 70-71 की प्रविष्टि विपरीत है। अतः मेरे विचार से ऐसी स्थिति में द.रो. पार करने की स्वीकृति प्रदान कर देना अनुपयुक्त न होगा।

हस्ता.एम.वी.श्रीवास्तव
प्रधान लिपिक
20-8-74

स्वीकृति
अ.कु.श्रीवास्तव
20-8-74

(vi) **स्थायीकरण**

उदाहरण-1

लिपिकीय स्टाफ एवं ड्राइवरों तथा चतुर्थ श्रेणी के कर्मचारियों की स्थाईकरण की पत्रावली सं. पी-13/5/स्था/74-75 का पृष्ठ-6 का उद्धरण

अतिरिक्त जिलाधीश (नियोजन)

कृपया आयुक्त, कृषि उत्पादन एवं ग्राम्य विकास उ.प्र. लखनऊ के पत्रांक 5624/स्था-2/रो.61/70 दिनांक 3-4-74 जिसमें उल्लिखित शासनादेश सं. 4773/38-3-396/72 दिनांक 26-5-74 का अवलोकन करें जिसके अंतर्गत जनपद के विकास खंडों में कार्यरत कर्मचारियों के स्थाईकरण हेतु पदों का आबंटन किया गया है।

ज्येष्ठ लिपिक	ब्लाक आंकिक	कनिष्ठ लिपिक	भंडार लिपिक	जीपचालक	चपरासी
4	1	2	1	1	4

जनपद के विकास खंडों में कार्यरत ज्येष्ठ एवं कनिष्ठ लिपिकों के स्थाईकरण करने के पूर्व उनके गत तीन वर्षों की चरित्र प्रविष्टियों को देखना होगा। जनपद में परिचालित समस्त लिपिक वर्गीय ज्येष्ठता सूची के आधार पर स्थाईकरण की प्रक्रिया अपनाई जानी है।

1. **श्री महावीर प्रसाद खरे,** ज्येष्ठ लिपिक वर्तमान समय में बुंदेलखंड विकासनिगम, झांसी में प्रतिनियुक्ति पर कार्यरत हैं।

हस्ता.
26-12-63

69-70 चरित्र प्रवि. अच्छी है।

70-71 तदैव

71-72 तदैव

इसके अतिरिक्त श्री खरे की चरित्र पंजिका में गत वर्षों की भी प्रविष्टियाँ उत्तम हैं। श्री खरे ज्येष्ठ लिपिक के पद पर दिनांक 1-1-73 से स्थाईकरण की कोटि में आते हैं। अतएव इनके स्थाईकरण पर विचार किया जा सकता है।

2. **श्री रमेशचन्द्र भटनागर,** ज्येष्ठ लिपिक, विकास खण्ड, बामौर

70-71 चरित्र प्रवि. विपरीत है। **हस्ता.**

71-72 साधारण 11-1-63

72-73 साधारण

73-74 विपरीत

उपरोक्त प्रविष्टियों के आधार पर श्री भटनागर ज्येष्ठ लिपिक के पद पर स्थाईकरण के मामले पर वर्तमान समय में विचार करना संभव नहीं है।

(vii) **छुट्टी**

उदाहरण-1

प्रभारी अधिकारी

श्री महावीर प्रसाद, मुख्य राजस्व आंकिक दिनांक 8/1/68 से 12/1/68 तक आकस्मिक अवकाश पर रहे। 13 अप्रैल 14/1/68 का अवकाश था। इसके उपरांत 15/1/68 का उन्होंने निबंधित अवकाश लिया। 16 और 17 जनवरी, 68 को वह और अवकाश पर रहे, क्योंकि पेचिश के कारण वह कार्यालय आने में असमर्थ थे। ऐसी स्थिति में वह दिनांक 8/1/68 से 17/1/68 तक अवकाश पर रहे। क्रमसं. 154 पर प्रस्तुत प्रार्थनापत्र द्वारा उन्होंने उक्त अवकाश को दिनांक 9/1/68 से 12/1/68 के स्वीकृति आकस्मिक अवकाश को अर्जित अवकाश में बदलने तथा 13/1/68 से 17/1/68 और अर्जित अवकाश को स्वीकृत करने की प्रार्थना की है। ए.सी.आर. की रिपोर्ट के अनुसार इस अवधि का अर्जित अवकाश देय है। अतः श्री महावीर प्रसाद को 8/1/68 से 17/1/68 तक का अर्जित अवकाश स्वीकृत किया जाए और दिनांक 8/1/68 तक का स्वीकृत आकस्मिक अवकाश रद्द किए जाने का आदेश देने की कृपा करें।

हस्ता.	हस्ता.
जी.सी.	का.अ.
25/1	25/1/68

स्था प्रस्तावित श्री महावीर प्रसाद को 8/1/68 से 17/1/68 तक अर्जित अवकाश स्वीकृत किया जाता है।

हस्ता.

29/1/68

उदाहरण-2

प्रभारी अधिकारी/जिलाधीश

श्री महावीर प्रसाद खरे, मुख्य राजस्व आंकिक दिनांक 6/8/68 से 9/8/68 तक आकस्मिक अवकाश पर रहे। अब उन्होंने 12/8/68 से 14/8/68 तक अवकाश के लिए और प्रार्थना पत्र भेजा है और प्रार्थना की है कि उन्हें 6/8/68 से 14/8/68 तक 9 दिन का अर्जित अवकाश स्वीकार किया जाए।

9 दिन का अर्जित अवकाश देय है।

हस्ता.	हस्ता.
सा.लि.	का.अ.
12/8/68	12/8/68

प्रभारी अधिकारी/जिलाधीश

श्री महावीर प्रसाद ने उपरोक्त छुट्टी के तारतम्य में एक और प्रार्थना पत्र आज भेजा है कि उन्हें 15/8/68 से 21/8/68 तक का अर्जित अवकाश और प्रदान किया जाए। उन्होंने यह अवकाश अपनी बीमारी के कारण माँगा है, परंतु कोई डाक्टरी प्रमाणपत्र नहीं भेजा है। 6/8/68 से 14/8/68 (9 दिन) तथा 15/8/68 से 21/8/68 (7 दिन) कुल 16 दिन का अवकाश होता है जो देय है, परंतु कोई एम.सी. नहीं दिया है।

हस्ता.सा.लि.	हस्ता.का.अ.
17/8/68	17/8/68

सा.लि. शीघ्र अनुपालन करें।

(हस्ता.) का.अ.

17/8/68

जिलाधिकारी

श्री महावीर प्रसाद सी.आर.ए. को आदेश दिनांक 17/8/68 के अनुसार आज कार्यालय में उपस्थित होने के लिए लिखा गया था (क्र. 161) उन्होंने अब प्रार्थनापत्र भेजा है कि उन्हें 28/8/68 तक का अर्जित अवकाश स्वीकार किया जाए, क्योंकि वह अब भी बुखार से पीड़ित हैं। वह 6/8/68 से 24/8/68 तक 19 दिन होते हैं। उन्हें 19 दिन का अर्जित अवकाश देय है। आदेश हेतु प्रस्तुत है।

हस्ता.

सा.लि.

18/8/68

जिलाधिकारी

श्री महावीर प्रसाद ने आपकी आज्ञा दिनांक 17/8 का पालन नहीं किया है बल्कि 16/8 से 24/8 तक के लिए एक प्रार्थनापत्र और भेज दिया है। अब तक उन्होंने कोई डाक्टरी सर्टिफिकेट नहीं भेजा है। मैं इस छुट्टी की सिफारिश नहीं करता हूँ।

हस्ता.

19/8/68

वे मुझसे मिले थे। उनकी हालत अच्छी नहीं थी। अतः 21/8/68 तक छुट्टी और मैंने दे दी थी। उन्हें 22/8/68 से कार्यभार सँभाल लेना चाहिए।

हस्ता.

21/8/68

का.अ./जिलाधीश

श्री महावीर प्रसाद सी.आर.ए. को आदेशानुसार लिखा गया था कि वह आज अपने कार्य पर आ जाएँ। उन्होंने पुनः प्रार्थनापत्र भेजा है जो क्र. 164 पर है। अवलोकन व आदेश हेतु प्रस्तुत है।

हस्ता.

जी.सी.

22/8/68

अग्रसारित। यदि उचित समझा जाए तो इनसे (श्री महावीर प्रसाद से) चिकित्सक का प्रमाण पत्र माँग लिया जाए।

हस्ता.

का.अ.

22/8/68

जिलाधीश

आदेश 21/8/68 के पालन में श्री महावीर प्रसाद को दिनांक 22/8/68 को कार्यालय उपस्थित होने के लिए लिखा गया था। उन्होंने स्वयं उपस्थित होकर श्रीमान् को अपनी दशा से अवगत किया था। अब वह दिनांक 26/8/68 को ड्यूटी पर आ गए हैं। अतः उन्हें 6/8/68 से 25/8/68 तक 20 दिन का अर्जित अवकाश स्वीकृत करने की कृपा करें। यह अवकाश उन्हें पूर्ण वेतन पर देय है।

हस्ता. हस्ता.

सा. लि. का.अ.

26/8/68 26/8/68

स्वीकृत

हस्ता. 28/8/68

उदाहरण-3

जिलाधिकारी

श्री महावीर प्रसाद खरे, मु.रा.आं. ने दिनांक 29/12/69 को 8/1/70 से 7/3/70 दो माह के अर्जित अवकाश का प्रार्थनापत्र अपनी पुत्री की शादी के संबंध में दिया था। इस संबंध में उनसे बात की गई थी। इसके बाद उन्होंने 19/1/70 से 24/1/70 (7 दिन) का अर्जित अवकाश माँगा था जिसमें दिनांक 17/1/70 को 5 दिन का स्वीकृत किया था।

अब उन्होंने दिनांक 2/2/70 से 30 दिन के अर्जित अवकाश का प्रार्थनापत्र दिया है (क्र. 180)। प्रभारी अधिकारी (संग्रह) ने संस्तुति की है। श्री महावीर प्रसाद ने सूचित किया है कि उन्हें आज दिनांक 4/2/70 से अवकाश पर जाने की अनुमति श्रीमान से मिल चुकी है।

30 दिन का अर्जित अवकाश देय है।

हस्ता.
जी.सी.
4/2/70

यह···प्रबंध है। इनके कार्य का प्रबंध आप करने के पश्चात् कार्य प्रस्तुत किया जाएगा।

हस्ता.
का.अ.
4/2/70

जिलाधिकारी

श्री महावीर प्रसाद खरे सी.आर.ए. को अपनी पुत्री के विवाह हेतु 4-2-70 से 30 दिन का अर्जित अवकाश प्रदान किए जाने की संस्तुति की जाती है।

हस्ता.
4/2/70
प्र.अ.

जिलाधिकारी

श्री महावीर प्रसाद खरे सी.आर.ए. को 30 दिन का अर्जित अवकाश स्वीकृत हुआ है। नियमानुसार........की अलग से नियुक्ति नहीं की जा सकती। श्री रामनारायण ए.सी.आर.ए. अवकाश से वापस आ गए हैं। अतः यदि उचित समझें तो श्री जी.डी. आजारिया को निर्देशित किया जाए कि वे सी.आर.ए. का कार्य अपने कार्य के साथ-साथ देखें। श्री आजारिया ही सी.आर.ए. कार्यालय में वरिष्ठ-स्थाई लिपिक हैं।

हस्ता हस्ता. हस्ता.

जी.सी.	का.अ.	
7/2/70	7/2/70	9/2/70

अर्जित अवकाश

उदाहरण-4

श्री राम नारायन राजपूत, कनिष्ठ लिपिक, की व्यक्तिगत पत्रावली की टीप 12 का उद्धरण।

अतिरिक्त जिलाधीश (नि)

कृपया संकेत अ पर पृष्ठांकित इस कार्यालय के अभिलेखागार लिपिक श्री आर.एन.राजपूत के प्रार्थनापत्र दिनांक 24-12 का अवलोकन करें। इसके अंतर्गत श्री राजपूत ने अर्जित अवकाश दिनांक 1-11-74 से 30-11-74 तक प्रार्थनापत्र दिनांक 7-10-74 संकेत क के संदर्भ में यह निवेदन किया है कि उन्हें उक्त अवकाश अब दिनांक 1-1-75 से 30-1-75 तक स्वीकृत कर दिया जाय।

श्री राजपूत के पूर्व प्रेषित प्रार्थनापत्र दिनांक 7-10-74 संकेत क के संबंध में प्रस्तुत की गई कार्यालय टीप दिनांक 30-10-74 (टीप पृष्ठ सं. 10 से 12) पर तत्कालीन अतिरिक्त जिलाधीश नि. ने यह निर्णय लिया था कि प्रस्ताव में प्रस्तावित व्यवस्थानुसार श्री के.डी.निरंजन के योगदान करने पर ही श्री राजपूत को अवकाश स्वीकृत किया जाय। उक्त प्रस्ताव में श्री राजपूत के अवकाश काल में श्री निरंजन की व्यवस्था की गई थी।

श्री निरंजन ने इस कार्यालय में दिनांक 13-12-74 के अपराह्न में योगदान कर लिया था। अतः कार्यालय टीप दिनांक 30-10-74 के अन्तर्गत अब श्री राजपूत को दिनांक 1-1-75 से 30-1-75 तक का अवकाश स्वीकृत किया जा सकता है। यथावत् आदेशालेख प्रस्तुत है यदि आप सहमत हों तो श्री राजपूत को उक्त अवकाश एवं अभ्यपर्ण की अनुमति प्रदान करते हुए स्वीकृत कर हस्ताक्षर करने का कष्ट करें।

हस्ता.-सहायक स्था. लिपिक	हस्ता.का.लिपिक	हस्ता.प्रधान लिपिक
28-12-74	31-12-74	31-12-74

हस्ताक्षर-अतिरिक्त जिलाधीश

(viii) निरीक्षण प्रतिवेदन

उदाहरण-1

प्रभारी अधिकारी (खनिज)

श्रीमान् जी से दिनांक 26-5-74 के पूछ खनिज चैक पोस्ट के आकस्मिक निरीक्षण के अनुपालन में मैंने सुपरवाइजर खनिज मोंठ को पूछ चैक पोस्ट के संबंधित सुपरवाइजर एवं मुहर्रिर, एवं चपरासी का स्पष्टीकरण/टिप्पणी प्रस्तुत करने हेतु निर्देशित किया था। दिनांक 28-6-74 को पूछ चैक पोस्ट पर मैंने श्रीमान् जी के

निरीक्षण पत्र के अनुपालन का सत्यापन किया जो निम्न रूप में प्रस्तुत है।

पैरा-I पोस्टिंग रजिस्टर चैक पोस्ट पूछ में दिनांक 18-5-74 को ओवर राइटिंग की गई है। मुहर्रिर श्री क ने अपने स्पष्टीकरण (संलग्न) में लिखा है कि उस दिन रात में 10.00 बजे के लगभग उनकी कलम की स्याही समाप्त हो गई इससे उसने पोस्टिंग पेंसिल से की बाद में पेंसिल के लिखे के ऊपर उसने स्याही से लिखा किंतु पेंसिल के लिखे को रबर से मिटा न सका। मैंने रजिस्टर को गौर से देखा है और उससे मुहर्रिर के कथन में सत्यता स्पष्ट हुई है। उसने गलती के लिए क्षमा चाही है और भविष्य में ऐसी गलती न करने का वादा किया है फिर भी वस्तुस्थिति की गंभीरता की दृष्टि से मैंने मुहर्रिर को गंभीर चेतावनी देने एवं सभी चैक पोस्ट मुहर्रिर को तदनुसार सूचित करने की संस्तुति की है।

पैरा-II दिनांक 28-5-74 को श्री जनेन्द्र सिंह टोडी द्वारा ट्रक संख्या 5122 को बिना एम.एम.-11 के वैरियर से निकल जाने देने के संबंध में मुहर्रिर का स्पष्टीकरण (संलग्न) है को उसने एम.एम.-11 का एक पत्र प्राप्त किया था किंतु उसे तार में नत्थी करने के बजाय उसने पोस्टिंग रजिस्टर में ही रख लिया था। इसलिए पेश (श्रीमान जी के समक्ष) न कर सका था और वस्तुतः 28-5-74 का न होकर मामला 26-5-74 का है। मैंने मुहर्रिर के स्पष्टीकरण का सत्यापन किया तो स्पष्ट हुआ कि मामला 28-5-74 न होकर 26-5-74 का ही है और जनेन्द्र सिंह के बजाय राजेन्द्र सिंह टोडी थे जिन्होंने ट्रक नं. यू.एस.एफ. 5122 द्वारा राधेश्याम को 200 घनफुट मिट्टी के लिए बुक नं. 2 से 26-8-74 को एम.एम.-11 जारी किया की प्रति जो पूछ चैक पोस्ट के तार में नत्थी निकली संलग्न है। मुहर्रिर ने लापरवाही से अनावश्यक कार्य किया अन्यथा वह निरीक्षण के समय ही, प्रभारी अधिकारी के समक्ष इस एम.एम.-11 को प्रस्तुत कर सकता था। इस प्रकार श्री मातादीन नायक मुहर्रिर ने भी कर्तव्य में शिथिलता कर न केवल अपने को चेतावनी का पात्र बनाया है वरन् संदेह पैदा कर दिया है।

पैरा-II निरीक्षण पुस्तिका के संबंध में मुहर्रिर द्वारा प्रभारी अधिकारी को दी गई सूचना नितांत अनुत्तरदायित्वपूर्ण थी। ग्रेजुएट एवं टीचर्स कांस्टीच्युएंसी के बलास्ट वास्ते झांसी से कानपुर ले जाते हुए मैं 29-4-74 को रात्रि के दो बजे (2 ए.एम) जब पूछ से गुजरा तो मैंने श्री हरस्वरूप सिंह यादव मुहर्रिर को (जो उपस्थित मिले थे) मौखिक आदेश दिया था कि निरीक्षण पुस्तिका चैक पोस्ट पर अवश्य रखी जाए। बाद में मैंने सुपरवाइजर को एक रजिस्टर खरीदने के लिए भी निर्देशित कर दिया था। 27-4-74 को पूछा गया भी नहीं ऐसी दशा में मुहर्रिर श्री मातादीन नायक का मुझ पर आरोप या मेरी शिकायत प्रभारी अधिकारी से करने का कोई आधार न था। श्री मातादीन नायक मुहर्रिर ने अपने स्पष्टीकरण (संलग्न) में यह स्पष्ट किया कि 28-5-74 के पूर्व चैक पोस्ट पूछ पर कोई निरीक्षण पुस्तिका बनाई ही

नहीं गई थी और उसने गलती से प्रभारी अधिकारी से कह दिया था कि निरीक्षण पुस्तिका तहसीलदार खनिज ले गए।

खनिज चैक पोस्ट पूछ के मुहर्रिर एवं चपरासी अत्यंत अनुत्तरदायित्वपूर्ण असावधान एवं अनुशासनहीन पाए गए हैं। अनधिकृत अनुपस्थित मनमाने ढंग से कार्य एवं ड्यूटी रोस्टर का पालन करने में असमर्थता एवं आदेशों का उल्लंघन के आदी से बनने हेतु न केवल उनके वेतन से अनुपस्थिति काल के वेतन की कटौती के प्रस्ताव जिलाधिकारी महोदय की सेवा में भेजे जा रहे हैं वरन् उन्हें सेवामुक्त करने पर भी विचारार्थ भी आख्या भेजी जा रही है उससे ऐसे कर्तव्यहीन कर्मचारियों से सरकारी कार्य की क्षति एवं प्रशासन की बदनामी होने की ही आशंका है।

हस्ता.
30-6-74
तहसीलदार (खनिज)
झांसी।

उदाहरण-2

जिलाधिकारी/प्रभारी अधिकारी

श्री क तनय खनिज चैक पोस्ट पूछ में खनिज मुहर्रिर नियुक्त है। श्री विनोद कुमार उसी चैक पोस्ट में खनिज चपरासी है और चैकपोस्ट के सामने ही एक कमरे में अपनी पत्नी के साथ रहता है। चपरासी श्री विनोद कुमार ने खनिज मुहर्रिर श्री क के गंभीर आरोप लगाये हैं कि श्री क पूछ ग्राम के कुछ गुण्डा तत्त्वों के साथ शराब पीकर झगड़ा करते हैं और चपरासी की नामौजूदगी में चपरासी की पत्नी से उसके कमरे पर जाकर गन्दे-गन्दे शब्दों को कहते हैं। और अकेले में इज्जत खराब करने की धमकी देते हैं। गाँव के प्रधान ने उसकी पुष्टि की है कि श्री क मुहर्रिर शराब पीकर औरतों से गंदी बातें करते हैं।

इसके पूर्व दिनांक 3-10-74 को रामनगर घाट के पास रेत के एक मृतक पट्टेदार के पुत्र श्री राधाचरन ने एक लिखित प्रार्थनापत्र दिया था कि श्री क मुहर्रिर अपने एक साथी के साथ दिनांक 30-9-74 को दिन के करीब 11 बजे वेतवाघाट रामनगर गए और मुंशी के पास से एक एम एम-11 की किताब ले गये और किताब वापस करने के लिये 100/- माँग रहे थे। ले जाने की कोई रसीद न दी और मुंशी के द्वारा किताब वापस माँगने पर कहा कि किताब के बदले में 100/- दो तभी किताब वापस हो सकेगी, धमकी दी कि वह सबको जेल भिजवा देंगे। मैंने तुरंत उस प्रार्थनापत्र को सत्यापन प्रार्थी से सत्यापित कराया उसकी शिनाख्त ली और उसी दिन खनिज सुपरवाइजर के साथ पूछ चैक पोस्ट पहुँचा।

जिस समय सायंकाल 6.30 बजे मैं पूछ चैक पोस्ट पहुँचा चैक पोस्ट पर

केवल श्री क हाजिर थे। सुपरवाइजर खनिज श्री नारायन दास कुशवाहा एवं श्री राधाचरन की उपस्थिति में मैंने श्री क, मुहर्रिर से पूछा कि क्या वह किसी साथी के साथ 30.9.74 को रामनगर घाट जाकर श्री बृहकभान मृतक पट्टेदार की एम एम-11 की किताब ले आए हैं तो श्री क ने स्वीकार किया था कि वह श्री मुन्नालाल, खनिज मुहर्रिर के साथ चिरगाँव तक ही जा सकते थे। वृषभान के दलाल चिरगांव में ही मिल गए थे उनसे ही उन्होंने श्री वृषभान के पट्टे को एम एम-11 ठीक से जारी किये जाने के लिए सन्देश कह कर वापस चले गए किंतु उन्होंने किताब लाने से इन्कार किया। जब मैंने उनको क से कहा कि इतनी सी बात एक कागज पर लिखकर दीजिए तो उन्होंने लिखना शुरू कर दिया किन्तु पूरा लिख न पाये, अंधेरा इतना हो गया कि आगे कुछ लिख पाना संभव नहीं हुआ। अतः मोमबत्ती लाने के बहाने पास की दुकान की तरफ गये और तुरन्त ही वापस आये कि मोमबत्ती भी नहीं मिल रही, लालटेन भी नहीं मिली और वह उक्त लिखा हुआ कागज भी फाड़ कर कहीं फेंक आये और कहा कि मैं लिखकर कुछ भी नहीं देना चाहता। मैंने सुपरवाइजर खनिज से मोमबत्ती, लालटेन का प्रबन्ध करने को कहा और मोमबत्ती के प्रकाश से मैंने चाहा कि मैं श्री क का बयान लिपिबद्ध कर लूँ किंतु जब बयान लिखाने को भी श्री क तैयार न हुये तो मैंने उनसे दिनांक 5.10.74 तक स्पष्टीकरण देने के लिए एक आदेश लिखा और एक उन्हें प्रति देकर उनके हस्ताक्षर प्राप्त कर लिए।

श्री क ने डाक द्वारा अपना स्पष्टीकरण भेजा कि मैंने किसी भी प्रकार का बयान देने से इन्कार नहीं किया है। अपने कुछ आरोप मेरे प्रति लगाए हैं वह नितांत असत्य व निराधार हैं। इस प्रकार श्री क ने मुझे झूठा करने का दुष्प्रयास किया है।

मैंने रामनगर घाट में मौके पर जाकर जानकारी करने का प्रयास किया। मुंशी श्री घंसोले पुत्र परसोलो एवं चन्नहें पुत्र रामचरन के बयान लिपिबद्ध किए एवं पूछताछ की। मौके पर उपस्थित लोगों ने इस बात की पुष्टि की कि दो साहब पूछ से आए थे। श्री घंसोले से एम एम-11 की किताब ले गए और किताब वापस करने के लिए 100/-रु. माँग रहे थे। निश्चित ही श्री क, मुहर्रिर पूछ चैक पोस्ट एक साथी के साथ (संभवतः) श्री मुन्ना लाल मुहर्रिर पूछ के साथ रामनगर घाट गए और एम एम-11 की किताब श्री घंसोले से ले गए। श्री क खनिज मुहर्रिर का कर्तव्य केवल यह था कि वह किसी गलत प्रक्रिया या अनियमितता की रिपोर्ट मुझे भेजते या सुपरवाइजर खनिज को देते। उनका यह कर्तव्य न था कि वे स्वयं चिरगांव या रामनगर अथवा किसी अन्य स्थान पर जाकर किसी पट्टेदार से स्वयं बात करने या निरीक्षण करने का अनधिकृत कार्य करते। पूर्वद्रष्टया श्री क मुहर्रिर पर आरोप सिद्ध होते हैं उनके ऐसे अनधिकृत कार्यों से न केवल प्रशासन एवं खनिज विभाग

को कलंकित होना पड़ता है वरन् अनुशासन भंग भी होता है। यद्यपि कल चपरासी ने खनिज लिपिक को राजी नामा हो जाने की लिखित सूचना दी है तथापि शराब पीकर गन्दे शब्द कहना, दूसरे की स्त्री से बात करने का अनैतिक कार्य करके सरकारी कर्मचारियों की आचार संहिता का उल्लंघन भी किया है।

श्री क, खनिज मुहर्रिर जैसे कर्मचारी के सेवारत रहने में सरकारी कार्य का सुचारु रूप से चलना असंभव सा है। ऐसे अनुशासनहीन, अनैतिक कर्मचारी से खनिज विभाग एवं प्रशासन को कलंकित होने की ही आशंका उत्पन्न होती है। अतः यदि यह उचित न समझा जाए कि सारा मामला पुलिस को दे दिया जाय तो कम से कम उक्त मुहर्रिर श्री क को सेवामुक्त कर देना आवश्यक है। श्री क को सत्य छिपाने की प्रवृत्ति के लिए जिलाधिकारी महोदय ने अपने आदेश दिनांक 23.10-74 (नोटिंग साइड पृष्ठ 2 पर) द्वारा उन्हें सेवा से पृथक् करने के लिए कहा ही है श्री 'क' की सेवाएँ बिना पूर्व नोटिस दिए बिना कारण बताए समाप्त की जा सकती हैं।

आदेशार्थ प्रेषित
हस्ता. (सलेख वाजपेयी)
तहसीलदार (खनिज)

(4) भोपाल कलेक्ट्रेट

सचिवालय स्तर की डाक प्राप्ति के परिचय के बाद यह आवश्यक हो कि चर्चा भी की जाएँ। यहाँ यह द्रष्टव्य है कि कुछ नए जिलाधिकारियों ने जो भारतीय प्रशासन सेवा में सीधी भर्ती से चयन किए गए हैं, उन्होंने कुछ परिवर्तन भी कार्यालय-कार्य-विधि में अपने अनुभव के आधार पर किए हैं। यहाँ संक्षेप में जिला भोपाल के मुख्यालय की कार्य-विधि का परिचय दिया जा रहा है।

डायरीकार (आवक लिपिक) डाक-प्राप्ति होते ही प्रत्येक पत्र में निम्नलिखित सील लगाता है लेकिन यह सामान्य डाक के ही सील हैं। रजिस्टर्ड डाक के लिए डाक प्राप्ति सील अलग से है।

सामान्य डाक की सील कार्यालय जिलाध्यक्ष, भोपाल म.प्र. आवक क्रमांक......दिनांक..... शाखा	रजिस्टर्ड डाक के लिए कलेक्ट्रेट, भोपाल प्राप्त किए.......रजि.पत्र/पार्सल वी.पी.पी....डाकघर........से रजिस्टर्ड क्रमांक दि............ अनुभाग.........अधीक्षक

1. डाक के आते ही आवक लिपिक, प्राप्त पत्रों पर उपर्युक्त सील लगाता है, और फिर आवती पंजिका (डायरीरजिस्टर) में उसे चढ़ाता है।

क्रमांक	कहाँ से प्राप्त	पत्र संख्या	पत्र-प्राप्त की तिथि
1	2	3	4
विषय	उत्तर पत्र की संख्या	दिनांक	रिमार्क
5	6	7	8

2. फिर आवक लिपिक सम्पूर्ण बन्द डाक को कार्यालय अधीक्षक के समक्ष प्रस्तुत करता है।
3. कार्यालय अधीक्षक डाक खोलते हैं। कार्यालय अधीक्षक संबंधित सहायक को पत्र मार्क करते हैं।
4. सील्ड पत्र, गोपनीय पत्र, अर्धशासकीय पत्र, अधिकारी के नामवाले पत्र या व्यक्तिगत पत्र, कार्यालय अधीक्षक नहीं खोलते।
5. कार्यालय अधीक्षक फिर संपूर्ण डाक पर आवक लिपिक से शाखा की सील लगवाता है और फिर 'डाकपैड' में कार्यालय अधीक्षक जिलाधीश के अवलोकनार्थ डाक प्रस्तुत करता है।
6. जिलाधीश (कलेक्टर) के यहाँ से डाक लौटने के पश्चात् आवक लिपिक पंजिका (आवक रजिस्टर) में क्रमांक डालता है और फिर संबंधित सहायक को देता है।
7. संबंधित सहायक आवक-रजिस्टर में हस्ताक्षर करके अपने से संबंधित डाक लेता है।
8. कार्यालय-अधीक्षक यदि किसी पत्र को समय-सीमा के अंदर निस्तारण कराना चाहता है तो पत्र के ऊपर समय-सीमा का संकेत लाल स्याही से करता है और 'समय-सीमा' 'रजिस्टर' में कार्यालय अधीक्षक वह तारीख लिख देता है। ये समय-सीमा रजिस्टर हैं :
   (1) विधान-सभा रजिस्टर
   (2) लोक-सभा रजिस्टर
   (3) स्मरण-पत्र रजिस्टर
   (4) अर्धशासकीय पत्र रजिस्टर
9. कार्यालय-अधीक्षक यह देखता है कि समय-सीमा का पालन हुआ या नहीं। शनिवार को कार्यालय अधीक्षक सभी लेबिल मामलों से संबंधित व्यक्तियों को लिखित पत्र द्वारा इसकी सूचना देता है।
10. मंगलवार को कलेक्टर सभी कर्मचारियों के साथ बैठक करते हैं और दोषी

व्यक्तियों को डाँटते हैं और कार्य जल्दी निपटाने के लिए चेतावनी देते हैं।

11. संबंधित क्लर्क भी मामले को जल्दी निपटाने के लिए अपने पास रजिस्टर रखता है और उसी के अनुसार जल्दी से जल्दी कार्य को निपटाता है।

शाखा में वितरण हेतु प्राप्त हुए पत्रों (डाक) की जानकारी दर्शाने वाली पंजी

दिनांक	अनुक्रमांक आवक पंजी का क्रमांक	विभाग/कार्यालय या शाखा जहाँ से पत्र प्राप्त हुआ	पत्र का विवरण		
			क्रमांक	दिनांक	विषय
1	2	3	4	5	6

उत्तर भेजने की तिथि यदि कोई निर्धारित हो	कार्यवाही प्रारम्भ करने की तिथि	उत्तर भेजने की तिथियाँ पत्र का क्रम	नस्ती का क्र. जिसमें पत्र फाइल किया गया
7	8	9	10

टिप्पणी :

कार्यालय के कार्य को व्यवस्थित बनाए रखने के लिए और कार्य को सुसंपादित रूप से किए जाने के लिए सक्षम जिलाधीश समय-समय पर निर्देश देते रहते हैं और वे निर्देश कैसे होते हैं, उसका एक नमूना यहाँ प्रस्तुत किया जा रहा है।

भोपाल दिनांक 20 सितंबर, 79

स्थाई आदेश क्रमांक 1/79

मेरे गत दो माह के अनुभव से यह पाया गया है कि इस कार्यालय एवं संदर्भित अन्य कार्यालयों में लंबे समय तक महत्त्वपूर्ण आवश्यक डाक/पत्र एवं नस्तियों पर बिना कार्यवाही के लिपिकों द्वारा लंबित रखे जाते हैं तथा संबंधित प्रभारी अधिकारियों का अपेक्षित नियंत्रण शिथिल है। इस बाबत व्यापक सुधार हो, निम्न निदेश इस दृष्टि से प्रसारित किये जाते हैं जिनका सभी संबंधितों द्वारा कड़ाई से पालन किया जाए :

(1) नस्तियों के संबंध में :

न्यायाधीन प्रकरणों को छोड़कर जो नियमानुसार पंजीबद्ध किए जाते हैं अन्य सर्व नस्तियाँ तारीखवार एक पंजी में दर्ज की जाए जिसका प्रारूप निम्नानुसार होगा :

कलेक्टरेट भोपाल की..........शाखा में संधारित नस्तियों की पंजी

क्रमांक	नस्ती प्रारम्भ करने का दिनांक	विषय	प्रकरण को नस्तीबद्ध करने के आदेश का दिनांक	अभिलेखागार में जमा करने का विवरण	
				मासिक पोथा बण्डल, फाइल विषय, नस्ती	सामान्य अभिलेखागार लिपिक के प्राप्ति हस्ता. तथा दि.
1	2	3	4	5	6

शाखाओं में आज के दिनांक को जो नस्तियाँ लंबित हैं उन्हें तुरंत तारीखवार दिनांक 20.10.79 के पूर्व व्यवस्थित कर दर्ज किया जावे एवं भविष्य में बनने वाली सभी नस्तियों को नियमित रूप से इसी रजिस्टर में दर्ज किया जाना चाहिए।

संबंधित प्रभारी अधिकारियों द्वारा एक माह में उनके अधीनस्थ सभी शाखाओं की नस्तियों को अवलोकन कर शीघ्र निराकरण की दिशा में कार्यवाही की जावे। जैसा कि दिनांक 20.8.79 की साप्ताहिक बैठक में निर्देशित किया था उसी अनुसरण में नस्तियों की कुल संख्या का 1/20 भाग प्रतिदिन देखा जाकर आगामी कार्यवाही की जाए। नस्ती देखने से यदि यह पाया जाये कि उससे कार्यवाही अद्यतन है तो प्र.अ. केवल देखा.............है लिखकर अपने हस्ताक्षर करेंगे। लम्बित पाई गई नस्तियों में स्वयं नोट शीट लिखकर निराकरण करायेंगे। यदि किसी प्रकरण में अप्रत्याशित विलंब हुआ पाया जाए तो संबंधित लिपिक के विरुद्ध कार्यवाही की जाना अपेक्षित होगा।

(2) दैनिक डाक के संबंध में :

प्रभारी अधिकारियों द्वारा मुझे अवगत कराया गया है कि शाखाओं में प्रतिदिन क्या डाक आती है उन्हें इसकी कोई जानकारी नहीं हो पाती है। इस संबंध में मेरे द्वारा निर्देश जारी किए गए हैं कि प्रत्येक डाक जैसे ही प्राप्त होती है वह संबंधित प्रभारी अधिकारियों को प्रस्तुत कर अवलोकन कराई जाएगी। प्रभारी अधिकारी प्रत्येक डाक कागज पर अपने हस्ताक्षर करेंगे जिससे यह पाया जाय कि उन्होंने समस्त ....डाक देख ली है। जहाँ आवश्यक हो वे डाक पत्रों पर निर्देश अंकित करेंगे।

सभी को ज्ञात होगा कि आवश्यक/महत्वपूर्ण डाक पत्रों पर प्राप्त होने के दिनांक पर ही कार्यवाही प्रारम्भ हो जानी चाहिए एवं आधार पत्रों पर कार्यवाही तीन दिन के भीतर की जानी चाहिए।

अ.शा.पत्र एवं अन्य महत्त्वपूर्ण पत्रों का निस्तारण प्राथमिकता के आधार पर किया जाये इसके लिए यह आवश्यक होगा कि प्रत्येक शाखा में एक डायरी बनवाई

जाये जिसका प्रारूप संलग्न है। ऐसे पत्रों के प्राप्त होते ही तत्काल इसमें दर्ज किया जाये। समयाविधि अंकित की जाए एवं शाखा प्रभारी लिपिक उसे प्रतिदिन देखे कि सभी पत्रों के उत्तर नियत समयावधि में भेज दिये गये हैं। शाखाओं पर नियंत्रण रहे एवं ऐसे सभी पत्रों के उत्तर यथाशीघ्र भेजे जाते हैं यह सुनिश्चित करने के लिए यह आवश्यक होगा कि प्रभारी अधिकारी भी अपनी शाखाओं में प्राप्त होने वाले पत्रों के लिए एक डायरी बनाये और उसे अपनी टेबिल पर रखें एवं प्रतिदिन उसकी जाँच करें।

मैंने पाया कि डाक में प्रतिदिन स्मरण पत्र प्राप्त होते रहते हैं जो इस कार्यालय के लिए अशोभनीय हैं। इन स्मरण पत्रों में लगभग आधे पत्र केवल इसलिए आते हैं कि निर्धारित नियतकालीन समय में वरिष्ठ कार्यालयों को नहीं भेजे जाते हैं। हो सकता है कि अधीनस्थ कार्यालयों से जानकारी प्राप्त न होने के कारण सुधार करने में विलंब होता हो। किंतु यह रवैया अनुचित है कि वरिष्ठ कार्यालय से स्मरण पत्र प्राप्त होने के उपरांत फाइल में कार्यवाही शुरू की जाए एवं फिर यह कहा जाए कि अधीनस्थ कार्यालयों से जानकारी के अभाव में सुधार नहीं हो सकता। होना यह चाहिए कि जो विद दिनांक 0 को प्राप्त होता है तो सामान्यतः अधीनस्थ कार्यालयों से जानकारी प्राप्त करने के लिए 5 या 6 तारीख निश्चित की जाए और यदि इस तारीख तक जानकारी प्राप्त नहीं होती है तो तत्काल स्मरण पत्र भेजा जाए। हर हालत में वरिष्ठ कार्यालयों को निर्धारित दिनांक तक प्रतिवेदन भेजा ही जाना चाहिए। इसके लिए प्रत्येक शाखा में चैकलिस्ट अद्यतन की जावे एवं प्रभारी अधिकारी हर महीने की 5 तारीख को उनके अधीनस्थ शाखाओं की चैकलिस्ट मँगवाकर परीक्षण करें कि सभी पत्र/प्रतिवेदन भेजे गए या नहीं। प्रभारी अधिकारी चैकलिस्टों पर कड़ा नियंत्रण रखेंगे तो पत्रों का समयानुसार जाना संभव होगा।

उपरोक्त निर्देशों का पालन सभी संबंधित द्वारा किया जाए। अवहेलना करने की दशा में उनके विरुद्ध यथोचित कार्यवाही की जाएगी।

हस्ता.
जिलाध्यक्ष

पृ.क्र./अध/79 भोपाल दिनांक

प्रतिलिपि :

1. आयुक्त, भोपाल संभाग की ओर सूचनार्थ।
2. अनुविभागीय अधिकारी तहसीलदार एवं विकास खंड अधिकारी समस्त भोपाल। उनके कार्यालयों से पत्रों के उत्तर नियत समय में आए तथा सीधे इस कार्यालय में प्राप्त हो ऐसी वे कृपया यथोचित तत्काल व्यवस्था करें।
3. समस्त प्रभारी अधिकारीगण

4. सहायक अधीक्षक सामान्य/ राजस्व एवं कार्यालय के समस्त शाखाओं की ओर पालनार्थ।

हस्ता.
जिलाध्यक्ष
भोपाल।

(5) कार्यालय-कार्य-पद्धति के संबंध में स्थायी आदेश, सतना

मध्यप्रदेश के एक दूसरे जिले, सतना की कार्यालय-विधि के संबंध में स्थायी आदेश के अवलोकन करने से इस संबंध में पूरी जानकारी और मिल जाती है।

कार्यालय जिलाध्यक्ष, जिला सतना (म.प्र.)

क्रमांक क्यू/अधीक्षक/86/6050 दिनांक 23.8.86

स्थायी आदेश

पिछले दिनों मुझे प्रस्तुत नस्तियों के अवलोकन से विदित हुआ कि नस्ती संधारण इस कार्यालय में बहुत ही त्रुटिपूर्ण ढंग से किया जा रहा है। अनेकों पत्र जिनमें पूर्व संदर्भ दिया गया है, पूर्व कागजों के बिना पृथक् नस्ती में प्रस्तुत किया जाना पाया गया। बहुत से कक्षों में कोई नस्ती पंजी (फाइल रजिस्टर) नहीं होना पाया गया। जो नस्तियाँ प्रस्तुत की गईं उनमें न तो नोटशीट में और न पत्राचार से कोई पृष्ठ क्रमांक दिया गया है। जिन पत्रों का संदर्भ नोटशीट में दिया जाता है उनमें ध्वज लगाया जाता है जोकि पर्याप्त नहीं है क्योंकि ध्वज लगाने से केवल तात्कालिक संदर्भ में सुविधा होती है और इससे स्थाई संदर्भ नहीं हो पाता है। नस्ती में जो पत्र समय-समय पर बाहर से प्राप्त होते हैं उनमें दिये गये संदर्भ नस्ती में किस पृष्ठ पर हैं, नहीं बताया जाता है। इससे नस्ती के निराकरण में अधिकारियों का समय अत्यधिक नष्ट होता है। यह भी देखा गया कि समयावधि और महत्त्वपूर्ण पत्रों पर समय पर कार्यवाही नहीं की जाती।

जिला कार्यालय मैनुअल के मुताबिक नस्ती संधारण एवं नियमित प्रस्तुतिकरण की कार्यालय अधीक्षक की पूरी जिम्मेदारी है। नस्ती संधारण में जो खामियाँ हैं वे इतनी अधिक हैं कि इसमें तत्काल सुधार लाना संभव प्रतीत नहीं होता है। अतः यह आदेशित किया जाता है कि 30 सितंबर, 86 तक प्राथमिकता के आधार पर निम्न कार्यवाही पूर्ण कर ली जाय और भविष्य में इस आदेश में बनाई गई प्रक्रिया का कड़ाई से पालन किया जाए।

1. प्रत्येक कक्ष में कुल कितनी नस्तियाँ हैं, देखा जाय।
2. प्रत्येक कक्ष में फाइल रजिस्टर खोला जाय जिसमें कक्ष में संधारित सभी नस्तियों का विवरण अंकित हो। ऐसी कोई भी नस्ती कक्ष में नहीं पाई जानी चाहिए जो फाइल रजिस्टर में अंकित न की गई हो।

3. प्रत्येक नस्ती में नस्ती क्रमांक अंकित किया जाय।
4. प्रत्येक नस्ती में नोटशीट और पत्रावली में पृष्ठ क्रमांक अंकित किया जाय।
5. कार्यालय में प्राप्त पत्रों में तथा कार्यालय से भेजे जाने वाले पत्रों में जो संदर्भ दिया गया है वह किस पृष्ठ पर है, इसका उल्लेख पत्र पर ही लाल स्याही से किया जाय अर्थात् सन्दर्भ को रेखांकित करते हुए पृष्ठ क्रमांक अंकित होना चाहिए।
6. विचाराधीन पत्रों पर भी पृष्ठ क्रमांक अंकित किया जाय।
7. नोटशीट में जब भी किन्हीं पत्रों का संदर्भ दिया जाता है, ध्वज लगाने के बजाय पृष्ठ क्रमांक के माध्यम से संदर्भ दिया जाय ताकि स्थाई रूप से नस्ती के परीक्षण में सुविधा हो।
8. जब भी इस कार्यालय से कोई पत्र जारी किए जाते हैं उनका जावक क्रमांक और दिनांक और पृष्ठ क्रमांक नोटशीट में लाल स्याही से अंकित किया जाना चाहिए।
9. जिन नस्तियों में 'आर' पत्र प्रस्तुत किया गया है उसमें आर का ध्वज लगाया जाय और यह ध्वज फाइल के ऊपरी भाग जहाँ फीता बाँधा जाता है, उसके ऊपर लगाया जाय।
10. जिन पत्रों में आर अंकित है, नस्तियाँ इस प्रकार प्रस्तुत की जाएँ कि संबंधित नस्ती कलेक्टर की ओर अंकित दिनांक से 7 दिन के अंदर प्रस्तुत हो जाय। यह 7 दिन का समयावधि केवल नस्ती प्रस्तुत करने के लिए नहीं है बल्कि पत्र में वांछित आवश्यक कार्यवाही पूर्ण कर स्थिति कलेक्टर के समक्ष प्रस्तुत करने के लिए है। ऐसे पत्रों में यदि कलेक्टर स्तर पर कार्यवाही आवश्यक हो तो प्रस्तावित कार्यवाही आवश्यकतानुसार पत्र प्रारूप के साथ प्रस्तुत कर दी जानी चाहिए। यदि ऐसे कागज रोटीन स्वरूप के कार्य से संबंधित हों और फिर भी कलेक्टर के हस्ताक्षर की आवश्यकता हो तो स्वच्छ प्रतियों के साथ ही प्रस्तुत किए जाने चाहिए।
11. जिन पत्रों में आर-तत्काल अंकित है, उनमें उपरोक्त कार्यवाही आर अंकित दिनांक से 3 दिन के अंदर हो जानी चाहिए।
12. जिन पत्रों आर (टूडे) अंकित है, उनके संबंध में संबंधित प्रभारी अधिकारी को उसी दिन क्लेक्टर से व्यक्तिगत मिलकर चर्चा कर ली जानी चाहिए और निर्देशानुसार तुरंत कार्यवाही की जानी चाहिए। ऐसे पत्रों में यदि प्रभारी अधिकारी द्वारा चर्चा आवश्यक नहीं समझी जाय तो उसी दिन अपने स्तर पर कार्यवाही कर कलेक्टर को सूचित कर दिया जाना चाहिए। यदि उस दिन कलेक्टर दौरे पर या अन्य महत्त्वपूर्ण कार्य में व्यस्त हो तो प्रभारी अधिकारी अतिरिक्त जिलाध्यक्ष से मिले और की गई कार्यवाही

की सूचना अतिरिक्त जिलाध्यक्ष द्वारा कलेक्टर को यथाशीघ्र दी जाएगी।

13. जिन पत्रों में आर अंकित है उनकी एक पंजी कलेक्टर के स्टेनो द्वारा संधारित की जाएगी। कलेक्टर द्वारा डाक देखे जाने के बाद स्टेनो डाक देखेंगे और आर पत्रों को पंजी में दर्ज कर आर का क्रमांक और दिनांक पत्र में अंकित कर देंगे। आर पत्रों को स्टेनो द्वारा संबंधित प्रभारी अधिकारी को व्यक्तिगत उत्तरदायित्व होगा कि वे देखें कि समस्त आर पत्र समयावधि में उपरोक्त निर्देशानुसार प्रस्तुत कर दिए जाएँ।

14. अधीक्षक एवं सहायक अधीक्षक से प्रभारी अधिकारी को भेजे जाने वाली नस्तियों का एक मूवमेंट रजिस्टर अधीक्षक एवं सहायक अधीक्षक के पास रखा जायेगा। जिसमें नस्ती क्रमांक जो प्रभारी अधिकारी को भेजी गई और दिनांक अंकित रहेगा। इस पंजी में प्रभारी अधिकारी का प्रवाचक अथवा उनके द्वारा इस हेतु विशेष्य रूप से अधिकृत किए लिपिक हस्ताक्षर करेंगे।

15. प्रभारी अधिकारी जब नस्ती कलेक्टर को प्रेषित करेंगे, इसका विवरण प्रभारी अधिकारी के प्रवाचक या उनके द्वारा अधिकृत लिपिक द्वारा संधारित मूवमेंट पंजी में लिखा जाएगा और कलेक्टर के स्टेनो को प्रेषित किया जायेगा। इस पंजी में कलेक्टर के स्टेनो द्वारा अभिस्वीकृति के हस्ताक्षर किये जाएँगे।

16. कलेक्टर द्वारा संबंधित नस्तियों में आदेश देने के बाद नस्तियाँ प्रभारी अधिकारी को अंकित की जाएँगी और कलेक्टर के स्टेनो द्वारा प्रभारी अधिकारी को नस्ती भेजकर उनकी अभिस्वीकृति प्राप्त की जाएगी और इस हेतु कलेक्टर के स्टेनो द्वारा भी एक पंजी संधारित की जाएगी।

17. कलेक्टर के स्टेनो और प्रभारी अधिकारी के प्रवाचक लिपिक द्वारा जिन नस्तियों के प्राप्ति की अभिस्वीकृति दी गई है उनका भी विवरण उनके द्वारा संधारित मूवमेंट रजिस्टर में रहेगा।

18. प्रभारी अधिकारी और कलेक्टर के पास जब नस्ती पहुँचती है तब नोटशीट के हाशिये में प्रभारी अधिकारी/कलेक्टर की मोहर (रबर स्टैम्प) रहेगी जिसमें नस्ती प्राप्त करने का और भेजने का दिनांक अंकित रहेगा।

19. प्रभारी अधिकारी द्वारा एक व्यक्तिगत डायरी भी रखी जाएगी जिसमें ऐसे मामले जो महत्त्वपूर्ण हैं जिस पर उनके और कलेक्टर स्तर पर कार्यवाही आवश्यक है, अंकित रहेंगे। इन मामलों पर प्रभारी अधिकारी स्वयं ध्यान देंगे और प्रतिवेदन यह देखेंगे कि प्रकरण किस स्तर पर क्यों लंबित है, क्या लंबित होने के लिए कोई उचित कारण है और किस प्रकार उसमें गति लाई जाय। इस प्रकार समयावधि पत्रों पर निर्धारित अवधि में इस

कार्यालय द्वारा कार्यवाही सुनिश्चित करने के अलावा अनुसरण (फालोअप) की भी जिम्मेदारी प्रभारी अधिकारी की रहेगी। यदि अधीनस्थ कार्यालय से या अन्य विभागीय कार्यालय से समयावधि में पत्रोत्तर या आवश्यक कार्यवाही नहीं होती तो यथास्थिति दूरभाष, वायरलेस या विशेष वाहक के माध्यम से त्वरित कार्यवाही करना प्रभारी अधिकारी का कर्तव्य होगा।

20. समयावधि पत्रों पर समय पर ठोस कार्यवाही करने के लिए आवश्यक है कि अधीनस्थ एवं अन्य विभागीय कार्यालय भी इस मामले के महत्त्व को समझे। आर अंकित पत्रों में जब अन्य कार्यालय से कार्यवाही/जानकारी अपेक्षित है उन्हें स्पष्ट कर दिया जाय कि पत्र आर अंकित है और महत्त्वपूर्ण है। ऐसे पत्रों में तत्काल संबंधित कार्यालयों द्वारा कार्यवाही किया जाना अपेक्षित है।

21. उक्त निर्देशों में नस्ती संधारण से संबंधित बिन्दु कार्यालय अधीक्षक की सीधी जिम्मेदारी है और अपेक्षा की जाती है कि 30 सितम्बर, 86 तक वर्तमान में प्रचलित सारी अव्यवस्थाएँ वे दूर कर दें। मैं माह अक्टूबर, 86 के प्रथम सप्ताह में कार्यालय के विभिन्न कक्षों का निरीक्षण करूँगा और तब मुझे कथित त्रुटियाँ नहीं मिलनी चाहिए।

22. उपरोक्त निर्देश जिला कार्यालय के संबद्ध कार्यालय जैसे पंचायत, आबकारी, जिला ग्रामीण अभिकरण, खाद्य खनिज, आदिम जाति एवं कल्याण इत्यादि के लिए भी लागू होंगे।

हस्ता./-

जिलाध्यक्ष, सतना

क्रमांक क्यू/अधीक्षक/86/6050 सतना दिनांक 23.8.86 प्रतिलिपि–

1. अतिरिक्त जिलाध्यक्ष सतना।
2. समस्त अनुविभागीय अधिकारी जिला सतना।
3. समस्त प्रभारी अधिकारी जिला कार्यालय सतना।
4. मुख्य कार्यपालन अधिकारी, जिला ग्रामीण विकास अभिकरण, सतना।
5. जिला पंचायत एवं समाज सेवा अधिकारी, सतना।
6. जिला आबकारी, अधिकारी, सतना।
7. खाद्य अधिकारी, सतना।
8. खनिज अधिकारी, सतना।
9. संयोजक, आदिम जाति कल्याण, सतना।
10. समस्त तहसीलदार जिला सतना।
11. समस्त विकास खंड अधिकारी जिला सतना।
12. अधीक्षक जिला कार्यालय सतना।

13. सहायक अधीक्षक (दोनों) जिला कार्यालय सतना।
14. स्टेनो टू कलेक्टर, सतना।
15. समस्त प्रथम श्रेणी लिपिक, जिला कार्यालय सतना सूचनार्थ एवं आवश्यक रूप से पालनार्थ।

हस्ता.
जिलाध्यक्ष
जिला सतना (म.प्र.)

जिला स्तर

पदोन्नति :

जिला पदोन्नति समिति द्वारा द्वितीय श्रेणी लिपिक पद पर पदोन्नति हेतु प्रस्तावित नाम पर क्रमांक-6 (अ) का अवलोकन किया।

समिति द्वारा की गई अनुशंसा के आधार पर श्री रामचरन लाल शर्मा भृत्य तहसील ग्वालियर तथा श्री वैदेहीशरण शर्मा, भृत्य (विकलांग) तहसील भान्डेर को द्वितीय श्रेणी लिपिक के पद पर पदोन्नति की जाती है।

श्री रामपाल सिंह सेंगर, भृत्य तहसील डबरा की पदोन्नति पूर्व में जिला पदोन्नति समिति की अनुशंसा के आधार पर कार्यालयीन आदेश क्रमांक क्यू/स्था./छे-2/18/84 दिनांक 15.2.85 द्वारा द्वितीय श्रेणी लिपिक के पद पर की गई थी। किन्तु उक्त पद की कमी में आने के कारण व श्री सेंगर कनिष्ठतम होने के फलस्वरूप पुनः भृत्य के पद पर प्रत्यावर्तित किया गया था।

वर्तमान में जिला कार्यालय में द्वितीय श्रेणी लिपिक का पद रिक्त है। इस कारण नोटशीट के पृष्ठ क्रमांक-4 के पैरा-9 में पदोन्नति समिति की अनुशंसा श्री सेंगर को द्वितीय श्रेणी लिपिक के पद पर पदोन्नति किया जाता है।

प्रभारी अधिकारी, स्थापना शाखा आदेश जारी करें।

हस्ता.
कलेक्टर,
जिला ग्वालियर

कार्यालय कलेक्टर, जिला ग्वालियर, म.प्र.

क्रमांक क्यू/स्था./छे-2/30/86 ग्वालियर दिनांक 12 जून, 1986

आदेश :

1. विभागीय पदोन्नति समिति के निर्णयानुसार श्री रामपाल सिंह सेंगर, भृत्य तहसील डबरा को द्वितीय श्रेणी लिपिक पद पर पदोन्नति किया जाकर उनके नाम के सम्मुख अंकित स्थान पर पदस्थ किया जाता है :

क्रम सं.	नाम कर्मचारी	वर्तमानपद स्थापना	नवीन पदस्थापना

1. श्री रामपालसिंह सेंगर भृत्य तहसील डबरा तहसील डबरा (भितरवार)

2. म.प्र. शासन सामान्य प्रशासन विभाग भोपाल के आदेश क्रमांक 477/1037/एक (3)/75 दिनांक 18.7.85 में निहित निर्देशों के पालन में यह प्रमाणित किया जाता है कि उपरोक्त पदों के संबंध में हरिजन आदिवासियों के पद आरक्षण संबंधी आदेशों का पालन किया गया है।

3. यह आदेश तत्काल प्रभावशील होगा।

हस्ता.
कलेक्टर
जिला ग्वालियर

पृ.क्र. क्यू/स्था/छे-2/30/86 ग्वालियर दिनांक 12 जून, 1986

प्रतिलिपि :

(1) अनुविभागीय अधिकारी, डबरा।
(2) तहसीलदार, डबरा, भितरवार, की ओर सूचनार्थ एवं आवश्यक कार्यवाही हेतु।
(3) संबंधित कर्मचारी की ओर पालनार्थ।
(4) संबंधित कर्मचारी की व्यक्तिगत नस्ती में शामिल हेतु।

हस्ता.
क्लेक्टर
जिला ग्वालियर

अनुशासनात्मक कार्यवाही

कार्यालय जिला निर्वाचन अधिकारी जिला ग्वालियर (म.प्र.)

क्रमांक क्यू/निर्वाचन/4-13/3/1985 ग्वालियर दिनांक 15.3.85

प्रति,

प्रभारी अधिकारी,
स्थापना शाखा कलेक्ट्रेट ग्वालियर

विषय : श्री एस.के.कथूरिया, द्वि.श्रे.लि. कलेक्ट्रेट ग्वालियर के विरुद्ध कार्यवाही किये जाने के संबंध में।

विधान सभा निर्वाचन 1985 के टाइपिंग कार्य हेतु श्री एस.के. कथूरिया, द्वि.श्रे.लि. कलेक्ट्रेट, ग्वालियर को निर्वाचन शाखा में अटैच किया गया था। श्री कथूरिया दिनांक 8.2.85 से बिना अनुमति प्राप्त किए कार्यालय से अनुपस्थित हैं। इनकी ओर से एक आ दन पत्र दिनांक 11.2.85 को इस कार्यालय को प्राप्त हुआ है जिसमें तबी । खराब होने का उल्लेख करते हुए दिनांक 8.2.85, 11. 2.85 एवं 12.2.85 तीन दिवस का आकस्मिक अवकाश स्वीकृत करने का उल्लेख

किया गया है।

इसके पूर्व विधान सभा 1985 की पूरक निर्वाचक नामावलियों के टाइपिंग कार्य हेतु दिनांक 26 एवं 27 जनवरी, 1985 को उनकी ड्यूटी निर्वाचन कार्यालय में लगाई गई थी। उस समय भी ये कार्यालय में उपस्थित नहीं हुए।

इस प्रकार इनके द्वारा राष्ट्रीय महत्त्व के निर्वाचन कार्य को समयावधि में पूर्ण किए जाने में उदासीनता एवं लापरवाही बरती गई है और आज दिनांक तक ये कार्यालय में उपस्थित नहीं हुए हैं।

अतः श्री कथूरिया को भारमुक्त किया जाता है और इनके विरुद्ध अनुशासनात्मक कार्यवाही करने का कष्ट करें। संलग्नक—इनका आवेदन पत्र भेजा जा रहा है।

हस्ता.
उप जिला निर्वाचन अधिकारी
जिला ग्वालियर

कार्यालय कलेक्टर, जिला ग्वालियर (म.प्र.)

क्रमांक क्यू/स्थापना/छे-2/पी.एफ./85 ग्वालियर दिनांक 15.4.85

प्रति,

उप निर्वाचन अधिकारी,
कलेक्ट्रेट, ग्वालियर

विषय : श्री एस.के. कथूरिया, द्वितीय श्रेणी लिपिक, कलेक्ट्रेट ग्वालियर के विरुद्ध कार्यवाही किये जाने बाबत।

संदर्भ : आपका पत्र क्रमांक क्यू/निर्वाचन/4-13/3/85 दिनांक 15.3.85

उपरोक्त विषय में श्री एस.के. कथूरिया, द्वितीय श्रेणी लिपिक के द्वारा विधान सभा निर्वाचन कार्य 1985 में टाइपिंग संबंधी महत्त्वपूर्ण कार्य को समयावधि में पूर्ण नहीं किया गया व कार्य के प्रति उदासीनता एवं लापरवाही बरती गई।

अतः श्री एस.के. कथूरिया के विरुद्ध लोक प्रतिनिधित्व अधिनियम के अंतर्गत न्यायालय में अभियोजन दायर करें।

अतः श्री एस.के. कथूरिया के निलम्बन संबंधी आदेश पृथक् से जारी किए जा रहे हैं।

(कलेक्टर द्वारा आदेशित)

हस्ता.
डिप्टी कलेक्टर
वास्ते कलेक्टर जिला ग्वालियर

कार्यालय कलेक्टर, जिला ग्वालियर (म.प्र.)

क्रमांक क्यू/स्थापना/छे-2/पी.एफ/85 ग्वालियर दिनांक 16 अप्रैल, 85

आदेश

श्री एस.के. कथूरिया, द्वितीय श्रेणी लिपिक (टाइपिस्ट) कलेक्ट्रेट ग्वालियर को विधान सभा निर्वाचन 1985 के टाइपिंग कार्य हेतु निर्वाचन शाखा में अटैच किया था। किंतु दिनांक 8.2.85 से बिना पूर्व अनुमति प्राप्त किए कार्यालय से अनुपस्थित हैं। इस कारण विधान सभा निर्वाचन अत्यावश्यक टाइपिंग कार्य में विलंब हुआ है।

इनके द्वारा राष्ट्रीय निर्वाचन कार्य को समयावधि में पूर्ण न करने बाबत उदासीनता एवं लापरवाही बरती गई है।

अतएव श्री एस.के. कथूरिया को उनके अनुपस्थित दिनांक 8.2.85 से निलंबित किया जाता है। निलंबन अवधि में इनका मुख्यालय ग्वालियर रहेगा व इन्हें नियमानुसार निलंबन भत्ता प्राप्त करने की पात्रता होगी।

हस्ता.
कलेक्टर,
जिला ग्वालियर (म.प्र.)

प्रतिलिपि :

(1) प्रभारी अधिकारी, टाइपिंग शाखा/एकाउन्ट शाखा कलेक्ट्रेट ग्वालियर।
(2) प्रभारी अधिकारी, निर्वाचन शाखा, कलेक्टोरेट, ग्वालियर।
(3) श्री एस.के. कथूरिया, द्वितीय श्रेणी लिपिक, कलेक्ट्रेट ग्वालियर निवास–19-ए आदर्श कालोनी लश्कर की ओर सूचनार्थ एवं पालनार्थ। अपनी नियमित उपस्थित हेतु कार्यालय में सूचना देवे।
(4) व्यक्तिगत फाइल हेतु।

हस्ता.
कलेक्टर
जिला ग्वालियर (म.प्र.)

कार्यालय कलेक्टर, जिला ग्वालियर, म.प्र.

क्रमांक क्यू/स्थापना/छे-2/पी.एफ/85 ग्वालियर दिनांक 30.4.1985

प्रति,

श्री सुरेश कुमार कथूरिया,
द्वि.श्रे.लि., कलेक्ट्रेट ग्वालियर।
निवास-19ए आदर्श कालोनी लश्कर।

1. एतत द्वारा आपको सूचित किया जाता है कि आपके विरुद्ध म.प्र. सिविल सेवा (वर्गीकरण, नियंत्रण तथा अपील) नियम 1966 के अंतर्गत अनुशासनात्मक कार्यवाही की जानी प्रस्तावित है। आपके विरुद्ध तैयार किए गए आरोपी जिनके आधार पर यह कार्यवाही प्रस्तावित है, का विवरण

संलग्न है। आरोप का विवरण गवाह सूची भी संलग्न है।

2. म.प्र. सिविल सेवा (वर्गीकरण, नियंत्रण एवं अपील) नियम 1966 के नियम 14 (4) के अनुसार आपको सूचित किया जाता है, आप इस पत्र की प्राप्ति से 15 दिन की अवधि में अपने बचाव के संबंध में लिखित उत्तर प्रस्तुत कर सकते हैं। आप लिखित रूप में यह भी सूचित करें कि क्या आप व्यक्तिगत रूप से सुनवाई के इच्छुक हैं। आपके द्वारा अपने बचाव पक्ष में उक्त अवधि के अंदर लिखित उत्तर प्रस्तुत नहीं किया गया तो नियम 14(4) (बी) के अंतर्गत एक पक्षीय कार्यवाही की जावेगी।

संलग्न :

1. आरोप पत्र
2. अभियोग पत्र
3. साक्ष्य सूची

हस्ता.
कलेक्टर,
जिला ग्वालियर (म.प्र.)

कार्यालय कलेक्टर, जिला ग्वालियर (म.प्र.)

प्रकरण क्रमांक (6-2) पी.एफ./85 दिनांक 30.4.85

श्री सुरेश कुमार कथूरिया, द्वितीय श्रेणी लिपिक कलेक्ट्रेट, ग्वालियर (निलंबित) के विरुद्ध विभागीय जाँच।

आरोप पत्र

आरोप क्रमांक-1

यह कि श्री सुरेश कुमार कथूरिया को विधान सभा निर्वाचन 1985 में निर्वाचन शाखा में टाइपिंग कार्य हेतु अटैच किया गया था। श्री कथूरिया बिना पूर्व अनुमति प्राप्त किए निर्वाचन कार्यालय से अनुपस्थित रहे। वर्तमान में भी अनुपस्थित हैं। निर्वाचन जैसे राष्ट्रीय महत्त्वपूर्ण कार्य से इस प्रकार अनुपस्थित होना शासकीय कार्य के प्रति लापरवाही एवं उदासीनता का द्योतक है। श्री कथूरिया का उक्त कृत्य म.प्र. सिविल सेवा (आचरण) नियम 1965 के नियम 3 (1) (एक) व 3 (1) (दो) का उल्लंघन है।

आरोप क्रमांक-2

यह कि श्री कथूरिया को विधान सभा 1985 में निर्वाचन शाखा द्वारा दिया गया टाइपिंग कार्य नहीं किया गया व ड्यूटी पर अनुपस्थित रहे। जो कदाचार का द्योतक है। उक्त कृत्य म.प्र. सिविल सेवा (आचरण) नियम 1965 के नियम 3 (1) (एक) (दो) का स्पष्ट उल्लंघन है। पूर्व में आपको बिना अनुमति अनुपस्थित रहने के कारण चेतावनी दी गई थी कि यदि पुनरावृत्ति की गई तो सेवा से पृथक् करने

की कार्यवाही की जावेगी।

अतः क्यों न आपकी सेवाएँ समाप्त कर दी जाएँ।

हस्ता.
कलेक्टर,
जिला ग्वालियर

कार्यालय कलेक्टर, जिला ग्वालियर (म.प्र.)

प्रकरण क्रमांक (छे-1) पी.एफ./85 दिनांक 30.4.85

अभियोग बिवरण पत्र

श्री सुरेश कुमार कथूरिया, द्वितीय श्रेणी लिपिक कलेक्ट्रेट, ग्वालियर (निलंबित) के विरुद्ध निम्नलिखित अभियोग पत्र आरोपित किए जाते हैं :

(1) श्री कथूरिया को विधान सभा 1985 के निर्वाचन शाखा के आदेश क्रमांक क्यू/निर्वाचन 4/22/3/85 दिनांक 25.1.85 द्वारा टाइपिंग कार्य हेतु अटैच किया गया था। श्री कथूरिया दिनांक 8.2.85 से बिना अनुमति प्राप्त किए अपनी ड्यूटी से अनुपस्थित रहे वर्तमान में भी अनुपस्थित हैं। राष्ट्रीय महत्त्वपूर्ण निर्वाचन जैसे कार्य को कोई महत्त्व नहीं दिया गया। इस प्रकार की कार्यवाही शासकीय कार्य में उदासीनता एवं लापरवाही का द्योतक है। अपने कर्तव्य से उदासीनता एवं लापरवाही के कारण म.प्र. सिविल सेवा (आचरण) नियम 1965 के नियम 3 (1) (एक) व 3 (1) (दो) का स्पष्ट उल्लंघन किया है।

(2) उप जिला निर्वाचन अधिकारी कलेक्ट्रेट ग्वालियर द्वारा विधान सभा 1985 की पूरक निर्वाचन नामावलियों के टाइपिंग कार्य हेतु दिनांक 26 एवं 27 जनवरी 1985 को श्री कथूरिया की ड्यूटी लगाई गई किंतु उक्त दिनांक को भी कार्यालय में उपस्थित नहीं हुए व दिनांक 8.2.85 से बिना अनुमति प्राप्त किए ड्यूटी से अनुपस्थित रहे। श्री कथूरिया द्वारा राष्ट्रीय महत्त्वपूर्ण निर्वाचन कार्य में अपने कर्तव्य का पालन न करते हुए अपने वरिष्ठ के आदेशों का पालन नहीं किया। इस प्रकार शासकीय कार्य के प्रति उदासीनता एवं लापरवाही म.प्र. सिविल सेवा (आचरण) नियम 1965 के नियम 3 (1) (एक) व 3 (1) (दो) का स्पष्ट उल्लंघन है।

हस्ता.
कलेक्टर

साक्ष्य सूची :

(1) श्री मंगल चन्द्र गुप्ता 'इलेक्शन सुपरवाइजर'

(2) श्री एस.एन. कवड़ीकर, अधीक्षक

अभिलेख सूची :

(1) व्यक्तिगत पत्रिका

(2) श्री कथूरिया को निर्वाचन में अटैच करने संबंधी आदेश पत्र।

हस्ता.

कलेक्टर,

जिला ग्वालियर (म.प्र.)

जिला स्तर-विभागीय कार्यवाही

राम सिंह

विभागीय अधिकारी

डबरा

अर्ध.शा.पत्र. क्रमांक क्यू/मेमो/
8.18.76 डबरा दिनांक
13.4.1976

विषय : कुर्क अमीन श्री रतनसिंह सिकरवार द्वारा शासकीय वसूली कार्य में की गई अनियमितताओं के संबंध में।

प्रिय श्री क्षेत्रपाल,

इस तहसील में पिछले भ्रमण के समय कुर्क अमीन श्री रतनसिंह सिकरवार द्वारा शासकीय वसूली में की गई अनियमितताओं के संबंध में आपसे चर्चा की गई थी जिस पर आपने यह आदेश दिए थे कि संबंधित के विरुद्ध आरोप पत्र आदि तैयार कर प्रकरण भेजा जाए।

श्री रतनसिंह इस तहसील में दिनांक 27.7.75 से भाण्डेर तहसील से स्थानांतरण होने के पश्चात् पदस्थ हुए थे। नायब तहसीलदार की रिपोर्ट के अनुसार बिना किसी अधिकारी के भ्रमण अनुमोदित कराए न भ्रमण डायरियों को प्रस्तुत किया है (इच्छानुसार भ्रमण करने के आदी है) तथा दिनांक 12.3.76 से आज तब बिना किसी सूचना के कार्यालय से अनुपस्थित हैं। आयुक्त महोदय ने अपने गत निरीक्षण के समय उनके कार्य को असंतोषजनक होने से खामियों को पूर्ण करने के निर्देश दिए थे। श्री सिकरवार ने प्रभारी अधिकारी श्री बी.के.गुप्ता, नायब तहसीलदार के आदेश उपरांत कैशबुक एवं कट्टे चालान आदि निरीक्षण हेतु प्रस्तुत नहीं किए हैं तथा उनके द्वारा जारी किए हुए कारण बताओ सूचना पत्र श्री सिकरवार ने दिनांक 8.3.76 को प्राप्त किए थे आजपर्यंत कोई जवाब पेश नहीं किया है और न कार्यालय में उपस्थित हुए हैं।

दिनांक 25.3.76 को तहसीलदार द्वारा जारी नोटिस उन पर इस कारण तामील नहीं हो सकी है कि डबरा में उनका कोई स्थाई निवास का पता नहीं है और इस कार्यालय में स्थाई पता भी नहीं है। श्री सिकरवार द्वारा इस प्रकार वसूली संबंधी अनियमितताएँ भांडेर में भी की गई हैं जोकि लोकल आडिट रिपोर्ट से स्पष्ट है। धनीराम गजाधर निवासी भितरवार से आवेदन पत्र दिनांक 1.4.76 प्राप्त हुआ है जिससे प्रतीत होता है कि उनके द्वारा दो माह पूर्व वसूल की गई धनराशि की रसीद कृषक को नहीं दी गई है। हरनारायण पुत्र रामदयाल निवासी कुँजरा ने शपथ पत्र पेश किया है कि श्री सिकरवार ने उससे तकाबी के 100.00 रुपए वसूल किए थे जबकि उसे रसीद 99.50 रुपये की दी गई है इस प्रकार जगराम

पुत्र रामचरन निवासी कोसा ने एक आवेदन पत्र पेश किया है कि इससे श्री सिकरवार ने 70 रुपये बीज वसूली के डेढ़ माह पूर्व प्राप्त किए थे परंतु उसे आज तक रसीद नहीं दी गई है।

श्री सिकरवार द्वारा लगभग 3 माह पूर्व वसूली की गई राशि खजाने में जमा नहीं की गई जोकि गबन की परिभाषा में आता है। नायब तहसीलदार की रिपोर्ट के अनुसार श्री सिकरवार द्वारा कोई रिकार्ड प्रस्तुत नहीं करने से यह कहा जा सकता है कि उनके द्वारा कितनी धनराशि जमा खजाने में जमा नहीं की गई है।

इस प्रकार स्पष्ट है कि श्री सिकरवार द्वारा शासकीय वसूली कार्य में गंभीर अनियमितताएँ बरती गई हैं एवं वरिष्ठ अधिकारियों के आदेशों की अवहेलना की गई है। श्री सिकरवार का इस कार्यालय में बिना किसी सूचना अथवा समुचित आदेश अनुपस्थित रहना शासकीय कार्य के प्रति उदासीनता एवं लापरवाही का द्योतक तो है ही साथ ही साथ अनुशासनहीनता भी है। अतः श्री सिकरवार के विरुद्ध तामील वैधानिक एवं आपराधिक कार्यवाही किए जाना उचित होगा तथा श्री सिकरवार के स्थान पर डबरा में किसी अन्य कर्मचारी की पद स्थापना किए जाने की कृपा करें।

श्री सिकरवार के विरुद्ध यदि उचित समझा जाय तो प्रकरण पुलिस को दे दिया जाय। अभियोग पत्र आरोप पत्र तैयार कराए जाकर अवलोकनार्थ एवं आवश्यक कार्यवाही हेतु प्रस्तुत है।

शुभ कामनाओं सहित।

भवनिष्ठ

हस्ता. (रामसिंह)

प्रति,

श्री अरुण क्षेत्रपाल

कलेक्टर, ग्वालियर

कार्यालय कलेक्टर, जिला ग्वालियर (म.प्र) तत्काल

क्रमांक क्यू/स्था.(ई-1)/75-76 दिनांक 20.4.76

प्रति,

श्री रतन सिंह सिकरवार,

प्रथम श्रेणी लिपिक,

तहसील डबरा

द्वारा, तहसीलदार डबरा

विषय : शासकीय धन अवैध रूप से अपने पास रखे रहने के बाबत

तहसील से प्राप्त ज्ञापन से यह पाया गया है कि आप दिनांक 12.3.76 से बिना पूर्व स्वीकृति प्राप्त किए ड्यूटी से अनुपस्थित हैं। इतना ही नहीं आप अपने पास लगभग 1655.00 शासकीय धन जो आपने कुर्क अमीन की हैसियत से गत 3 माह पूर्व वसूल किया था, अपने पास अवैध रूप से रखे हुए हैं। उक्त रकम आपने वसूल करने के तुरंत बाद खजाने में किन परिस्थितियों में जमा नहीं की

7 (सात) दिवस में उत्तर प्रस्तुत करें।

कलेक्टर द्वारा आदेश पारित

हस्ता.
डिप्टी कलेक्टर
जिला ग्वालियर

प्रतिलिपि :

प्रतिलिपि तहसीलदार डबरा की ओर भेजी जाकर लिखा जाता है कि श्री रतनसिंह सिकरवार, प्र.श्रे.लि. को संबोधित पत्र संलगन है यह उनको तत्काल वितरण किया जाकर उनकी अभिस्वीकृति प्राप्त कर इस कार्यालय को भेजें।

सं.-1

हस्ता.
डिप्टी कलेक्टर
वास्ते कलेक्टर
जिला ग्वालियर

कार्यालय तहसीलदार परगना डबरा मंडल ग्वालियर म.प्र.

क्रमांक क्यू/ना.ना./76 डबरा, दिनांक 28 अप्रैल, 1976

प्रति,
स्टेशन आफीसर,
पुलिस स्टेशन डबरा

विषय : **श्री रतनसिंह सिकरवार, कुर्क अमीन तहसील डबरा द्वारा की गई गैर कानूनी कार्यवाही के संबंध में।**

उपरोक्त विषय में लेख है कि श्री रतनसिंह सिकरवार इस कार्यालय में दिनांक 21.7.75 से नाजिर के पद पर तैनात हैं। दिनांक 11.3.76 को उनके द्वारा रु. 23,946=13 रकम जमा की गई तथा लगभग रु. 1655.00 जमा करने को शेष रह गए थे, जोकि उनके पास ही हैं।

वह दिनांक 11.3.76 को कार्यालय में उपस्थित थे पर उसके बाद से वह निरंतर कार्यालय से गायब रहे। तलाश करने पर भी उनका कोई पता नहीं चला। इसके बाद भी उन्होंने रकम वसूली की अथवा नहीं कोई पता नहीं चल पा रहा है। भ्रमण पर जाने के पूर्व कैशबुक चैक कराने के स्पष्ट आदेश हैं परंतु श्री रतनसिंह सिकरवार ने अभी तक अपनी कैशबुक चैक नहीं कराई। दिनांक 12.3.76 से आज तक श्री सिकरवार का कोई पता नहीं चल पा रहा है। साथ ही वह शासकीय रसीद कट्टा नं. 7312, 7348, 8004, 5701 (कुल चार कट्टे) कैशबुक एवं चालान फाइल अपने पास रखे हुए हैं जिनकी चैकिंग नहीं हो सकी।

श्री सिकरवार कितना शासकीय धन लेकर गायब हैं। उपरोक्त कारणों से स्पष्ट नहीं लिखा जा सकता है। अतः शासकीय धन लेकर एवं शासकीय कागजात लेकर

गायब होने के कारण उचित कार्यावाही करने का कष्ट करें तथा उनसे समस्त सरकारी कागजात एवं रकम को वापस करवाने का कष्ट करें तथा की गई कार्यवाही से इस कार्यालय को समय-समय पर अवगत कराते रहें।

हस्ता.
तहसीलदार
परगना डबरा

प्रतिलिपि :

कलेक्टर महोदय, मंडल ग्वालियर की ओर सूचनार्थ प्रेषित। अधिकारी महोदय को श्रीमान द्वारा दूरभाष पर दिए गए आदेश के पालन में।

हस्ता.
तहसीलदार
परगना डबरा

कार्यालय कलेक्टर, जिला ग्वालियर म.प्र.

क्रमांक क्यू/स्था. (ई-2)25/76 ग्वालियर दिनांक 6.5.76

प्रति,

श्री रतन सिंह सिकरवार,
प्र.श्रे.लि. तहसील डबरा
द्वारा : तहसीलदार, डबरा

विषय : बिभागीय कार्यवाही।

तहसील डबरा में कुर्क अमीन के पद पर कार्यरत रहते हुए आपके द्वारा की गई अनियमितताओं के संबंध में आपके विरुद्ध म.प्र. सिविल सेवा (वर्गीकरण, नियंत्रण तथा अपील) नियम 1966 के अंतर्गत विभागीय जाँच किये जाने का निर्णय लिया गया है। तदनुसार आरोप पत्र तथा अभियोग विवरण पत्र जिसके आधार पर आरोप लगाया गया है, गवाहों तथा दस्तावेजों (जिनके आधार पर लगाए गए आरोप प्रमाणित करना प्रस्तावित है) की सूची भी साथ में संलग्न है।

आपको सूचित किया जाता है कि इन आरोपों के संबंध में आप अपना प्रतिवाद कर लिखित कथन इस ज्ञापन के प्राप्त होने की तारीख से 15 दिन के अंदर इस कार्यालय को भेजें। कृपया यह भी सूचित करें कि क्या आप स्वतः उपस्थित होकर अपने बचाव में कुछ कहना चाहेंगे। नियत 15 दिन के अंदर यदि उत्तर प्राप्त नहीं होता है तो एक पक्षीय कार्यवाही की जावेगी।

हस्ता.
कलेक्टर,
जिला ग्वालियर (म.प्र.)

प्रतिलिपि :

तहसीलदार डबरा की ओर भेजकर लिखा जाता है कि संलग्न ज्ञापन (सहपत्रों सहित) श्री रतनसिंह सिकरवार प्र.श्रे.लि. को वितरण कर उनकी अभिस्वीकृति जिस पर प्राप्त करने की तारीख भी अंकित कराई जावे, इस कार्यालय को शीघ्र भेजें। यदि वे कार्यालय में उपस्थित नहीं होते तो वैसा सूचित करें ताकि उनके विरुद्ध एकतरफा कार्यवाही की जावे।

हस्ता.
कलेक्टर,
जिला ग्वालियर (म.प्र.)

कार्यालय कलेक्टर, जिला ग्वालियर म.प्र.

आरोप पत्र :

श्री रतनसिंह सिकरवार, प्रथम श्रेणी लिपिक तहसील डबरा के विरुद्ध निम्न आरोप लगाए जाते हैं :

1. आपके द्वारा अपना मासिक भ्रमण कार्यक्रम अपने प्रभारी अधिकारी की मान्यता में प्रस्तुत नहीं किया जाता तथा अपनी इच्छानुसार कहीं भी भ्रमण पर चले जाते हैं। अतः आप अपने कार्य के प्रति उत्तरदायित्वहीन के दोषी पाये जाते हैं।
2. तहसील डबरा में कुर्क अमीन के पद पर कार्यरत रहते हुए आपने सर्व श्री धनीराम, लश्कर, वैजनाथ तथा जगराम से क्रमशः रु. 100/-, 50/-व 70/- शासकीय वसूली वसूल की किंतु संबंधित को रसीद नहीं दी। श्री हरनारायन से रु. 100/- वसूल किए किन्तु उसे रसीद रु. 99.50 की ही दी। तथा कुछ कृषकों (बकायादार हैं) से रु. 1655.00 वसूल किए किन्तु वह यथासमय खजाने में जमा नहीं किए। अतएव आप शासकीय धन के गबन करने एवं कृषकों को धोखा देने के दोषी पाए जाते हैं।
3. आयुक्त महोदय, ग्वालियर संभाग द्वारा दिनांक 29.1.76 को निरीक्षण किए जाने पर आपका कार्य अत्यंत असंतोषजनक पाया गया। कैशबुक के योग में भी अंतर है। तथा अनेक स्थानों पर कटी हुई है। दिनांक 2.3.76 को आपसे प्रभारी अधिकारी द्वारा इस संबंध में स्पष्टीकरण माँगा गया किंतु आपने कोई उत्तर प्रस्तुत नहीं किया है। अतएव आप शासकीय कार्य के प्रति असावधान एवं अकर्मण्य होने के दोषी पाए जाते हैं।
4. आप दिनांक 12.6.76 से बिना अवकाश स्वीकृति कराए कार्य से गैर हाजिर हैं तथा अभी तक उपस्थित नहीं हुए हैं। अतएव आप अनुशासनहीन होने के दोषी पाए जाते हैं।

हस्ता.
कलेक्टर
जिला ग्वालियर (म.प्र.)

कार्यालय कलेक्टर, जिला ग्वालियर, म.प्र.

अभियोग विवरण पत्र

अभियोग विवरण पत्र विरुद्ध श्री रतनसिंह सिकरवार, प्रथम श्रेणी लिपिक, तहसील डबरा, जिसके आधार पर आरोप पत्र आधारित है :

तहसील डबरा में कुर्क अमीन के पद पर कार्यरत रहते हुए आपने शासकीय धन की वसूली में अनेकों अनियमितताएँ की हैं, जिनका विवरण निम्नानुसार है :

1. आपके प्रभारी अधिकारी द्वारा प्रस्तुत रिपोर्ट से यह पाया जाता है कि आपने बिना किसी अधिकारी से भ्रमण अनुमोदित कराए अपनी भ्रमण डायरियाँ प्रस्तुत की हैं। आपके द्वारा प्रभारी अधिकारी के मान्यता हेतु आपका मासिक भ्रमण कार्यक्रम प्रस्तुत नहीं किया जाता तथा बिना कार्यक्रम प्रस्तुत किए ही जब चाहे वहाँ आप वसूली को चले जाते हैं।
2. श्री धनीराम पुत्र गजाधर निवासी ग्राम भितरवार द्वारा प्रस्तुत प्रार्थनापत्र दिनांक 1.5.76 से यह पाया गया कि आपने उक्त कृषक से शासकीय वसूली बाबत रु. 100.00 वसूल किए किंतु आपने उक्त धन की उक्त कृषक को कोई रसीद नहीं दी। दूसरे व्यक्ति बैजनाथ पुत्र भागीरथ निवासी ग्राम कुंजरा से रु. 50.00 वसूल किए किंतु उक्त धन की रसीद संबंधित को नहीं दी। तीसरे हरनारायन पुत्र श्री रामलाल निवासी कुंजरा है तकाबी के रुपये 100.00 वसूल किए किंतु रसीद रु. 99.50 की दी गई। इसी प्रकार ग्राम कोसा के कृषक जगराम पुत्र श्री रामचरन से बीज तकावी बाबत रु. 70.00 वसूल किए किंतु उक्त धन की रसीद नहीं दी। आपके द्वारा शासकीय धन रु. 1655.00 वसूली का धन अभी तक जमा खजाने नहीं किया है और इस प्रकार स्पष्ट है कि आपने शासकीय धन का गबन किया है।
3. आयुक्त महोदय ग्वालियर संभाग द्वारा 29.1.76 को आपका निरीक्षण किया जाने पर आपका कार्य अत्यंत असंतोषजनक बताया गया। रसीद चालानों तथा कैशबुक से धनराशि मिलान नहीं करती।

सूची साक्ष्य :

1. तहसीलदार डबरा
2. श्री धनीराम पुत्र गजाधर निवासी भितरवार परगना डबरा
3. श्री बैजनाथ पुत्र भागीरथ निवासी ग्राम कुम्हरा तहसील डबरा
4. श्री हरनारायन पुत्र रामलाल निवासी ग्राम कुम्हरा परगना डबरा

5. श्री जगराम पुत्र रामचरन ग्राम कोसा तहसील डबरा

सूची अभिलेख :

1. रसीद कट्टा कुर्क अमीन जुलाई 75 से 12.2.76 तक
2. कैश बुक कुर्क अमीन
3. अनुविभागीय अधिकारी डबरा का प्रकरण क्रमांक क्यू/स्टेनो नो-17/58/76

हस्ता.

कलेक्टर

जिला ग्वालियर (म.प्र.)

अध्याय 6

रेलवे मुख्यालय की टिप्पणियों के नमूने

(क) भूमिका

पिछले अध्याय में विस्तार से टिप्पणी के संबंध में लिखा गया है। यहीं पर संकेत दिया गया है कि टिप्पणी लिखने के पश्चात् कहाँ पर सहायक को हस्ताक्षर करने चाहिए और उच्चतर अधिकारी को किस प्रकार उसका पदनाम लिखकर भेजा जाना चाहिए। यहाँ पर यह स्पष्ट कर देना आवश्यक है कि केंद्रीय सचिवालय, राज्यों के सचिवालय और रेलवे के मुख्यालय--इन तीनों ही स्थानों पर टिप्पणी उच्चतर अधिकारी को भेजने के तीन विभिन्न रूप हैं और उनका जान लेना आवश्यक है।

(क) केंद्र सरकार के सभी मंत्रालयों एवं कार्यालयों में यह सामान्य नियम है कि सहायक टिप्पणी लिखकर बाईं ओर अंत में अपने आद्यक्षर कर अपना पदनाम लिख देता है। यदि कार्यालय बड़ा नहीं है तो वह कभी-कभी अपना पदनाम भी नहीं लिखता। सहायक के हस्ताक्षर के नीचे ही अनुभाग अधिकारी भी अपने हस्ताक्षर कर देता है और नीचे बाईं ओर उस अधिकारी का नाम लिख देता है जिसके पास वह मिसिल टीका-टिप्पणी के लिए भेजी जा रही है। उसी क्रियाविधि का पालन अन्य अधिकारी अपने से वरिष्ठ अधिकारी के लिए करते हैं। केंद्र सरकार के मंत्रालयों/कार्यालयों में टिप्पणी लिखने के लिए सामान्यतः निर्धारित प्रपत्र होते हैं, जिनकी रूपरेखा इस प्रकार है :

पताका (क)..

पताका (ख)..

....

हस्ता. सहायक

हस्ता.अनु.अधिकारी..

अवर सचिव..

....

हस्ताक्षर..

उप सचिव..

....

....

हस्ताक्षर..

संयुक्त सचिव

....

....

हस्ताक्षर..

सचिव ....

हस्ताक्षर.........................

(ख) हिन्दी भाषी राज्यों में सचिवालय स्तर पर और जिला स्तर पर केंद्र सरकार से भिन्न टिप्पणी की क्रियाविधि अपनाई जाती है। जहाँ केंद्रीय सरकार के कार्यालयों में सहायक टिप्पणी जिसको भेजी जाती है, उनका नाम नीचे लिखता है, वहाँ हिन्दी भाषी राज्यों में सचिवालय एवं जिला स्तर पर, टिप्पणी जिसको भेजी जानी है, उसका पदनाम टिप्पणी के आरंभ में ही लिखा जाता है और टिप्पणी के अंत में संबंधित सहायक अपने आद्यक्षर करता है। इस प्रकार की टिप्पणी की रूपरेखा इस प्रकार है :

क्रमसंख्या..............पत्र संख्या..............दिनांक..............

अवर सचिव

....

....

....

....

हस्ताक्षर

सहायक

उप सचिव

....

....

हस्ताक्षर

अवर सचिव

(ग) रेलवे के डिवीजनल मुख्यालयों में उपर्युक्त दोनों ही प्रक्रियाओं से अलग टिप्पणी की क्रियाविधि है। टिप्पणी जिसको भेजी जानी है, उसका पदनाम दाहिनी

ओर हाशिये में लिखा जाता है और उसी हाशिये पर अधिकारीगण अपनी टिप्पणी लिखते हैं। इस प्रकार टिप्पणी-प्रपत्र के तीन-भाग हैं.......बाईं ओर हाशिया, बीच में कार्यालय की टिप्पणी और दाईं ओर हाशिये पर अधिकारी की टिप्पणी। रेलवे के टिप्पणी-प्रपत्र का नमूना इस प्रकार है :

जिल्द का हाशिया	**कार्यालय टिप्पणी**	**आदेश**
	विषय..............	मंडल कार्मिक अधि.
	संदर्भ..............	....
		....
		....
		हस्ताक्षर.................
		सहायक कार्मिक अधिकारी (ई)
		....
		....
		....
		हस्ताक्षर.........................

इस अध्याय में नमूने के तौर पर केंद्रीय रेलवे, झाँसी के डिवीजनल मुख्यालय से संकलित दो-तीन टिप्पणियाँ हैं। यहाँ पर स्पष्ट कर देना आवश्यक है कि रेलवे कार्यालय की कार्यविधि मेरे अध्ययन का विषय नहीं है, ये उदाहरण (नमूने) तो केवल कार्यविधि के अंतर को बताने के लिए रखे गए हैं।

(ख) केन्द्रीय रेलवे कार्यालय, झाँसी

(i) छुट्टी के संबंध में

श्री वैल लिपिक जनरल सेक्शन, कार्यालय मंडल अधीक्षक, झाँसी देतनमान 260-400

उपरोक्त लिपिक का छुट्टी का हिसाब पूर्ण करने पर यह देखा गया कि इस लिपिक ने अपने बकाया छुट्टी के अलावा अर्द्धवेतन भोगी छुट्टी ज्यादा ली है। इस प्रकार इस लिपिक को रु. 104.80 ज्यादा दिए गए हैं।

वेतन 290.00

सहायक कार्मिक अधिकारी (टी) इसने तथा कोई छुट्टी मेडिकल सर्टिफिकेट पर ली है। यदि हाँ तो क्या उसके लिए इसे एल.एन. डी. की जा सकती है।

महंगाई भत्ता	58.00
मकान भाड़ा	21.75
कुल योग	369.75
फण्ड	24.00
रकम प्राप्त	345.75

कृपया किश्तें जिसमें यह रकम कटती है, तय करें जिसका विवरण निम्न पेज पर है।

आदेश हेतु प्रस्तुत।

एस.रिदीस
प्रधान लिपिक
ह. कुदैया

कैफियत माँगी जाए अन्यथा 7 किस्तों में रिकवरी की जाएगी

ह.
9/9

(ii) पदोन्नति के संबंध में

विषय : श्री हरीशंकर गिरवर लाल, कैजुअल लेबर आगरा।

संदर्भ : **आदेश** पृ.सं. 136

पृ.सं. 101 से उपर्युक्त व्यक्ति का कहना है कि उसे सब्सीट्यूट बनाया जाए क्योंकि वह 18.11.69 से श्री मंगलसिंह जिसने कि अभी रीजनदारी में काम नहीं किया उसे सीधे सब्सीट्यूट बना दिया गया।

पृ.सं.-5 से मालूम होता है कि श्री मंगल सिंह ने बहुत दिनों तक कैजुअल लेबर में काम किया था, इसीलिए···पर उसे सब्सीट्यूट बनाया गया था। इसी बीच में इस बात का प्रयास किया गया कि श्री हरीशंकर को मासिक वेतन पर लाया जाए किंतु सन् 1969 में 17 दिन तथा 1978 में 118 दिन उसके गैर हाजिर होने के कारण उसे मासिक वेतन नहीं दिया गया। इस मण्डल कार्मिक अधि. आगे कोई कार्यवाही की आवश्यकता नहीं है। इसको सब्सीट्यूट में लगाने का प्रश्न ही नहीं उठता।

हस्ता. 23/7

सहायक कार्मिक अधिकारी (ई) श्री हरीशंकर ने मासिक वेतन पर एवजी न लिये जाने के लिए रेल प्रशासन को अदालत में जाने की धमकी दी है। वाकया के आधार पर किसी को मासिक वेतन पर नियुक्त करना रेल प्रशासन के विवेक पर निर्भर है। फिर भी इसके कथन पर कि उसके पिता श्री गिरधारी लाल को जो शटिंग जमादार हैं, यक्ष्मा से पीड़ित होने के कारण बिना वेतन छुट्टी पर है। मामले की जाँच कराई गई थी और पाया गया कि बिना वेतन छुट्टी पर कर्मचारी को बराबर एस.सी.एफ. से निर्वाण अनुदान दिया गया है और अब वह पूरे वेतन पर काम कर रहा है। अतः करुणा के आधार पर उसके पुत्र को मासिक···वेतन पर एवजी नियुक्त करने का कोई आधार नहीं था। चूँकि उसने सभी संबंधित अधिकारियों के विरुद्ध अदालती

व्यक्ति को पृ.सं. 122 से इस आशय की सूचना भी दे दी थी। इसके पश्चात् श्री हरीशंकर ने पुनः पृष्ठ सं. 124, 126 व 127 से... .... पर सब्सीट्यूट बनने के लिए लिखा कि उसके पिता गिरवरलाल आत्मज बुद्धे शटिंग जमादार आगरा, क्षयरोग से पीड़ित है और बिना वेतन के है। किंतु उससे मालूम हुआ कि वह केवल 2.1.71 से 10.4.71 तक बीमार रहा और इस अवधि..........लेता रहा। दिनांक 11.4.71 से वह बराबर काम पर है। तथा जून का उसका वेतन 298.20 है और सभी कटौती के बाद उसे 245.80 मिला है। श्री हरीशंकर को पृ.सं. 130 से सूचित कर दिया गया है कि 'उसने सूचना झूठी भेजी इसलिए उसे सब्सीट्यूट नहीं बनाया जा सकता। फिर भी उसके आने पर उसके मामले पर विचार किया जाएगा'।

पृ.सं. 131 के आवेदन की प्रतिलिपि इस व्यक्ति ने मंडल अधीक्षक, झाँसी, महाप्रबंधक, बम्बई तथा अध्यक्ष, रेल मंत्रालय नई दिल्ली को भी भेजी है। पृ.सं. 102 व 112 से वह सहा. कार्मिक अधिकारी तथा पृ.सं. 59 से वाणिज्य अधीक्षक का साक्षात्कार कर चुका है। अवलोकनार्थ तथा आदेश हेतु प्रस्तुत है।

हस्ता.

21.7.71

कार्यवाही करने की धमकी दी है। अतः मिसिल अवलोकनार्थ प्रस्तुत है।

हस्ता.

(iii) छुट्टी बढ़ाने के संबंध में

विषय : श्री बल्देव प्रसाद चोपरा केटरिंग मैनेजर ताज आगरा।

पृष्ठ सं. 277 से उपर्युक्त व्यक्तियों को 180 दिन का कनाडा जाने के लिए अवकाश स्वीकृत किया था। अवकाश का आशय कनाडा में रिश्तेदारी में मिलना तथा घरेलू मामलों को तय करना था।

पृ.सं. 291 से कर्मचारी अवकाश पर हैं तथा उक्त अवकाश दिनांक 10.2.73 को समाप्त हो रहा है।

पृ.सं. 298 से उसने 6 माह के अवकाश बढ़ाने की प्रार्थना की है ताकि वह केटरिंग विभाग की व्यवस्था आदि का प्रशिक्षण प्राप्त कर सके। उल्लेखनीय है कि कर्मचारी ने प्रारंभ से जिस प्रयोजन के लिए 6 माह का अवकाश लिया था, वह पूर्ण हो चुका है।

जहाँ तक खान-पान के प्रशिक्षण का प्रश्न है यह उसका दूसरा कार्य है तथा उसके लिए कर्मचारी को अनुमति लेना चाहिए। कनाडा में यह प्रशिक्षण कितनी अवधि का है, यह कुछ भी नहीं लिखा।

का.अधी.(डी.डी.एस.) कृपया बात करें

हस्ता.

स्वीकृत

हस्ता.

स.का.अधि.(ए.पी.ओ.) कर्मचारी के हिसाब में अर्द्ध वैतनिक छुट्टी कितनी बकाया है।

हस्ता.

दि. 10.2.73 को 238 दिन का अर्द्ध वैतनिक अवकाश शेष है।

ह./-

238 दिन की अर्द्ध वैतनिक छुट्टी है। बाकी छुट्टी अवैतनिक असाधारण होगी वाणिज्य अधीक्षक आदेश देवे।

हस्ता.

मुख्य लिपिक (का)

हस्ता.

8.2.73

कृपया यह तय करें कि क्या अवकाश 6 माह का बढ़ाया जाय कर्मचारी अर्द्ध वेतन का भागी है।

आदेशार्थ प्रस्तुत है।

हस्ता.

1/2/73

सी.ओ.

कर्मचारी अपनी इच्छा से केटरिंग विभाग का प्रशिक्षण लेना चाहता है। इस आशय की इच्छा कनाडा जाने से पहले व्यक्त नहीं की थी। न तो कोई यहाँ से मंजूरी ली है। अवकाश उसका अर्द्ध वेतन का देय है जोकि दिया जा सकता है परंतु केटरिंग प्रशिक्षण के लिए मंजूरी लेना जरूरी है। इनकी छुट्टी की मंजूरी 9/2/73 तक की है।

हस्ता.

परिशिष्ट

(क) टिप्पणियों में प्रयुक्त होने वाले वाक्य

1. अंतरिम उत्तर भेज दिया जाए।
2. अंतरिम प्रबंध के रूप में कोई एवजी नियुक्त किया जाए।
3. अंतरिम व्यवस्था के रूप में छुट्टी के कारण हुए रिक्त स्थान पर एवजी नियुक्त कर दिया जाए।
4. अंतिम वेतन प्रमाणपत्र......विभाग से प्राप्त किया जाए।
5. अंतिम सहमति दी जाती है।
6. अगली रिपोर्ट की प्रतीक्षा करें।
7. अगली सूचना की प्रतीक्षा करें।
8. अग्रिम आदेशों तक ठहरें।
9. अग्रिम प्रति प्राप्त हुई है।
10. अग्रिम आदेश तक विचाराधीन रखा जाए।
11. अग्रेषित और अभिशंसित।
12. अतिरिक्त प्रति के साथ प्रतिलिपि......को प्रेषित।
13. अतिरिक्त माँगें बताई जाएँ।
14. अधिक भुगतान की गई रकम का हिसाब लगाया जाए।
15. अधिप्रमाणित रूप में स्वीकृत।
16. अर्धसरकारी (अ.स.) पत्र का प्रारूप (मसौदा) प्रस्तुत है।
17. अंतिम रूप से स्वीकृत।
18. अनधिकृत रूप से गैर हाजिर रहने का आदी है।
19. अनुकूल कार्यवाही के लिए।
20. अनुसूची में दी गई मद के अनुसार।

21. अनुदेश दीजिए/हिदायत दीजिए।
22. अनुपालन हो/तालीम हो।
23. अनुमति दे दी जाए।
24. अनुमति (अनुज्ञा) देने के लिए हम सक्षम हैं।
25. अनुमोदन कायम है।
26. अनुमोदन पहली बार माँगा है।
27. अनुमोदनार्थ प्रारूप (मसौदा) प्रस्तुत है।
28. अनुमोदित मसौदा टाइप करके हस्ताक्षर के लिए प्रस्तुत है।
29. अपनी चूक और मिथ्या कथन के लिए परिविन्दित किया गया।
30. अपरिहार्य परिस्थितियों के कारण उत्तर जल्दी नहीं भेजा जा सका।
31. अपनी वित्तीय सहमति/अनुमोदन की सूचना दें।
32. अपेक्षित फाइल (मिसिल) नीचे रखी है।
33. अपने प्राधिकार की सीमा के अंदर कार्य करते हुए।
34. अब मामले पर कार्यवाही समाप्त हुई।
35. अब हम......मंत्रालय की राय प्राप्त करें।
36. अप्रयोज्य/प्रयोगार्थ नहीं।
37. अभिलेखों से साफ दिखने वाली भूल।
38. अभ्युक्ति प्राप्त करें।
39. अभी मामले को स्थगित रखा जाए।
40. अवलोकनार्थ/अवलोकन के लिए।
41. असंगत टिप्पण अवांछनीय है।
42. असहमति टिप्पण।
43. असावधानीपूर्वक लिखी गई तथा गलत रिपोर्ट प्रस्तुत की गई है/ दी गई है।
44. अवलोकनार्थ प्रस्तुत।
45. आकर चर्चा करें/कृपया चर्चा कर जाइए।
46. आपकी मंजूरी और अनुमति की प्रत्याशा में।
47. आकस्मिक छुट्टी स्वीकृत की गई।
48. आज्ञानुसार संशोधित मसौदा प्रस्तुत किया जाता है।
49. आगे और आदेश भेजे जाएँ।
50. आगे और सूचना/रिपोर्ट की प्रतीक्षा करें।
51. आगे की कार्यवाही की प्रतीक्षा करें।
52. आगे (भावी) पदोन्नति पर रोक (है)।
53. आगे (भावी) भरती पर रोक/प्रतिबंध।

54. आज्ञानुसार संशोधित मसौदा प्रस्तुत किया जाता है।
55. आगे की कार्यवाही की प्रतीक्षा है।
56. आगे की प्रगति से अवगत कराएँ।
57. आगे भेजने के लिए।
58. आगे और आदेश भेजे जाएँगे।
59. आगे कोई कार्यवाही अपेक्षित नहीं है।
60. आज ही भेज दिया जाएँ।
61. आप स्वयं इसकी जाँच करें।
62. आपकी सुविधानुसार जितनी जल्दी हो सके।
63. आपके ज्ञापन संख्या......पर रुका हुआ पत्र-व्यवहार।
64. आपत्तियाँ मान ली गई हैं।
65. आपत्तियाँ निरस्त हैं।
66. आने (आगमन) की प्रतीक्षा करें।
67. आवश्यक कार्यवाही करें।
68. आवश्यक कार्यवाही की जा चुकी है/अपेक्षित कार्यवाही हो चुकी है।
69. आवश्यक कार्यवाही की जाए/आवश्यक कदम उठाए जाएँ।
70. आवश्यक कार्यवाही के लिए/कृपया आवश्यक कार्यवाही करें (की जाए)।
71. आवेदन अस्वीकार कर दिया जाए।
72. आवेदन नियमानुसार नहीं है।
73. आदेशों का अनुपालन किया जाए।
74. आदेश-पत्र की टिप्पणी देखिए।
75. आदेश प्रसारणार्थ नहीं है।
76. आवेदन-पत्र अस्वीकृत/अर्जी नामंजूर।
77. आवेदन-पत्र अस्वीकार कर दिया जाए।
78. आवेदन-पत्र सम्यक रूप में नहीं दिया गया है।
79. आयु......को निर्धारित आयु-सीमा के भीतर होनी चाहिए।
80. आरोप-पत्र कर्मचारी को पढ़कर सुना और समझा दिया गया है।
81. आदेश के लिए प्रस्तुत है/आदेशार्थ प्रस्तुत।
82. आदेश भेज दिया गया।
83. आदेश जारी कर दिया जाए।
84. आदेशार्थ/आदेश के लिए।
85. आदेशार्थ प्रस्तुत।
86. आदेश का पालन कीजिए।
87. आदेश वांछित है।

88. आदेश की अनुपालन की अभी प्रतीक्षा है।
89. आदेशों का पालन कीजिए।
90. आदेशों की प्रतीक्षा है।
91. इस आदेश को पीछे की तारीख से लागू नहीं किया जा सकता।
92. इस आदेश को सभी कर्मचारियों के बीच परिचालित किया जाए।
93. इस कार्यालय के उपर्युक्त पत्र की ओर ध्यान आकृष्ट किया जाता है।
94. इस कार्यालय (मंत्रालय) को जाँच के परिणाम से अवगत कराएँ।
95. इस कार्यालय के पत्र दिनांक......पावती/प्राप्ति-स्वीकृति भेजिए।
96. इस नियम का कोई उल्लंघन सहन नहीं किया जाएगा।
97. इस विशेष परिस्थिति में राजकीय मंजूरी दी जाती है/शासकीय मंजूरी दी जाती है।
98. इस राशि को बट्टे-खाते में डाल दिया जाए।
99. इस मामले का तारीखवार सारांश नीचे रखा है।
100. इस मामले का संक्षेप में सार आगे के पैराग्राफों में दिया जा रहा है।
101. इस मामले में अग्रिम सूचना देना आवश्यक है।
102. इस मामले (प्रकरण) में लिए गए निर्णय की एक प्रति सूचना/कार्यवाही/अनुपालन उत्तर के लिए भेजी जा रही है।
103. इस मामले को परम अग्रता दी जाए।
104. इस पर पुनर्विचार करें।
105. इस सूचना से सभी कर्मचारियों को अवगत कराएँ।
106. (1) इसकी प्रतिलिपि सूचना/आवश्यक कार्यवाही के लिए इनको भेजी जा रही है।

     (2) सूचना/आवश्यक कार्यवाही के लिए प्रतिलिपि......को प्रेषित।
107. इसके साथ संलग्न है।
108. इसे जारी किया जा सकता है।
109. इस मामले में इस समय कोई आश्वासन नहीं दिया जा सकता।
110. इस मामले का सार (संक्षेपिता) तैयार कीजिए।
111. इस मामले में भी वही कार्यविधि अपनाई जाए/तरीका अपनाया जाए।
112. इसे मिसिल (फाइल) के साथ रखिए।
113. इसका पूर्वव्यापी प्रभाव होगा।
114. इसका संबंध हम से नहीं है।
115. इसकी मंजूरी देने के लिए हम सक्षम हैं, देखिए......
116. इसे अत्यावश्यक (अति आवश्यक) समझा जाए।
117. इसे तैयार रखें।

118. इसे......को अग्रेषित किया जाए।
119. इसे साइक्लोस्टाइल कराया जाए।
120. इसे सूचना-पट्ट पर लगाएँ।
121. इसे शीघ्र निपटाया जाए।
122. उचित है कि इस प्रस्ताव को मान लिया जाए।
123. ऊपर 'क' के अनुसार कार्यवाही कीजिए।
124. उसका स्पष्टीकरण प्राप्त कर प्रस्तुत किया जाए।
125. ऊपर के सुझावों के आधार पर उत्तर का मसौदा तैयार कीजिए।
126. उत्तर का प्रारूप अनुमोदनार्थ।
127. उत्तर का मसौदा अनुमोदन के लिए प्रस्तुत है।
128. उत्तर का प्रारूप प्रस्तुत करें।
129. उसकी वार्षिक वेतन-वृद्धि की तारीख......है।
130. उत्तरदायित्व निश्चित करें।
131. उत्तर की प्रतीक्षा है।
132. उत्तर की प्रतीक्षा करें/उत्तर की प्रतीक्षा की जाए।
133. उपर्युक्त अधिकारियों का अनुमोदन प्राप्त किया जाए।
134. उपर्युक्त कार्यविधि इस मामले में लागू नहीं होगी।
135. उपर्युक्त पैरा......में दी गई हिदायतों के संबंध में है।
136. उल्लिखित पत्र की प्रति इसके साथ भेजी जा रही है।
137. उसे भविष्य में सावधान रहने की चेतावनी दी जाए।
138. एक मदवार सूची तैयार करें।
139. एतदनुसार प्रबंध किया जाए।
140. एक सप्ताह बाद प्रस्तुत करें।
141. ऐसी सिफारिशें मँगवाई जाएँ तो उचित समझी जाएँ।
142. औपचारिक (नियमित) अनुमोदन आवश्यक है।
143. औपचारिक संस्वीकृति (मंजूरी) प्राप्त करें।
144. 'क' के आदेशों को ध्यान में रखते हुए मामले की समीक्षा करें।
145. 'क' के विचारों को दृष्टि में रखते हुए प्रस्ताव की परीक्षा कीजिए।
146. कर्मचारी द्वारा प्रस्तुत शपथ-पत्र नियमानुकूल नहीं है।
147. कागज शीघ्र लौटाने का प्रबंध करें।
148. कार्यालय आदेश की एक प्रति आवश्यक कार्यवाही तथा अनुपालन के लिए अग्रेषित की जा रही है।
149. कारण ध्यान दें और पालन करें।
150. कार्यवाही अभी शुरू नहीं हुई है।

151. कार्यवाही शीघ्र करें/कार्यवाही में शीघ्रता करें।
152. कार्यालय की टिप्पणी से मैं पूर्णतया सहमत हूँ।
153. कारण बताने के लिए आदेश देना/कारण बताने की अपेक्षा करना।
154. कार्यवाही अनुमोदित।
155. कार्य-सूची बाद में भेजी जा रही है।
156. कार्य-सूची साथ भेजी जा रही है।
157. कार्यवाही की जा रही है।
158. कार्यमुक्त किया जाए।
159. कार्यवृत्त की एक प्रति आपकी सूचना के लिए संलग्न है।
160. क्या यह मान लूँ कि......
161. क्वार्टर के बदलने की प्रार्थना स्वीकार्य है।
162. क्षमा प्रार्थी हूँ/क्षमा कीजिए।
163. किंतु किसी भी स्थिति में......से अधिक नहीं।
164. क्रियाविधि का ठीक प्रकार से अनुपालन नहीं किया गया है।
165. ......की ओर ध्यान आकर्षित किया जाता है।
166. ......की इच्छानुसार ज्ञापन का परिशोधित मसौदा प्रस्तुत है।
167. की गई कार्यवाही से अवगत कराएँ।
168. की गई कार्यवाही विधिवत् है।
169. ......को यह मामला भेजा जाए।
170. ......को आरोप-पत्र दे दिया गया है।
171. केवल सूचनार्थ।
172. कृपया अपना टिप्पण दें।
173. कृपया अनुपालन के बारे में रिपोर्ट करें/तामील की रिपोर्ट करें।
174. कृपया अब इसकी व्यवस्था करें।
175. कृपया आज ही भेज दें।
176. कृपया आदेश दें कि उपयुक्त संकेत के अनुसार कार्यवाही की जाए।
177. कृपया नई फाइल (पत्रावली) खोलिए।
178. कृपया इस मिसिल (फाइल) को शीघ्र लौटाएँ।
179. कृपया इस संबंध में ......से पत्र-व्यवहार करें।
180. कृपया इस पर......प्रतिहस्ताक्षर कराएँ।
181. कृपया इसका स्पष्टीकरण प्राप्त करें।
182. कृपया इसे अति आवश्यक समझा जाए।
183. कृपया इसे रोके रखें।
184. कृपया इसे राज-पत्र में अधिसूचित कर दिया जाए।

185. कृपया इसे सर्वथा गोपनीय समझा जाए/समझिए।
186. कृपया......को अनुमोदित करें।
187. कृपया......को तुरंत सूचित कर दीजिए।
188. कृपया......को परम अग्रता दीजिए।
189. कृपया तुरंत (फौरन) कार्यवाही करें।
190. कृपया नियत तारीख से पहले पालन कीजिए।
191. कृपया पावती भेजिए।
192. कृपया पार्श्वीय/पाद टिप्पणी/हाशिये के टिप्पण देखें तथा आदेशों का पालन करें।
193. कृपया पिछली टिप्पणियाँ देख लें।
194. कृपया पूर्व-पत्र प्रस्तुत करें।
195. कृपया बात करें।
196. कृपया मंजूरी दें।
197. कृपया विस्तृत टिप्पण के साथ प्रस्तुत करें।
198. कृपया मुझसे मिलें।
199. कृपया तारीख......को बात करें।
200. कृपया रिपोर्ट करें/क्या स्थिति है।
201. कृपया यात्रा-भत्ते की पेशगी का प्रबंध कर दें।
202. कृपया मीटिंग बुलाएँ।
203. कृपया सभी को दिखाकर फाइल कर दीजिए।
204. कृपया श्री......को अपना कार्यभार सौंप दें।
205. कृपया स्वीकृति दी जाए।
206. कृपया स्वतः टिप्पणी (सारांश) प्रस्तुत कीजिए।
207. कृपया स्थिति स्पष्ट कीजिए।
208. कृपया शीघ्र आदेश दें/दीजिए।
209. ......को अग्रेषित।
210. ......को उनके अवकाश/दौरे से लौटने पर प्रस्तुत किया जाए।
211. ......को सूचित करें कि प्रस्तावित स्थानान्तरण (तबादला) नियम के अनुकूल नहीं है।
212. ......को लिखे।
213. ......कोई टीका-टिप्पणी नहीं करनी है।
214. कौन उत्तरदायी है।
215. खंड मिसिल (फाइल) खोलें।
216. गृह मंत्रालय के कार्यालय ज्ञापन सं......दिनांक......की प्रति फाइल में रख

दी गई है।

217. ......से चर्चा कर ली/......से विचार-विमर्श कर लिया।
218. जैसा आपके पत्र में स्पष्ट किया गया है।
219. जैसा इस मामले की परिस्थिति में जरूरी हो।
220. जैसा इस मामले (प्रकरण) के संबंध में परिस्थिति के अनुसार अपेक्षित हो।
221. जैसा कि इस प्रकार के मामलों में प्रायः किया जाता है।
222. जानकारी माँगी गई है।
223. जैसे आवश्यक समझा जाए, वैसी कार्यवाही की जाए।
224. जैसे ठीक (उचित) समझा जाए, वैसी कार्यवाही की जाए।
225. जैसा उस समय लागू हो।
226. जाँच करें और कैफियत दें।
227. जाँच की जाए।
228. जाँच की गई और ठीक पाया।
229. जाँच की। जाँच परिणाम निम्न प्रकार है।
230. जाँच पूरी की जाए और रिपोर्ट प्रस्तुत की जाए।
231. जाँच सही ढंग से नहीं की गई है।
232. जब तक एवजी नहीं दिया जाता, तब तक श्री......को भारमुक्त नहीं किया जा सकता।
233. जाँचा और सही पाया।
234. जैसा नीचे सूचीबद्ध किया गया है।
235. जहाँ तक व्यावहारिक हो।
236. जहाँ तक संदर्भाधीन मामले का संबंध है।
237. जैसा कि आपके उपर्युक्त पत्र में कहा गया है।
238. जैसा कि ऊपर कार्यवृत्त में दिया हुआ है।
239. जैसा कि....के मामले में हुआ है।
240. जैसा कि पहले बताया जा चुका है।
241. जैसा कि पूर्ववर्ती/......पैरा में स्पष्ट किया गया है।
242. जैसा कि इसमें इसके बाद निर्दिष्ट है।
243. जैसा मेरे पूर्ववर्ती/पूर्वाधिकारी ने कहा है।
244. जहाँ तक अनुषमेय हो।
245. टिप्पणी की आवश्यकता नहीं।
246. ठीक मानकर स्वीकृत।
247. जारी हो, यदि अनुमोदित हो।

248. ......तक मामला रोका जाए/मुल्तवी रखा जाए।
249. तत्काल कार्यवाही करें।
250. तत्काल कार्यवाही की जाए।
251. तर्क संगत नहीं जान पड़ता।
252. तथ्यों के बारे में रिपोर्ट करें। वस्तुस्थिति बताएँ।
253. तदनुसार सूचित करें।
254. तदनुसार कार्यवाही की गई है।
255. तदनुसार यह निश्चित किया गया है।
256. तारीख......को बिल भुनाया।
257. तारीख......को बिल का भुगतान किया।
258. तार द्वारा सूचित करें।
259. तुरंत अनुस्मारक (स्मरण-पत्र) भेजिए।
260. तुरंत ध्यान दें।
261. दिनांक......की अनुपस्थिति को देय छुट्टी के रूप में नियमित किया जाए।
262. दिया जाए।
263. देख लिया, धन्यवाद।
264. देख लिया......को भेज दिया।
265. देखकर वापस किया जाता है।
266. देखकर सधन्यवाद वापस किया जाता है।
267. देख लिया और बात कर ली।
268. देखकर लौटाने के लिए।
269. देख लिया जारी करो।
270. देख-रेख के लिए उसे सौंपी गई।
271. देखा/दाखिल दफ्तर हो/फाइल (पत्रावली) में रखें।
272. दौरे के कार्यक्रम की सूचना दे दी जाए।
273. नई आवती अभी सूचना के लिए है।
274. नई आवती सूचना के लिए देख लें।
275. नजीर (पूर्व उदाहरण) के लिए कृपया देखिए।
276. निदेशक महोदय कृपया अनुमोदन के लिए देखें/देख लें।
277. निपटाए गए मामलों की एक सूची नीचे रखी है।
278. निपटाए गए मामलों की सूची साथ में भेजी जा रही है।
279. निम्नलिखित कागजों की एक प्रति सूचनार्थ भेजी जा रही है।
280. नियमों के साथ प्रस्तुत करें।
281. नियमों के अधीन यथा अपेक्षित।

282. नियुक्ति अस्थाई है और कोई हक प्रदान नहीं करती।
283. निरस्त कर दिया जाए।
284. निहित प्रक्रिया के अनुसार।
285. नीचे लिखे कागजों की एक-एक प्रतिलिपि सूचना/सूचना और संदर्शन/आवश्यक कार्यवाही/उत्तर/शीघ्र अनुपालन के लिए......को भेजी जा रही है।
286. नीचे दिए ब्यौरों के अनुसार।
287. निर्णय की प्रतीक्षा है।
288. निष्कर्ष पर विचार करें।
289. निदेशानुसार प्रारूप (मसौदा) तैयार किया गया।
290. निपटाए गए मामलों का दैनिक औसत प्रस्तुत करें।
291. नीति-संबंधी पत्रावली (फाइल) के साथ प्रस्तुत करें।
292. नोट कर लिया, धन्यवाद।
293. 'क' पर रिपोर्ट प्रस्तुत है।
294. नाम से/गोपनीय।
295. तत्काल हवाले (संदर्भ) के लिए प्रति संलग्न है।
296. तर्क ठीक नहीं है।
297. तर्क में बल नहीं है।
298. पड़ताल की और ठीक पाया।
299. पद की अवधि......को समाप्त होती है।
300. पदों को समाप्त किया जाए।
301. पदों के सर्जन पर रोक (है)।
302. ......यह रिपोर्ट प्रस्तुत करें।
303. परामर्श आवश्यक है।
304. (पत्र) वाहक के नमूने के हस्ताक्षर युक्त प्राविधार-पत्र।
305. पत्र-प्राप्ति-की सूचना भेज दी (गई) है।
306. पत्र सं.......के साथ रुके हुए पत्र-व्यवहार की ओर ध्यान दिलाते हुए।
307. बहुत मंद है।
308. प्रचलित नियमों के अनुसार।
309. प्रतिलिपि संलग्न है।
310. प्रतिलिपि तत्काल निर्देश (संदर्भ) के लिए प्रेषित।
311. प्रमाण-पत्र संशोधित किया जाए/प्रमाण-पत्र संशोधित हो।
312. प्रस्ताव अपने आप में स्पष्ट है।
313. प्रस्तावित कार्यवाही की जाए।

314. प्रस्तुत (पेश) कीजिए।
315. प्रशासन अनुभाग में देख लिया (है)।
316. प्रस्ताव पर वित्तीय सहमति की प्रतीक्षा है।
317. प्रस्ताव के अनुसार मंजूर/यथाप्रस्ताव संस्वीकृत।
318. प्रशासन का ठप्प पड़ जाना।
319. प्रशासनिक अनुमोदन प्राप्त किया जाए।
320. प्रार्थना-पत्र (अर्जी) शाखा में प्राप्त नहीं हुआ है।
321. पात्रता प्रमाणित की जाती है।
322. प्राप्ति-स्वीकार कीजिए/पावती भेजिए।
323. प्रारूप को सहमति दी जा रही है।
324. प्रारूप अनुमोदनार्थ/अनुमोदन के लिए प्रस्तुत है।
325. प्रारूप तदनुसार संशोधित कर दिया है।
326. पावती की प्रतीक्षा में।
327. प्रशिक्षण-अनुभाग को इस पर कोई टिप्पणी नहीं करनी है।
328. परिस्थितियों के अनुसार जहाँ तक संभव है।
329. परीक्षण के आधार पर स्वीकृत।
330. पिछले कागज नत्थी करें।
331. पिछला निर्देश नहीं मिल रहा है।
332. पिछले निर्णय पर यहाँ दृढ़ रहना उचित ही लगता है।
333. पुष्टि की प्रतिलिपि (नकल) डाक द्वारा।
334. पुनरीक्षित विवरण अवलोकन के लिए प्रस्तुत है।
335. पूर्व उदाहरण के लिए कृपया......देखिए।
336. पूर्व पत्रों के साथ प्रस्तुत करें।
337. पूर्व संदर्भों का उल्लेख करें।
338. पृष्ठ......पर दिए गए आदेशों के अनुसार।
339. पृष्ठ......दी गई टिप्पणी के अनुसार।
340. पृष्ठांकन हस्ताक्षर के लिए प्रस्तुत।
341. फाइल 'क' आंशिक रूप से नष्ट की गई।
342. फाइल नष्ट कर दी गई है।
343. फाइल पेशी पर है।
344. फाइल संलग्न है।
345. फाइल नहीं मिल रही है।
346. पिछले पृष्ठ पर दिए गए निर्देश के अनुसार मामला फिर से प्रस्तुत किया जाता है।

347. फाइलों को सूचीबद्ध किया जाता है।
348. फ़िर से कार्यवाही करने के लिए मामला लौटाया जाता है।
349. बकाया काम के निपटारे के लिए कारगर उपाय किए जाएँ।
350. बजट में प्राविधान है।
351. बजट में प्राविधान पर्याप्त नहीं है।
352. बकायादार से स्पष्टीकरण माँगा जाए/जवाब तलब किया जाए।
353. बात कर जाइए।
354. बात की।
355. बाकी (अवशेष) कार्य पूरा किया जाना है।
356. बिना उज्र अनुदेशों का पालन करना।
357. बिल का भुगतान हो गया।
358. बिना भत्तों की असाधारण छुट्टी स्वीकार की जाती है।
359. बिल का सत्यापन कर लिया गया है।
360. बिलों पर अदायगी ली जा चुकी है।
361. बिलों पर हस्ताक्षर कर दें।
362. बिल (बिलों) को भुगतान के लिए पास किया जाए।
363. बिल सही-सही नहीं बनाया गया है।
364. बेबाकी-पत्र पहले प्राप्त किया जाए।
365. बेहतर है कि इस प्रस्ताव को मान लिया जाए।
366. बैठक के लिए पक्ष-सार तैयार किया जा रहा है।
367. बैठक के लिए विषय-सार अवलोकन के लिए प्रस्तुत है।
368. बैठक में मंजूर किया गया।
369. भविष्य-निधि से रकम निकालने के लिए अर्जी दी है।
370. भुगतान के लिए पास किया।
371. भूलें स्वीकार्य नहीं हैं।
372. मंजूरी-पत्र का मसौदा अनुमोदन के लिए प्रस्तुत है। वित्त मंत्रालय कृपया सहमति के लिए देख लें।
373. मंजूरी के लिए आवेदन कीजिए।
374. मंत्री जी ने देख लिया (है)।
375. माँगी गई (आवेदित) आकस्मिक छुट्टी दे दी जाए।
376. मामला अभी भी वित्त मंत्रालय के विचाराधीन है।
377. मामला आदेश के लिए प्रस्तुत है।
378. मामला फाइल कर दिया गया है।
379. मामला (विषय) विचाराधीन है।

380. मामला पुनर्विचार के योग्य नहीं है।
381. मामला परीक्षणाधीन है।
382. मामला पुनर्विचाराधीन है।
383. मामला विचारार्थ लें।
384. मामले में बहुत देर लग गई है।
385. मामले पर फिर विचार होना/करना है।
386. मानक वितरण सूची के अनुसार।
387. मामले शीघ्र निपटाए जाएँ।
388. मामला समाप्त कर दिया गया है।
389. मामला संशोधित रूप में अनुमोदित किया जाता है।
390. मामला तदनुसार संशोधित कर दिया गया है।
391. मसौदा (प्रारूप) से सहमति दी जा रही है।
392. मसौदा (प्रारूप) अब जारी कर दिया जाए।
393. महीने की औसत उपस्थित......है।
394. मामले की अगली ता.......को निश्चित की गई है।
395. मामले की जाँच करें और शीघ्र रिपोर्ट दें।
396. मामले की मौजूदा स्थिति का पता लगाइए।
397. मामले की रिपोर्ट करें।
398. मामले की विषय वस्तु क्या है।
399. मामले (प्रकरण) संबंधी तथ्य प्रस्तुत किए जाएँ।
400. मामले पर पुनः विचार करना है।
401. मामले के प्रस्तुत करने में हुई देर के लिए खेद है।
402. मामला......को भेजा गया है।
403. मामले का संक्षिप्त इतिहास इस प्रकार है।
404. मामले का सारांश नीचे (साथ में) रखा है।
405. मामले की जाँच की जा रही है।
406. मामले की फाइल अवलोकनार्थ नीचे रखी है।
407. मामले की प्रगति पर निगाह रखें।
408. मामले पर पूरी नजर रखी जा रही है।
409. मामले के तथ्यों से अवगत/परिचित।
410. मामले से संबंधित पूरा पत्र-व्यवहार मिसिल (फाइल) में रखा जाए।
411. मामले को प्रस्तुत करने में हुई देरी के लिए खेद है।
412. मामले को जल्दी निपटाने की व्यवस्था करें।
413. मामले को......भेजा जाए।

414. मिसिल/फाइल (पत्रावली) अपूर्ण है।
415. मिसिल/फाइल (पत्रावली) प्रस्तुत करें।
416. मिसिल/फाइल (पत्रावली) पूर्ण की जाए।
417. मिसिल/फाइल (पत्रावली) के साथ प्रस्तुत करें।
418. मिसिल (फाइल) की प्रतीक्षा है।
419. मिसिल (फाइल) का निबटान दृढ़तापूर्वक करें/करना।
420. मिसिल (फाइल) के लौटाने में हुई देरी के लिए खेद है।
421. मुझे निदेश हुआ है कि मैं आपके पत्र की पावती भेजूँ।
422. मुझे निदेश हुआ है कि मैं निम्नलिखित अस्थाई पदों के स्थाई पदों में बदले जाने की राष्ट्रपति की मंजूरी सूचित करूँ।
423. मूलरूप में लौटाया जाए।
424. मैं ऊपर 'क' से सहमत हूँ।
425. मैं आपको प्राधिकृत करता हूँ।
426. मैं कार्यालय की टिप्पणी से पूरी तरह संतुष्ट/सहमत हूँ।
427. मैं विवरण से संतुष्ट नहीं हूँ।
428. मैं सहमत हूँ।
429. मौखिक आदेशों के अनुसार की गई कार्यवाही पुष्टि हेतु सादर प्रस्तुत है।
430. यह अत्यंत आवश्यक मामला है।
431. यह......द्वारा नियमित कराया जाए।
432. यह प्रमाणित किया जाता है कि खरीद बाजार के न्यूनतम भाव पर की गई है।
433. यह प्रस्ताव बिल्कुल नियमानुकूल (ठीक) है।
434. यथावश्यक कार्यवाही की कृपा के लिए।
435. यथा प्रस्ताव अनुमोदित।
436. यथाप्रस्तावित कार्यवाही की जाए।
437. यह मामला (विषय) विधि मंत्रालय को भेजा जाए।
438. यथावांछित रिपोर्ट प्रस्तुत है।
439. यथासंभव शीघ्र कार्यवाही की जाए।
440. यथाशीघ्र उत्तर भेज दिया जाए।
441. यह मामला बहुत दिनों से लटका हुआ है।
442. यथा संशोधित भेज दीजिए।
443. यथा संशोधित मसौदा (प्रारूप) प्रस्तुत है।
444. यदि अनुमोदन करें तो उपर्युक्त सुझाव के अनुसार पत्र भेज दिया जाएगा।

445. यदि प्रस्ताव अन्यथा नियम संगत हो, तो उसे मान लिया जाए।
446. ये आदेश......से प्रभावशाली होंगे।
447. यह स्थगित रखा जाए।
448. रिपोर्ट स्पष्ट नहीं है।
449. व्यक्तिक्रम का उपचार कर दिया गया है।
450. व्यय-बजट आबंटन के भीतर है।
451. लेखन-सामग्री की खरीद की अग्रिम (पेशगी) स्वीकृति दी जाए।
452. लोक सेवा आयोग की सहमति वांछित है।
453. वर्तमान आदेश के अनुसार मामले पर कार्यवाही की जाए।
454. वर्तमान नियमों के विपरीत/के अनुसार।
455. वांछित रूप के अनुसार संशोधित ज्ञापन प्रस्तुत है।
456. वार्षिक समीक्षा की जा रही है।
457. वास्तविक खर्च का भुगतान किया जाए।
458. विचारार्थ।
459. विचाराधीन रखें।
460. विचारार्थ और शीघ्र कार्यवाही के लिए प्रेषित।
461. विचाराधीन पत्र अपनी टिप्पणी के संदर्भ में मुख्य सचिव महोदय कृपया देख लें।
462. विचाराधीन पत्र की प्राप्ति सूचना नहीं भेजी गई (है)।
463. वित्त मंत्रालय से परामर्श किया जाए।
464. वित्त विभाग (मंत्रालय) कृपया सहमति के लिए देख लें।
465. विधिवत् जाँचा गया।
466. विधि मंत्रालय से परामर्श आवश्यक है।
467. वित्त शाखा/विभाग/मंत्रालय की सहमति आवश्यक है।
468. विचार-विमर्श किया/बात की।
469. विचाराधीन मामले का सूक्ष्म वृत्तांत पीछे पृष्ठ 7-9 पर दिया गया है।
470. विलंब के लिए माफी दें/माफी दी जाए।
471. विलंब के लिए खेद है।
472. विभाग कृपया टिप्पणी के लिए देख लें।
473. विलंब अपरिहार्य था।
474. विवरण स्पष्ट नहीं है।
475. विभाग अपनी पूछताछ के संदर्भ में इससे पहले की टिप्पणी देख लें।
476. विभागीय कार्यवाही की जा रही है।
477. विसंगति का समाधान किया जाए/कर लिया जाए।

478. विस्तृत विवरण भेजा जाए।
479. वेतन/भविष्य निधि से पेशगी दी जा सकती है।
480. शीघ्र आदेशों की प्रार्थना है।
481. शीघ्र आदेश प्रार्थित हैं/शीघ्र आदेशों की प्रार्थना है।
482. शीघ्र अनुवर्तन कीजिए।
483. शीघ्र उत्तर भेजने की प्रार्थना है।
484. शीघ्र कार्यवाही अपेक्षित है।
485. शीघ्र कार्यान्वयन सुनिश्चित करें।
486. शुद्ध प्रारूप प्रस्तुत करें।
487. शुद्ध प्रारूप हस्ताक्षरार्थ।
488. शुद्धिपत्र प्रस्तुत किया जाए।
489. शीघ्र कार्यवाही करें/कार्यवाही में शीघ्रता करें।
490. श्री......कृपया अपना टिप्पण दें।
491. श्री......ध्यान दें।
492. संगत आदेशों पर पर्ची लगा दी गई है।
493. संबंधित कर्मचारी/कर्मचारियों से स्पष्टीकरण माँगा जाए।
494. संबंधित कागज नत्थी करें।
495. संक्षिप्त नोट नीचे रखा है।
496. संक्षेपिका सबको भेजी जाए।
497. संक्षेप में मामले के तथ्य इस प्रकार हैं।
498. संदेश तुरंत भेजें।
499. संलग्नक प्राप्त नहीं हुए हैं।
500. संशोधित मसौदा (प्रारूप) अनुमोदन के लिए प्रस्तुत है।
501. संशोधित मसौदा (प्रारूप) प्रस्तुत है।
502. संशोधित दावा मिल गया है।
503. संबद्ध कागज-पत्र प्रस्तुत किए जाएँ।
504. साक्षात्कार के लिए उपस्थित हों।
505. सचिव को भेजना जरूरी नहीं है/सचिव को कष्ट देने की जरूरत नहीं है।
506. सहानुभूतिपूर्वक विचार के लिए।
507. सभी मुद्दों का सविस्तार परीक्षण किया जाना चाहिए।
508. सर्वथा पदोन्नति (प्रोन्नति) के पात्र हैं।
509. सभी संबंधित व्यक्तियों को परिपत्र भेजा जाए।
510. सभी संबंधित व्यक्ति इसे ध्यान से नोट कर लें।

511. सभी संबंधित अधिकारियों को तदनुरूप कार्यवाही करनी चाहिए।
512. समुचित रूप से विचार करें।
513. सक्षम प्राधिकारी कृपया निर्णय दें।
514. सबके बीच घुमाकर फाइल कर दिया जाए/परिचलित कर फाइल कर दीजिए।
515. सबको सूचित कर दीजिए।
516. समर्थ प्राधिकारी का प्रमाणपत्र अपेक्षित है।
517. सरकारी कर्मचारी का स्थाईकरण आवश्यक है।
518. सहगामी-पत्र नहीं मिल रहा है/हमारा ही पत्र नहीं मिल रहा है।
519. सहमति प्राप्त कर ली गई है।
520. सभी पहलुओं पर विचार करने के बाद।
521. साथ नत्थी (संलग्न) है।
522. सिफारिश के साथ अग्रेषित/अग्रसारित और संस्तुत/अग्रेषित और अभिशंसित।
523. सर्व संबंधित को लिखा जाए।
524. समूचे पत्र-व्यवहार की प्रतिलिपि मुख्य सचिव को उनकी इच्छानुसार भेजी गई।
525. समेकित रिपोर्ट प्रस्तुत करें।
526. सुधार के लिए पर्याप्त गुंजाइश है।
527. सूचना (जानकारी) के लिए प्रस्तुत/सूचनार्थ प्रस्तुत।
528. सूचना/आँकड़े एकत्रित करें।
529. सूचना के लिए (......को) प्रतिलिपि भेजी जा रही है।
530. ......से व्यक्तिशः बात करें।
531. ......से रिपोर्ट प्राप्त करें।
532. सेवा-अभिलेख में प्रविष्टि कर ली गई है।
533. सेवाक्रम में भंग को क्षमा कर दिया गया है।
534. सर्वोच्च प्राथमिकता दी जाए।
535. सर्वोत्तम जानकारी और विश्वास/जहाँ तक पता है और विश्वास है।
536. स्वीकृत।
537. स्वीकृति जारी करें।
538. स्वीकृति की प्रतीक्षा में।
539. स्वीकृति दी जाए।
540. स्वीकृति जारी हो रही है।
541. स्वीकृति प्रदान की जाए।

542. स्वीकृति, विनिहित और भुगतान के लिए पास किया गया।
543. स्पष्टीकरण माँगना/जवाब-तलब करना।
544. स्पष्टीकरण माँगा जाए।
545. स्पष्टीकरण माँगा गया है।
546. स्वच्छ पत्र हस्ताक्षर के लिए प्रस्तुत है।
547. स्थगित रखा जाए।
548. स्थिति स्पष्ट की जाए।
549. स्थापना (सिब्बंदी) अनुभाग कृपया देख लें।
550. स्पष्टीकरण माँगा जाए।
551. स्थानांतरण निरस्त किया जाए।
552. स्पष्टीकरण विचारार्थ प्रस्तुत है।
553. स्मरण-पत्र का मसौदा (प्रारूप) प्रस्तुत है।
554. स्पष्ट करें।
555. हम ऊपर 'क' से सहमत हैं।
556. हम वित्त-मंत्रालय से पुनर्विचार के लिए कहें।
557. हमें कोई टिप्पणी नहीं करनी है।
558. हाँ, नियुक्त कर लिया जाए।
559. हमारी ओर से इस पर कोई कार्यवाही जरूरी नहीं मालूम पड़ती।
560. हिसाब की जाँच मेरे द्वारा की गई।
561. हाशिये की अभ्युक्ति के अनुसार अनुमोदित।
562. हमें आगे और कुछ नहीं कहना है।
563. हाथों हाथ भेजा जाना है।
564. हस्ताक्षर के लिए।

(ख) संक्षिप्त टिप्पणियों के कुछ अनुच्छेद स्थापना संबंधी टिप्पणियाँ

1. पदों का सृजन, जारी रखना आदि।

1. ......मंत्रालय/विभाग/कार्यालय में......से संबंधित काम की बढ़ती हुई मात्रा को ध्यान में रखते हुए......के एक अथवा एक से अधिक पदों का सृजन करना वांछनीय होगा।
2. ......महानिदेशक ने सहायक निदेशक के एक और पद के सृजन का जो प्रस्ताव भेजा है उसमें काफी औचित्य नहीं है। उसे मानने में सखेद अपनी असमर्थता प्रकट कर दी जाए।
3. आपात स्थिति के दौरान पंचवर्षीय योजनाओं और राष्ट्रीय रक्षा के लिए

अपेक्षित पदों को छोड़कर बाकी नए पदों के सृजन पर पूरी तरह रोक लगी हुई है।

4. उप महानिदेशक महोदय के निदेशानुसार......विभाग के स्वीकृत/वस्तुतः विद्यमान अस्थाई और स्थाई पदों को वर्तमान स्थिति बतानेवाला एक विवरण फाइल में रख दिया गया है।

5. ......निदेशालय ने अपने दो उपनिदेशकों के अस्थाई पदों में से एक को स्थाई पद में बदलने की माँग की है। यह पद गत चार वर्षों से विद्यमान (चल रहा) है और भविष्य में इसके अनिश्चित काल तक बने रहने की संभावना है। सरकार की वर्तमान नीति को ध्यान में रखते हुए प्रस्ताव मान लिया जाए। वित्त मंत्रालय कृपया सहमति के लिए देख लें।

2. भर्ती, नियुक्ति, डॉक्टरी-परीक्षा आदि।

1. रिक्ति की सूचना संघ लोक सेवा आयोग को दी गई थी। उन्होंने इस विभाग......के पद के लिए श्री......के नाम की सिफारिश की है। आयोग द्वारा सिफारिश किए गए उम्मीदवार में इस पद के लिए निर्धारित अपेक्षित अर्हताएँ पूरी हैं। उन्हें नियुक्ति पत्र भेज दिया जाए।

2. ......का पद द्वितीय श्रेणी (अराजपत्रित) पद है जिसके लिए नियुक्ति प्राधिकारी सचिव महोदय है। अतः श्री......को नियुक्ति का प्रस्ताव भेजने से पहले उनका अनुमोदन प्राप्त कर लिया जाए।

3. आवेदक को सूचित कर दिया जाए कि सभी अराजपत्रित पदों पर नियुक्तियाँ उन्हीं उम्मीदवारों में से की जाती हैं जो रोजगार दफ्तरों द्वारा भेजे जाते हैं। उनके अपने हित में उन्हें यह भी सूचित कर दिया जाए कि यदि उन्होंने अपना नाम अभी तक दर्ज न कराया हो तो निकटतम रोजगार कार्यालय में अब दर्ज करा लें।

4. उम्मीदवार के चरित्र और पूर्ववृत्त की पड़ताल कर ली गई है और उसे संतोषजनक पाया गया। डॉक्टरी रिपोर्ट अभी प्राप्त नहीं हुई है।

5. क्योंकि श्री......पहले ही सरकारी विभाग में नियुक्त है, उनकी नियुक्ति यहाँ हो जाने की दशा में उनकी डॉक्टरी परीक्षा अथवा चरित्र और पूर्ववृत्त के सत्यापन का प्रश्न शायद न उठे। ये आवश्यकताएँ उनके वर्तमान नियोक्ता ने पूरी कर ली होंगा।

6. विचाराधीन पत्र में......के पद पर श्री......की नियुक्ति के संबंध में जो प्रस्ताव रखे गए हैं, वे उचित हैं। हमें उनको स्वीकार करने में कोई आपत्ति नहीं हो सकती। अब गृह मंत्रालय से सहमति प्राप्त की जाए।

7. अंतरिम व्यवस्था के रूप में छुट्टी के कारण हुई रिक्त जगह पर एवजी नियुक्त कर लिया जाए।
8. कल्याण अधिकारी की सिफारिश से स्पष्ट है कि अर्जक सदस्य की मृत्यु हो जाने के कारण यह परिवार वास्तव में संकटग्रस्त है। इसलिए रोजगार दफ्तरों की मार्फत ही भर्ती करने की निर्धारित क्रियाविधि को शिथिल करते हुए मानवता के नाते उनके पुत्र श्री......को इस विभाग में......के पद पर नियुक्त कर लिया जाए।

3. तैनाती, तबादला (प्रतिनियुक्ति, प्रशिक्षण आदि)।

1. श्री......ने जिनको टाइपिस्ट के पद पर नियुक्ति के लिए चुना गया था आज ही कार्यभार सँभाला है। उन्हें सामान्य अनुभाग में तैनात किया जाए।
2. श्री......को......के पद पर नियुक्ति प्रस्ताव भेजने का निर्णय हुआ था। उन्होंने इस पद को स्वीकार कर लिया है और आज अपराह्न को कार्यभार सँभालने उपस्थित हुए। उन्होंने अपने पूर्व कार्यालय का भार मुक्ति आदेश भी प्रस्तुत किया है। उनकी तैनाती के बारे में कार्यालय आदेश का प्रारूप अनुमोदन के लिए प्रस्तुत है।
3. केंद्रीय लोक निर्माण विभाग के इंजीनियर श्री......को......प्रशासन में......से एक वर्ष के लिए प्रतिनियुक्त किया गया था। संघ शासित क्षेत्र में प्रतिनियुक्ति की सामान्य अवधि तीन वर्ष होती है। यदि स्वीकार हो तो श्री......की प्रतिनियुक्ति की अवधि दो वर्ष और बढ़ा दी जाए जिससे कि वे अपनी कार्य अवधि पूरी कर लें। मसौदा अनुमोदन के लिए प्रस्तुत है।
4. श्री......को लखनऊ में......के कार्यालय में काम करते पाँच वर्ष से अधिक हो गए हैं। सरकारी नीति के अनुसार लखनऊ में तीन वर्ष पूरे होने के पश्चात् उनका स्थानांतरण हो जाना चाहिए था। उन्हें अहमदाबाद स्थानांतरित करके श्री......के स्थान पर भेज दिया जाए। उनका भी इसी प्रकार स्थानांतरण किया जाना है।
5. श्री......ने डॉक्टरी आधार पर कलकत्ते को स्थानांतरण किए जाने के लिए आवेदन किया है। उन्होंने इस आशय का डॉक्टरी प्रमाणपत्र प्रस्तुत किया है कि जयपुर की जलवायु उनको अनुकूल नहीं है। प्रमाणपत्र को ध्यान में रखते हुए उनकी बात मान ली जाए।

4. पदोन्नति, पदावनति, दक्षतारोधपार करना, वेतन नियत करना, वार्षिक वेतनवृद्धि आदि।

1. कुछ समय से सहायकों के चार पद खाली पड़े हैं। नियमों के अनुसार उनमें से एक पद उच्च श्रेणी लिपिकों में से पदोन्नति करके भरा जाना है।
2. उच्च श्रेणी लिपिकों की वरिष्ठता सूची उन पाँच की चरित्र पंजिका सहित, जो सर्वाधिक वरिष्ठ हैं, नीचे रख दी गई है। इस मामले पर विभागीय पदोन्नति समिति द्वारा विचार किया जाना होगा।
3. पात्र व्यक्तियों की वरिष्ठता सूची 'क' पताका पर रख दी गई है। सूची में उल्लिखित व्यक्ति गृह मंत्रालय द्वारा निहित शर्तें पूरी करते हैं। पात्र व्यक्तियों के मामलों पर विचार करने के लिए विभागीय पदोन्नति समिति की बैठक शीघ्र ही बुला ली जाए।
4. इस मामले में निर्णय विभागीय समिति के सदस्यों में कागजात घुमाकर कर लिया जाए।
5. विभागीय पदोन्नति समिति ने श्री......को......के पद पर पदोन्नत करने का अनुमोदन कर लिया है।
6. सहायक निदेशकों के पदों पर अधीक्षकों को पदोन्नति के लिए निम्नलिखित नामिका का अनुमोदन कर दिया गया है।
7. श्री......के विरुद्ध अनुशासनिक कार्यवाही के परिणामस्वरूप उनको.... के पद पर परावर्तित करने का निर्णय किया गया है। उन्हें इस निर्णय की सूचना देने के लिए ज्ञापन का मसौदा प्रस्तुत है।
8. श्री......ता. ......से अनुभाग अधिकारी के पद पर पदोन्नत किए गए थे। वे सहायक के मूल पद पर......रु. वेतन ले रहे थे। अनुभाग अधिकारी के नाते उनका वेतन......रु. मासिक नियत कर दिया जाए।
9. श्री......के छुट्टी चले जाने पर श्री......को तारीख से......तक की अवधि के लिए......के ग्रेड में पदोन्नति की गई थी। तारीख......से अपने मूल पद पर परावर्तित हो जाने के परिणामस्वरूप उनका वेतन......रु. प्रति मास नियत कर दिया जाए।
10. श्री......को उनके......मूल/स्थानापन्न पद पर वार्षिक वेतन वृद्धि मंजूर की गई है जिससे उनका वेतन बढ़कर तारीख......से......रु. प्रतिमास हो जाएगा। उन्हें चाहिए कि वे प्रशासन अनुभाग में तारीख......तक आकर अपनी सेवापुस्तिका का खाना पूरा कर दें।
11. श्री/श्रीमती/कुमारी......जोकि इस विभाग में......के पद पर अस्थाई/स्थाई

हैं, की वार्षिक वेतनवृद्धि......को होनी है/थी जिससे......रु. के वेतनमान में उनका वेतन......रु. प्रतिमास से बढ़कर......रु. प्रतिमास हो जाता है। किंतु यहाँ यह बता दिया जाए कि इस बार उन्हें दक्षतारोध को पार करना है।

12. आदेश के लिए प्रस्तुत किया जाता है कि क्या श्री......को ता. ......से दक्षतारोध पार करने की अनुमति दे दी जाए और तदनुसार उनकी वेतनवृद्धि कर दी जाए। उन्होंने ऐसी कोई छुट्टी नहीं ली है कि जिसके कारण उनको वेतनवृद्धि की तारीख बढ़ानी पड़े। उनकी सेवा पुस्तिका और आचरणपंजी अवलोकनार्थ प्रस्तुत है।

13. श्री...... (पदनाम)......को......के वेतनमान 4.3.64 से वेतनवृद्धि मिलनी है। इस वृद्धि के कारण उनका वेतन......रु. से बढ़कर......रु. हो जाएगा। इस वेतनमान में......रु. पर दक्षतारोध पार करना होता है, अतः यह मामला......को प्रस्तुत किया जाता है। यदि वे सौंपे गए कार्यों के विहिन में कर्मचारी की दक्षता से संतुष्ट हों तो कृपया दक्षतारोध पार करने की उपयुक्तता का प्रमाणपत्र लिख दें।

14. श्री......की सेवापुस्तिका में उनके विरुद्ध कोई प्रतिकूल अभ्युक्ति नहीं है। इसके पूर्व कि उन्हें दक्षतारोध पार करने दिया जाए......अनुभाग कृपया चेतावनी और दण्ड रजिस्टर से यह पड़ताल कर लें कि उसमें उक्त कर्मचारी के विरुद्ध कोई प्रतिकूल प्रविष्टियाँ तो नहीं हैं।

15. इस मंत्रालय/विभाग से निम्नलिखित कर्मचारियों की बदली उनके नाम के सामने लिखित कार्यालयों को हो गई है। उनके अंतिम वेतन प्रमाणपत्र तैयार कर दिए गए हैं और अवर सचिव (प्रशा.) के हस्ताक्षर के लिए प्रस्तुत है।

16. इस विभाग के अवर श्रेणी लिपिक श्री......का मूल वेतन......रु. के वेतनमान में......रु. प्रतिमास है।

तारीख......से उच्च श्रेणी लिपिक के पद पर स्थानापन्न रूप से नियुक्त होने के परिणामस्वरूप उनका प्रारंभिक वेतन......के अधीन ......रु. के वेतनमान में......रु. प्रतिमास नियत होना चाहिए।

5. स्थायिवत्ता, स्थायित्व, वरिष्ठता, सेवा-भंग की माफी आदि।

1. श्री......तारीख......से......के पद पर नियुक्त किए गए थे। उन्होंने तारीख......को सेवा के तीन वर्ष पूरे कर लिए हैं। उनके चरित्र तथा पूर्ववृत्त का सत्यापन कर लिया गया है। उनकी डाक्टरी परीक्षा भी हो चुकी है तथा वे सरकारी नौकरी के योग्य पाए गए हैं। अतः वह

तारीख......से स्थायिवत् घोषित किए जाने के पात्र हैं।

2 निम्नलिखित स्थाई पद उनके सामने दी गई तारीखों से खाली हुए हैं :

	तारीख	खाली होने का कारण
(1)	9 जुलाई, 19......	श्री......के सेवानिवृत्त होने से
(2)	18 अगस्त, 19......	श्री......की मृत्यु होने से
(3)	28 फरवरी, 19......	पत्र सं. ......तारीख......द्वारा संस्वीकृत।

सुझाव दिया जाता है कि इन पदों पर निम्नलिखित व्यक्तियों की पुष्टि कर दी जाए।

3. पूर्वगामी टिप्पणी में स्पष्ट की गई स्थिति को ध्यान में रखते हुए.... के प्रयोजन के लिए ता. ......से......तक की अवधि के लिए हम श्री......की सेवा भंग की माफी स्वीकार कर लें।

4. सेवा भंग की अवधि को वेतनवृद्धि और पेंशन के लिए नहीं गिना जाएगा।

6. छुट्टी

1. श्री......सहायक ने......से......तक......दिनों की अर्जित छुट्टी के लिए आवेदन पत्र दिया है। उनके शाखा अधिकारी ने यह छुट्टी दे देने की सिफारिश की है और उनके छुट्टी लेखे के अनुसार उनकी इतनी छुट्टी है। उनकी जगह किसी एवजी की माँग नहीं की गई है।
   छुट्टी मंजूर कर दी जाए।
   स्वच्छ भाग 11 कार्यालय आदेश हस्ताक्षर के लिए प्रस्तुत है।
2. श्री......ने......से......तक बीमारी के आधार पर छुट्टी बढ़ाने के लिए आवेदन पत्र दिया है। ......शाखा कृपया शाखा अधिकारी की मार्फत अपनी सिफारिश भेजे कि छुट्टी बढ़ा दी जाए या नहीं।
3. यह प्रमाणित कर दिया जाए कि छुट्टी की समाप्ति पर श्री......के उसी जगह पर लौटने की संभावना है जहाँ से वह छुट्टी पर गए थे।
4. श्री......को तारीख......से छुट्टी मंजूर की गई थी। उनके कार्यभार छोड़ने की रिपोर्ट प्राप्त हो चुकी है। छुट्टी को अधिसूचित कर दिया जाए।
5. श्री......ने, जिन्हें इस कार्यालय के तारीख......के ज्ञापन सं. ......के अनुसार तारीख......तक अर्जित छुट्टी प्रदान की गई थी, तारीख......को अपना कार्यभार पुनः सँभाल लिया है। उनकी कार्यभार रिपोर्ट लेखा अधिकारी को भेज दी जाए।
6. छुट्टी समाप्त होने पर श्री......ने......को......को दूसरा शनिवार/रविवार (छुट्टी होने के कारण) कार्यभार पुनः सँभाल लिया है। उनकी

सेवापुस्तिका और छुट्टी लेखे में किए गए छुट्टी संबंधी इन्दराज कृपया प्रमाणित कर दिए जाए।

7. श्री......अवर श्रेणी लिपिक को उनके 21.4.63 से 27.4.63 तक छुट्टी बढ़ाने के आवेदन के संबंध में चिकित्सा प्रमाण पत्र देने को कहा गया था। उन्होंने संबंधित केंद्रीय स्वास्थ्य सेवा औषधालय का चिकित्सा प्रमाणपत्र दे दिया है। उन्होंने यह भी प्रार्थना की है कि उनकी इस छुट्टी को परिणत छुट्टी माना जाए। नियमों के अनुसार और उनके छुट्टी लेखे के अनुसार भी उन्हें 7 दिन की परिणत छुट्टी दी जा सकती है। छुट्टी मंजूर कर दी जाए।

7. सेवापुस्तिका में प्रतिकूल प्रविष्टियाँ, अनुशासनिक कार्यवाही, स्पष्टीकरण आदि।

1. श्री......द्वारा दिया गया स्पष्टीकरण बिल्कुल असंतोषजनक है। इस अनुमोदन के लिए प्रस्तुत किए गए मसौदे के अनुसार उन पर सरकार का असंतोष व्यक्त कर दें।
2. इस प्रकार के मामलों की पुनरावृत्ति को रोकने के लिए......अनुरोध किया जाए कि वह सब संबंधित लोगों को इस आशय के अनुदेश दे दें कि भविष्य में इस प्रकार की चूक होने पर कड़ी कार्यवाही की जाएगी।

8. सेवा निवृत्ति, त्यागपत्र, पुनर्नियुक्ति, सेवा-अवधि-वृद्धि आदि।

1. ......निगम ने जिस पद का प्रस्ताव भेजा है श्री......उसका कार्यभार ग्रहण करना चाहते हैं। अतः उन्होंने अपने पद से त्यागपत्र दे दिया है जिसे मंजूर कर लिया जाए।
2. श्री......ने अपना त्यागपत्र देने से पूर्व एक महीने का नोटिस नहीं दिया है। यदि वे एवज में एक महीने का वेतन छोड़ने के लिए सहमत न हों तो उन्हें एक महीने की अवधि समाप्त होने पर कार्यभार से मुक्त किया जाए।
3. श्री......को इस विभाग में कार्य करते हुए 35 वर्ष से अधिक समय हो गया है।......के संबंध में बनाई गई समिति के कार्य के लिए उनका अनुभव काफी उपयोगी होगा। श्री......अगले मास सेवा निवृत्त होने वाले हैं। उन्हें सेवानिवृत्ति की तारीख से एक वर्ष की अवधि के लिए ......के रूप में पुनर्नियुक्त कर लिया जाए।
4. ......निदेशक कृपया श्री......को पुनर्नियुक्ति के प्रश्न पर विहित

सिद्धांतों के अनुसार विचार कर।

5. इस कार्यालय के निम्नलिखित अधिकारी उनके नाम के सामने दी गई तारीखों से सरकारी सेवा से निवृत्त होनेवाले हैं उनके पास सरकारी मकान है। सम्पदा निदेशालय से अनुरोध किया जाए कि उनके मकान किराए संबंधी हिसाब को अंतिम रूप से तैयार कर ले जिससे कि उनके पक्ष में 'बेबाकी पत्र' जारी करने में अनावश्यक देरी न हो।

9. सामान्य भविष्य निधि तथा पेंशन

1. इस निदेशालय के श्री......ने......के......संबंध में अपने सामान्य भविष्य निधि लेखा सं. ......में से......रु. की पेशगी के लिए आवेदन दिया है। आवेदन नियमानुकूल है। यदि निधियाँ उपलब्ध हों तो आवेदित पेशगी मंजूर कर दी जाए।
2. श्री......ने मकान बनाने की लागत पूरा करने के लिए सामान्य भविष्य निधि में से......रु. निकालने की प्रार्थना की है। उनका आवेदन नियमानुकूल है। इसे स्वीकार कर लिया जाए।
3. भविष्य निधि की अंतिम कटौती इस कार्यालय के......रु. ......के बिल सं. ......तारीख......द्वारा लिए गए......मास के उनके वेतन में से की गई थी। ......खजाना का नकद बाउचर सं. ......कटौती की रकम ......रु. तथा पेशगी की रकम......रु. है।
4. श्री......की मृत्यु की तारीख के तुरंत पहले के 12 महीनों के दौरान उन्हें भविष्य निधि लेखे में न तो कोई अस्थाई पेशगी और न ही अंतिम निकासी मंजूर हुई थी।
5. श्री......ने अपनी भविष्य निधि की रकम को निधि में लगातार रखने का विकल्प स्वीकार कर लिया है तथा उनका विकल्प इस कार्यालय के पत्र सं. ......तारीख द्वारा महालेखाकार को भेज दिया गया है।
6. श्री......के सामान्य भविष्य निधि का पिछले वर्ष का हिसाब महालेखाकार केंद्रीय राजस्व से अभी तक प्राप्त नहीं हुआ है। हस्ताक्षर के लिए प्रस्तुत स्वच्छ पत्र के अनुसार नेमी अनुस्मारक भेज दिया जाए।
7. नीचे लिखे अधिकारी का सन्......का सामान्य भविष्य निधि का विवरण......साथ में भेजा जा रहा है। अनुरोध है कि इस विवरण को रख लिया जाए और उसका पावती वाला हिस्सा विधिवत् भर कर महालेखाकार, केंद्रीय राजस्व के कार्यालय को भेजने के लिए इस अनुभाग को लौटा दिया जाए।

14. Action as at 'A' above	ऊपर 'क' के अनुसार कार्यवाई कीजिए।
15. Action is under way	कार्यवाही की जा रही है।
16. Action taken is valid	की गई कार्यवाही विधिवत् है।
17. Address all concerned	सर्वसंबंधित को लिखा जाए।
18. Adjourn sine die	अनिश्चित काल के लिए स्थगित करना।
19. Advise accordingly	तदनुसार सूचित करें।
20. Advise further development	आगे की प्रगति से अवगत कराएँ।
21. Advise the action taken	की गई कार्रवाई से अवगत कराएँ।
22. Advise telegraphically	तार द्वारा सूचित करें।
23. Agenda is scnt herewith	कार्य-सूची साथ भेजी जा रही है।
24. Agenda will follow	कार्य-सूची बाद में भेजी जाएगी।
25. Agreed by the meeting	बैठक में मंजूर किया गया।
26. Agreement is entered	करार हो गया।
27. All concerned to note.	सभी संबंधित (व्यक्ति) इसे नोट कर लें। सभी संबंधित इसे ध्यान में रखें।
28. Am I presume that...	क्या यह मान लूँ कि...
29. Amended draft put up	संशोधित मसौदा (प्रारूप) प्रस्तुत है।
30. An interim reply may be sent	अंतिरम उत्तर भेज दिया जाए।
31. Appear for interview	साक्षात्कार के लिए उपस्थित हों।
32. Appendid herewith	इसके साथ संलग्न है।
33. Application may be rejected	आवेदन-पत्र अस्वीकार कर दिया जाए।

34.	Application rejected	आवेदन-पत्र अस्वीकृत। अर्जी नामंजूर।
35.	Apply for sanction	मंजूरी के लिए आवेदन कीजिए।
36.	Approval is first sought	अनुमोदन पहली बार माँगा है।
37.	Approval may be accurdeci	अनुमोदन प्रदान कर दिया जाए।
38.	Approved as proposed	यथा-प्रस्ताव अनुमोदित/प्रस्ताव के अनुसार अनुमोदित
39.	Arrange easly disposal of the case	मामले को जल्दी निपटाने की व्यवस्था करें।
40.	Arrange to return the papers early	कागज शीघ्र लौटाने का प्रबंध करें।
41.	Arrears have to be cleared off	अवशेष (बाकी) कार्य किया जाना है।
42.	As pointed out	जैसाकि पहले बताया जा चुका है।
43.	As decided	जैसाकि निर्णय किया गया है।
44.	As early as possible reply may be sent	यथाशीघ्र उत्तर भेज दिया जाए।
45.	As enjoined	जैसाकि आदेश दिया गया है।
46.	As explained in the forgoing para	जैसाकि पैरा में स्पष्ट किया गया है।
47.	As explained in your letter	जैसाकि आपके पत्र में स्पष्ट किया गया है।
48.	As for as circumstance permit	परिस्थितियों के अनुसार जहाँ तक संभव है।
49.	As for as permissible	जहाँ तक अनुमेय हो।
50.	As for as practicable	जहाँ तक व्यावहारिक हो।
51.	As here in after directed	जैसाकि इसके बाद निर्दिष्ट है।

52. As here in after provided — जैसाकि इसमें आगे उपबंधित है।

53. As indicated above — जैसाकि ऊपर बताया गया है।

54. As in the case of... — जैसाकि...के मामले में हुआ है।

55. As in force for the time being — जैसा उस समय लागू हो।

56. As listed below — जैसा नीचे सूचीबद्ध किया गया है।

57. As may be considered expedient — जैसा कालोचित प्रतीत हो।

58. As may be mutually agreed — जैसा आपस में तय हो।

59. As may be specified — जैसा निर्दिष्ट किया जाए।

60. As mentioned above — जैसाकि ऊपर कहा गया है।

61. As mentioned below — जैसाकि नीचे कहा गया है।

62. As per details below — नीचे दिए गए ब्यौरों के अनुसार।

63. As per extant orders — वर्तमान आदेशों के अनुसार।

64. As per item in the schedule — अनुसूची में दी गई मद के अनुसार।

65. As per noting at page... — पृष्ठ...दी गई टिप्पणी के अनुसार।

66. As per standard distribution test — मानक वितरण सूची के अनुसार।

67. As per orders on page... — पृष्ठ पर दिए गए आदेशों के अनुसार।

68. As proposed — यथा-प्रस्तावित।

69. As required under rules — नियमों के अधीन अपेक्षित।

70. As my predicessor said — जैसा मेरे पूर्ववर्ती/पूर्वाधिकारी नें कहा है।

71. Assess the amount of demurrage — विलम्ब-शुल्क की रकम निर्धारित की जाए।

72.	As suggested above/below	जैसाकि ऊपर/नीचे सुझाया गया है।
73.	As the matter stands	जैसी स्थिति
74.	As there is no clear vacancy	चूँकि कोई खाली जगह नहीं है।
75.	As is usually done in such cases	जैसाकि इस प्रकार मामलों में प्रायः किया जाता है।
76.	As you are no doubt aware	जैसाकि आपको विदित ही होगा।
77.	Attached herewith	साथ नत्थी है।
78.	Attend deliquently to duties	कर्तव्यों का तत्परतापूर्वक पालन कीजिए।
79.	Attention is envited to...	की ओर ध्यान आकर्षित किया जाता है।
80.	Attention, Shri	श्री...ध्यान दें।
81.	At your earliest convience	आपकी सुविधानुसार जितनी जल्दी हो सके।
82.	At your end also	आपकी ओर से भी/आपकी तरफ से भी
83.	Authority completent to decide the case	मामले का फैसला करने के लिए समर्थ प्राधिकारी।
84.	Await arrival	आगमन (आने) की प्रतीक्षा करें।
85.	Await further action	आगे की कार्रवाई की प्रतीक्षा करें।
86.	Await further advise/Depost	आगे और सूचना/रिपोर्ट की प्रतीक्षा करें।
87.	Await reply	उत्तर की प्रतीक्षा करें/उत्तर की प्रतीक्षा की जाए।
88.	Awaiting decision	निर्णय की प्रतीक्षा है।

89.	Awaiting orders	आदेशों की प्रतीक्षा है।
90.	Ban on Creation of posts	पदों के सर्जन पर रोक।
91.	Ban on further (future) promotion	भावी (आगे) पदोन्नति पर रोक।
92.	Ban on further (future) recruitment	भावी (आगे) भरती पर रोक/प्रतिबंध
93.	Ban on filling of posts	पद भरने पर रोक।
94.	Before the date of submission	पेश करने की तारीख से पहले।
95.	Beg to be excused	क्षमा प्रार्थी हूँ। क्षमा कीजिए।
96.	Benefits assued by the rules	फायदे, जिनका आश्वासन नियमों द्वारा किया गया।
97.	Besides what has been stated above	जो ऊपर कहा गया है, उसके अलावा।
98.	best of knowledge and belief	सर्वोत्तम जानकारी और विश्वास है/जहाँ तक पता है और विश्वास है।
99.	Better accept the proposal	बेहतर है इस प्रस्ताव को मान लिया जाए।
100.	Bill cashed on...	तारीख...को बिल भुनाया।
101.	Bill disbursed on...	तारीख...को बिल का भुगतान किया।
102.	Bill has been paid	बिल का भुगतान हो गया है।
103.	Bill has not been prepared correctly	बिल सही-सही नहीं बनाया गया है।
104.	Bill has been varified	बिल का सत्यापन कर लिया गया है।
105.	Bill have been drawn	बिलों पर अदायगी ली जा चुकी है।
106.	Bill for signature	बिलों पर हस्ताक्षर कर दो।
107.	Bills may be passed for payment	बिलों को भुगतान के लिए पास

किया गया।

108.	Bill to be paid	बिल चुकाया जाए।
109.	Bound to do that act	उस कार्य को रोकने के लिए आबद्ध।
110.	Bound to prove	साबित करने के लिए आबद्ध।
111.	Break in service has been condoned	सेवाक्रम में भंग को क्षमा कर दिया गया है।
112.	Brief for the meeting has been placed for kind persual	बैठक के लिए विषय-सार अवलोकन के लिए प्रस्तुत है।
113.	Briefs for the meeting are being prepared	बैठक के लिए पक्ष-सार तैयार किया जा रहा है।
114.	Brief history of the case is follows	मामले का संक्षिप्त इतिहास इस प्रकार है।
115.	Brief summary of the caseis placed below	मामले का सारांश नीचे (साथ में) रखा है।
116.	Broken period in service	खण्डित सेवा-काल।
117.	Budget provision exists	बजट में प्रावधान है।
118.	Budget provision is not adequate	बजट-प्रावधान पर्याप्त नहीं है।
119.	But not exceeding...in any case	किन्तु किसी भी स्थिति में...से अधिक नहीं।
120.	By order of...	...की आज्ञा से
121.	By order of the governor	राज्यपाल के आदेशानुसार।
122.	By whatever form of words	चाहे किन्हीं शब्दों में।
123.	By whatever name called	चाहे वह किसी भी नाम से पुकारा जाए।
124.	Call for an explanation	स्पष्टीकरण माँगना/जवाब तलब करना।
125.	Call for application	आवेदन-पत्र माँगे जाएँ।
126.	Call for interview	साक्षात्कार के लिए बुलाना।

127.	Call for the file	फाइल माँगना/मिसिल मँगवाना।
128.	Call for the record	अभिलेख माँगना।
129.	Call up for training	प्रशिक्षण के लिए बुलाना।
130.	Call upon to show cause	कारण बताने के लिए आदेश देना।
131.	Called for information	जानकारी माँगी गई।
132.	Cancillation of nomination	नाम-निर्देश को रद्द करना।
133.	Cancillation of registration	पंजीकरण/रजिस्ट्रेशन को रद्द करना।
134.	Cannot be accided to	स्वीकार नहीं किया जा सकता।
135.	Cannot be permitted	अनुमति (इजाजत) नहीं दी जा सकती।
136.	Carry out instructions Ungrudgingly	बिना उज्र अनुदेशों का पालन करना।
137	Carry out orders	आदेश का पालन करे।
138.	Case be remanded	मामला प्रतिपेषित किया जाए।
139.	Case file is putup below for perusal	मामले की फाइल अवलोकनार्थ नीचे रखी है।
140.	Case fixed for...	मामला...के लिए नियत।
141.	Case for oders on...	तारीख...को आदेशों के लिए पेशी।
142.	Case has become Unwidly	फाइल बहुत बोझिल हो गई है।
143.	Case has been closed	मामला समाप्त कर दिया गया है।
144.	Case has ben badly delayed	मामले में बहुत देर लग गई है।
145.	Case is closed now	अब मामले पर कार्रवाई समाप्त हुई।
146.	Case is destroyed	फाइल नष्ट कर दी गई है।

147. Case is filed — मामला फाइल पर दिया गया है।

148. Case is not tracable — फाइल नहीं मिल रही है।

149. Case is put up for orders — मामला आदेश के लिए प्रस्तुत है।

150. Case is remanded for fresh disposal — फिर से कार्यवाही के लिए मामला लौटाया जाता है।

151. Case is to be reviewed — मामले पर फिर विचार होना/करना है।

152. Case is under consideration — मामला पुनर्विचाराधीन है।

153. Case is under investigation — मामले की जाँच की जा रही है।

154. Case should pend till — तक मामला रोका जाए/मुल्तवी रखा जाए।

155. Casual leave granted — आकस्मिक छुट्टी स्वीकृत की गई।

156. Certificate be amended — प्रमाण-पत्र संशोधित किया जाए।

157. Certificate issued — प्रमाण-पत्र दिया गया।

158. Chase the case — मामले की प्रगति पर निगाह रखें।

159. Check and give remarks — जाँच करें और कैफियत दें।

160. Checked and found correct — जाँच की गई और ठीक पाया।

161. Circulate and than file — सबके बीच घुमाकर फाइल कर दिया जाए।

162. Circular will be issued to all concerned — सभी संबंधित व्यक्तियों को परिपत्र भेजा जाएगा।

163. Circulate for public opinion — लोकमत (जनता) की राय जानने के लिए प्रचारित।

164. Circulate the percis — संक्षेपिका सबको भेजी जाए।

165.	Clarification have been sought	स्पष्टीकरण माँगा गया है।
166.	Close watch is being kept on the case	मामले पर पूरी नजर रखी जा रही है।
167.	Communicate to all	सबको सूचित कीजिए।
168.	Competent authority may kind decide	सक्षम प्राधिकारी कृपया निर्णय दें।
169.	Complaint has been lodged by...	...ने शिकायत की है।
170.	Complaint is completely unjustified	शिकायत सर्वथा अनुचित है।
171.	Compliance with orders is still awaited	आदेश के अनुपालन की अभी प्रतीक्षा है।
172.	Comply with the order	आदेश का पालन कीजिए।
173.	Comply with the requirements	जरूरतें पूरी की जाएँ।
174.	Concurrence has been obtained	सहमति प्राप्त कर ली गई है।
175.	Condone the delay	विलम्ब के लिए माफी दें/माफी दी जाए।
176.	Conduct is questionable	आचरण आपत्तिजनक।
177.	Confirmation of a govt. servant's essential	सरकारी कर्मचारी का स्थायीकरण आवश्यक है।
178.	Connect previous papers	पिछले कागज नत्थी करें।
179.	Connect the relevant papers	संबंधित कागज नत्थी करें।
180.	Consequently it has been decided that...	अतः यह निश्चय किया गया है कि···
181.	Consider it again	इस पर पुनर्विचार करें।
182.	Consider it properly	समुचित रूप से विचार करें।
183.	Consider the finding	निष्कर्ष पर विचार करें।
184.	Consolidated report may be furnished	समेकित रिपोर्ट प्रस्तुत करें।
185.	(take a) Constructive view	रचनात्मक दृष्टि से विचार करें।
186.	Consulation is necessary	परामर्श आवश्यक है।
187.	Contention is not correct	तर्क ठीक नहीं है।

188.	Contention is untenable	तर्क में बल नहीं है।
189.	Contingency may arise	आकस्मिक स्थिति पैदा हो सकती है।
190.	Continues to be approval	अनुमोदन कायम है।
191.	Contravences the provisions of...	...के उपबंधों का उल्लंघन करता है।
192.	Copy enclosed	प्रतिलिपि संलग्न है।
193.	Copy enclosed for ready reference	तत्काल संदर्भ/हवाले के लिए प्रति संलग्न है।
194.	Copy forwarded to...	...को प्रतिप्रेषित/अग्रेषित/भेजी जाती है।
195.	Copy forwarded (to...)for information	सूचना के लिए (...को) प्रतिलिपि प्रेषित है।
196.	Copy forwarded for necessary action	आवश्यक कार्यवाई के लिए प्रतिलिपि प्रेषित है।
197.	Copy forwarded for ready reference	प्रतिलिपि तत्काल निर्देश (संदभी) के लिए प्रेषित।
198.	Copy issued on...	तारीख...को प्रति दी/भेजी गई है।
199.	Copy ready on..	तारीख...को प्रति तैयार की गई।
200.	Copyright shall subsist	प्रतिलिप्यधिकार अस्तित्व में रहेगा।
201.	Copy with a spare copy forwarded to...	अतिरिक्त प्रति के साथ प्रतिलिपि...को प्रेषित।
202.	Copy by post in confirmation	पुष्टि के लिए प्रतिलिपि (नकल) डाक द्वारा।
203.	Corrigendum may be put up	शुद्धिपत्र प्रस्तुत किया जाए।
204.	Credited to treasury	सरकारी कोष (खजाने) में जमा की।

205.	Currency of the post expired on...	पद की अवधि...को समाप्त होती है।
206.	Dear Sir	प्रिय महोदय
207.	Dear Sir/My dear	प्रिय महोदय/श्रीमान्
208.	Dear Sirs	प्रिय महानुभाव।
209.	Decision is awaited	निर्णय की प्रतीक्षा।
210.	Deemed to be continuing in force	प्रवृत्त समझी जाएगी/समझी गई
211.	Default is remedied	व्यतिक्रम का उपचार कर दिया गया है।
212.	Default was excusable	व्यतिक्रम माफी योग्य था।
213.	Delay is regretted	विलम्ब के लिए खेद है।
214.	Delay is regretted, please	विलम्ब के लिए खेद है।
215.	Delays are chronic	विलम्ब की आदत बन गई है।
216.	Delays should be avoided	देर नहीं होनी चाहिए।
217.	Delay was unavoidable	विलंब अपरिहार्य था।
218.	Delete the following lines	नीचे की पंक्तियों को निकाल दीजिए।
219.	Delinked, file has been	फाइल अलग कर दी गई है।
220.	Departmental action is in progress	विभागीय कार्रवाई की जा रही है।
221.	Depute an officer to investigate	जाँच-पड़ताल के लिए किसी अधिकारी की प्रतिनियुक्ति करें।
222.	Deserves promotion out of turn	बारी आने से पहले पदोन्नति का पात्र है।
223.	Detailed particulars may be furnished	विस्तृत विवरण भेजा जाए।
224.	Director may please see for approval	निदेशक कृपया अनुमोदन के लिए देख लें।
225.	Discharged from service	नौकरी से हटाया गया/सेवामुक्ति।

226.	Discussed and dropped	विचार-विमर्श के बाद इसे समाप्त कर दिया गया।
227.	Discussed with...	...से चर्चा कर ली/...से विचार-विमर्श कर लिया।
228.	Dispense with normal procedure	सामान्य प्रक्रिया का त्याग करना।
229.	Disposal of cases be expedited	मामले शीघ्र निपटाए जाएँ।
230.	Disposals quick	अविलम्ब निपटान करने हैं।
231.	Discrepancy may be reconciled	विसंगति का समाधान किया जाए/कर लिया जाए।
232.	Does not seem to stand to reason	तर्क संगत नहीं जान पड़ता।
233.	Do the needful	आवश्यक कार्यवाई करें।
234.	Draft acknowledgement letter put up	प्राप्ति-पत्र का प्रारूप प्रस्तुत है।
235.	Draft added for approval please	प्रारूप अनुमोदनार्थ/अनुमोदन के लिए प्रस्तुत है।
236.	Draft approved as amended	मसौदा संशोधित रूप में अनुमोदित किया जाता है।
237.	Draft as amened is put up	यथा संशोधित मसौदा (प्रारूप) प्रस्तुत है।
238.	Draft as amended is put up for approval	संशोधित प्रारूप अनुमोदन के लिए प्रस्तुत है।
239.	Draft approved as amended	मसौदा संशोधित रूप अनुमोदित किया जाता है।
240.	Draft as amended may be issued	यथासंशोधित मसौदा जारी किया जाए।
241.	Draft circular put up for signature	परिपत्र का मसौदा हस्ताक्षर के लिए प्रस्तुत है।
242.	Drafted as directed	निदेशानुसार प्रारूप तैयार किया गया।

243.	Draft for approval	अनुमोदन के लिए मसौदा।
244.	Draft has been amended accordingly	प्रारूप तदनुसार संशोधित कर दिया है।
245.	Draft is approved	मसौदा अनुमोदित।
246.	Draft is concurred in	प्रारूप को सहमति दी जा रही है।
247.	Draft is put up accordingly	तदनुसार मसौदा प्रस्तुत है।
248.	Draft is put up for approval please	मसौदा (प्रारूप) अनुमोदन के लिए प्रस्तुत है।
249.	Draft may be amended accordingly	प्रारूप को तदनुसार संशोधित किया जाए।
250.	Draft may now be issued	प्रारूप अब जारी कर दिया जाए।
251.	Draft notification is placed below	अधिसूचना का प्रारूप नीचे रखा है।
252.	Draft reply as suggested below	ऊपर सुझाए अनुसार उत्तर का मसौदा तैयार किया जाए।
253.	Draft reply is placed for approval	उत्तर का मसौदा अनुमोदनार्थ प्रस्तुत है।
254.	Draft submitted for approval	अनुमोदनार्थ प्रारूप प्रस्तुत है।
255.	Due consideration shall be given	सम्यक् ध्यान रखा जाएगा।
256.	Duly examined	विधिवत् जाँचा गया।
257.	Duly proved	सम्यक् रूप से साबित किया गया।
258.	Duly sanctioned	विधिवत् मंजूर किया हुआ।
259.	During the course of discussion	चर्चा के दौरान/विचार-विमर्श के दौरान।
260.	During the interim period	अन्तरिम अवधि में।
261.	During the pendency of the case	मामला विचाराधीन रहने की अवधि में।

262.	During the period under review	समीक्षाधीन अवधि में।
263.	Early orders are solicited	शीघ्र आदेशों की प्रार्थना है।
264.	Early reply is solicited	शीघ्र उत्तर भेजने की प्रार्थना है।
265.	Early reply will be highly appreciated	यदि शीघ्र उत्तर भेज दें तो बड़ी कृपा होगी।
266.	Earned leave granted	अर्जित छुट्टी स्वीकृत।
267.	Eligibility certified	पात्रता प्रमाणित की जाती है।
268.	Eminently deserves promotion	सर्वथा पदोन्नति (प्रोन्नति) के पात्र हैं।
269.	Empowered to sanction	मंजूरी देने का अधिकार है।
270.	Enclosed document(s)	संलग्न/अनुलग्न दस्तावेज।
271.	Enclosed statement	संलग्न विवरण।
272.	Enclosures as follows	सहपत्र नीचे दिए अनुसार।
273.	Endorsement put up for signature	पृष्ठांकन हस्ताक्षर के लिए प्रस्तुत।
274.	Enforce discipline	अनुशासन का पालन करना /करें।
275.	Enquire into the case and report early	मामले की जाँच करें और शीघ्र रिपोर्ट दें।
276.	Enquire the present position of the case	मामले की मौजूदा स्थिति का पता लगाइए।
277.	Enquiries in the matter are underway	मामले की जाँच की जा रही है।
278.	Enquiry has been ordered	जाँच का आदेश दे दिया गया है।
279.	Enquiry may be completed	जाँच पूरी की जाए।
280.	Ensure compliance	अनुपालन सुनिश्चित करना/करें।
281.	Entry allowed	प्रवेश की अनुमति है।

282.	Errors is regretted	गलती के लिए खेद है।
283.	Estimate is under preparation	प्राक्कलन तैयार किया जा रहा है।
284.	Expedite in the public interest	लोकहित में समीचीन।
285.	Expedite action	शीघ्र कार्रवाई करें/कार्रवाई में शीघ्रता करें।
286.	Expedite submission of report	रिपोर्ट शीघ्र भिजवाने की कृपा करें।
287.	Explained in your letter	आपके पत्र में स्पष्ट किया गया।
288.	Explained in your memorandum	आपके ज्ञापन में स्पष्ट किया गया।
289.	Explanation may be called for	स्पष्टीकरण माँगा जाए।
290.	Facts of the case in brief are as follows	संक्षेप में मामले के तथ्य इस प्रकार हैं।
291.	Facts of the case may kindly be furnished	मामले (प्रकरण) संबंधी तथ्य प्रस्तुत किए जाएँ।
292.	Fair letter added for signature	स्वच्छ पत्र हस्ताक्षर के लिए प्रस्तुत है।
293.	File 'A' eliminated	फाइल 'क' नष्ट की गई।
294.	File 'A' partly eliminated	फाइल 'क' आंशिक रूप से नष्ट की गई।
295.	File has been delined	फाइल अलग कर ली गई है।
296.	File in question is placed belo\'	अपेक्षित फाइल नीचे रखी है।
297.	File is being returned	मिसिल (फाइल) लौटाई जा रही है।
298.	File is not readily tracable	फाइल तत्काल नहीं मिल रही है।
299.	File is under submission	फाइल अधिकारी के पास है।
300.	File may kindly be returned	कृपया इस फाइल को शीघ्र

		लौटा दें।
301.	Files are indeseed	फाइलों को सूचीबद्ध किया जाता है।
302.	Final concurrence is accorded	अंतिम सहमति दी जाती है।
303.	Final reply will follow	अंतिम उत्तर भेज दिया जाएगा।
304.	(Kindly) fix a date for meeting	(कृपया) बैठक के लिए तारीख तय करें।
305.	Fix up responsibility	जवाबदेही ठहराई जाए/ उत्तरदायित्व निश्चित किया जाए।
306.	Follow the orders	आदेशों का पालन कीजिए।
307.	Follow the procedure	प्रक्रिया का अनुसरण करें कीजिए।
308.	For administrative approved	कृपया प्रशासनिक अनुमोदन करें।
309.	For all concerned please	सभी संबंधित व्यक्तियों के लिए।
310.	For early approval	शीघ्र अनुमोदन के लिए।
311.	For attestation please	कृपया तसदीक करें।
312.	For comments, please	कृपया मत/राय/टिप्पणी दें/ दीजिए।
313.	For compliance	अनुपालन के लिए।
314.	For Concurrence	सहमति के लिए।
315.	For Consideration	विचार के लिए।
316.	For discussion	चर्चा के लिए।
317.	For disposal	निपटाने के लिए/व्ययन के लिए।
318.	For early compliance	शीघ्र कार्रवाई के लिए/करें।
319.	For early orders, please	कृपया शीघ्र आदेश दें/दीजिए।
320.	For early remarks	शीघ्र रिमार्क दें।

321.	For favourable action	अनुकूल कार्रवाई के लिए।
322.	For favour of doing the needful	आवश्यक कार्रवाई के लिए करें।
323.	For favour of necessary action	उचित कार्रवाई के लिए।
324.	For favour of orders	आदेश के लिए/आदेशार्थ।
325.	For filing into the case	संबंधित मामले के साथ नत्थी करने के लिए।
326.	For financial concurrence	वित्तीय सहमति के लिए।
327.	For furnishing information	जानकारी/सूचना के लिए।
328.	For further action	आगे की कार्रवाई के लिए।
329.	For guidance	मार्ग-दर्शन के लिए।
330.	For immediate action	तत्काल कार्रवाई करें।
331.	For immediate attention	तुरन्त ध्यान दें।
332.	For information only	केवल सूचनार्थ/सूचना के लिए।
333.	For information and guidance	सूचना तथा मार्ग-दर्शन के लिए।
334.	For information and order	सूचना और आदेश के लिए।
335.	For Onwards transmission	आगे भेजन के लिए।
336.	Fororders	आदेश के लिए।
337.	For perusal	अवलोकन के लिए/ अवलोकनार्थ।
338.	For perusal and return	पढ़कर/देखकर लौटाने के लिए।
339.	For perusal and return to the branch	पढ़कर देखकर शाखा (ब्रांच) को लौटाने के लिए।
340.	For precedent, please see...	नजीर (पूर्व उदाहरण) के लिए कृपया...देखिए।
341.	For ready reference	तत्काल हवाले के लिए।
342.	For reasons now explained	अब बताए गए कारणों से।
343.	For remarks and return	कैफियत के साथ लौटाए जाने के लिए।

344.	For sanction	संस्वीकृति (मंजूरी) के लिए।
345.	For service and return	तालीम करने और लौटाने के लिए।
346.	For signature, please	कृपया हस्ताक्षर करें।
347.	For suitable action	उपयुक्त कार्रवाई के लिए।
348.	For sympathetic consideration	सहानुभूतिपूर्वक विचार के लिए।
349.	For the issue of another process	दूसरी आदेशिका भेजने के लिए।
350.	For Verification	सत्यापन के लिए।
351.	Formal approval is necessary	औपचारिक/नियमित अनुमोदन आवश्यक है।
352.	Forwarded and recommended	सिफारिश के साथ अग्रेषित/अग्रसारित और संस्तुत।
353.	Forwarded for consideration	विचारार्थ भेजा जाता है।
354.	Forwarded for immediate compliance	तत्काल पालन के लिए अग्रेषित।
355.	Forwarded for information	सूचनार्थ भेजा गया।
356.	Forwarded in due course	सम्यक् अनुक्रम में भेजा गया।
357.	Further action may be awaited	अगली सूचना की प्रतीक्षा करें।
358.	Furnish your definite instructions	अपने स्पष्ट आदेश दें।
359.	Further Communication will follow	आगे पत्र भेजा जाएगा।
360.	Further orders will follows	आगे और आदेश भेजे जाएँगे।
361.	Further report may be awaited	अगली रिपोर्ट प्राप्त होने की प्रतीक्षा करें।
362.	Give necessary facilities	आवश्यक सुविधाएँ दी जाएँ।
363.	Give top priority to this case	इस मामले को परम अग्रता दी जाए।
364.	Government are pleased to accord sanction	शासन मंजूरी देता है।
365.	Government are pleased to accord sanction as a special case	इस विशेष परिस्थिति में शासकीय (राजकीय) मंजूरी दी

		जाती है।
366.	Government are pleased to approve of your proposal	शासन आपके प्रस्ताव का अनुमोदन करता है।
367.	Government consider that...	सरकार समझती है कि...
368.	Government desise that...	सरकार चाहती है कि...
369.	Grant has been sanctioned	अनुदान मंजूर कर दिया गया है।
370.	Handle file firmly	फाइल (मिसिल) का निबटान दृढ़तापूर्वक करना/करें।
371.	Has been referred to...	...को भेजा गया है।
372.	Has no comments to make	...को कोई टीका (टिप्पणी) नहीं करनी है।
373.	Has sent a rejoinder	प्रत्युत्तर भेजा है।
374.	Having regard to the merits of the case	मामले के गुण (दोषों) को देखते हुए।
375.	Heard and finally decided	सुना और अंतिम रूप से निर्णय किया।
376.	Heard in person	व्यक्तिशः सुनवाई की।
377.	Held in abeyance	रोक रखा गया।
378.	Herely acknowledged	इसके द्वारा प्राप्ति-स्वीकार की जाती है।
379.	Herewith enclosed	इसी के साथ संलग्न।
380.	Hold lien on post	लियन होना/पद पर पुनर्ग्रहणाधिकार होना।
381.	How the matter stands ?	मामला किस स्थिति में है ?
382.	I agree	मैं सहमत हूँ।
383.	I agree with 'A' above	मैं ऊपर 'क' से सहमत हूँ।
384.	I am desired to say	मुझे निवेदन करने के लिए कहा गया है।

385. I am directed to say (State)	निदेशानुसार निवेदन है कि...
386. I am directed to acknowledge the receipt of your letter	मुझे निदेश हुआ है कि मैं आपके पत्र की पावती भेजूँ।
387. I am not concerned	मेरा इससे संबंध नहीं है।
388. I am to enquire	मैं यह जानकारी चाहता हूँ।
389. I authorize you	मैं आपको प्राधिकृत करता हूँ।
390. I beg to submit	निवेदन है कि
391. I disagree	मैं असहमत हूँ।
392. If satisfied after due enquiry	यदि यथोचित जाँच से समाधान हो जाए।
393. I fully agree with the office notes	मैं कार्यालय की टिप्पणी से पूरी तरह सहमत हूँ।
394. I fully endorse the remark	मैं अभ्यक्ति का पूर्णतः समर्थन करता हूँ।
395. If you will kindly look into this	यदि आप इसे कृपया देख लें।
396. I have been directed to ask you	मुझे निदेश हुआ है कि मैं आपसे पूछूँ।
397. I have be directed to inform you	मुझे निदेश हुआ है कि मैं आपको सूचित करूँ।
398. I have been directed to request you	मुझे निदेश हुआ है कि मैं आपसे निवेदन (प्रार्थना) करूँ।
399. I have no instructions	मुझे ऐसी कोई हिदायत नहीं मिली है।
400. I have no instruction in the matter	मुझे इस मामले में कोई हिदायत नहीं मिली है।
401. I have no knowledge	मुझे कोई जानकारी नहीं है।
402. I have no prejudice	मुझे कोई पूर्वाग्रह नहीं है।
403. I have satisfied myself	मैंने अपना समाधान कर लिया है।
404. I have the honour to say	सादर नियेदन है।

405.	I have the honour to refer to	मुझे ... का हवाला देने का सम्मान मिला है।
406.	Improve the standard	स्तर में सुधार कीजिए।
407.	In accordance with the instruction of...	...के निदेशानुसार के अनुदेशों के अनुसार।
408.	In accordance with the prescribed chanals	विहित प्रणाली के अनुसार।
409.	In acknowledging receipt of...	...की पावती भेजते हुए।
410.	In anticipation of your approval	आपके अनुमोदन की प्रत्याशा में।
411.	In Compliance with your request	आपकी प्रार्थना स्वीकार करते हुए।
412.	Increment stopped	वेतन-वृद्धि रोकी गई।
413.	Inform accordingly	तदनुसार सूचित करें।
414.	Inform all Concerned	सर्वसंबंधित को सूचित करें।
415.	Informally, ascertained	अनौपचारिक रूप से पता कर लिया है।
416.	Information is not Complete	सूचना पूरी नहीं है। जानकारी अधूरी है।
417.	Inform the Candidate	उम्मीदवार को सूचित किया जाए।
418.	Implementing the decision	निर्णय को कार्यान्वित करने में।
419.	In order to ensure that...	यह सुनिश्चित करने के लिए कि...
420.	In order to avoid delay	जिससे देर न हो/विलंब से बचने के लिए।
421.	In order to safeguard against	...से बचाव के लिए।
422.	Inquiry into the case has been completed	मामले की जाँच कर ली गई है।

423.	In reply to your letter no...dated...	आपके पत्र संख्या...दिनांक... के उत्तर में।
424.	In spirit as well as in letter	तत्त्वतः और अक्षरशः
425.	Instructions are solicited	कृपया अनुदेश दें/हिदायत दी जाए।
426.	Instructions awaited	अनुदेशों/हिदायतों की प्रतीक्षा है।
427.	Instruction have been issued	हिदायतें जारी कर दी गईं।
428.	Interim reply may be given	अंतरिम उत्तर भेज दिया जाए।
429.	In the above circumstance	उपर्युक्त परिस्थितियों में।
430.	In the circumstacne stated	उल्लिखित परिस्थितियों में।
431.	In the light of previous precedents	पूर्व-उदाहरणों के अनुसार।
432.	In the light of the facts mentioned above	उपर्युक्त तथ्यों के आधार पर।
433.	In the manner provided	उपबंधित रीति से।
434.	In this view of the matter	मामले को इस दृष्टि से देखते हुए।
435.	In view of the changed policy	परिवर्तित नीति को देखते हुए।
436.	Inviting your attention to...	...की ओर आपका ध्यान आकर्षित करते हुए।
437.	In writing under his hand, order	स्वहस्ताक्षरित लिखित आदेश द्वारा।
438.	I proceed ex-parte	मैं एक पक्षीय कार्रवाई करता हूँ।
439.	I regret to inform	मैं खेद के साथ सूचित करता हूँ।
440.	I reiterate my former Comments	मैं अपनी पूर्व टीका-टिप्पणियों को दोहराता हूँ।
441.	Is a very vital point in the case	यह मामले का अत्यन्त महत्त्वपूर्ण पहलू है।

442.	I see no reason to interfere	मुझे हस्तक्षेप करने का कोई कारण दिखाई नहीं देता।
443.	I shall be highly obliged	मैं अत्यंत आभारी रहूँगा।
444.	I shall be obliged	मैं अनुगृहीत होऊँगा।
445.	...is hereby informed...	इसके द्वारा सूचित किया जाता है/को सूचित किया जाता है।
446.	Is in the process of finalisation	अंतिम रूप दिया जा रहा है।
447.	Is not likely to materialise	कार्यान्वित होने की सम्भावना नहीं है।
448.	Is not reasonably practiable	युक्ति-युक्त रूप से व्यवहार्य नहीं है।
449.	I solicit your orders	मैं आपसे आदेश चाहता हूँ/मैं आपसे आदेश देने का निवेदन करता हूँ।
450.	Is punishable under rule	नियम...के अधीन दण्डनीय है।
451.	Is requested to peruse the not	...से अनुरोध है कि टिप्पणी का अवलोकन करें।
452.	Is reverted to his substantive post	उन्हें अपने मूल पद पर लौटाया जाता है।
453.	Issue an order	आदेश जारी (करना) करें।
454.	Issue a precept	आज्ञा-पत्र (निकालना) निकालें।
455.	Issue as amended	यथासंशोधित जारी करें/संशोधित रूप में भेज दीजिए।
456.	Issue as modified	यथासंशोधित भेजिए।
457.	Issue as redrafted	फिर तैयार किया हुआ पत्र भेजिए।
458.	Issue by registered post	रजिस्ट्री डाक द्वारा भेजिए/भेजें।
459.	Issue immediate reminders	स्मरण-पत्र तत्काल भेजिए।
460.	Issue of this is authorised	इसको जारी करने की

		इजाजत है।
461.	Issue reminder urgently	तुरन्त अनुस्मारक (स्मरण-पत्र) भेजें।
462.	Issue agreed upon	विवाद्यक जिन पर रजामंदी हो गई।
463.	Issues are settled	विवाद्यक स्थिर किए गए।
464.	Issues have been framed	विवाद्यक की रचना की गई है।
465.	Issue telegraphic instructions	तार से अनुदेश भेजिए।
466.	Issue to-day	आज ही जारी करें/आज ही भेज दिया जाए।
467.	Issue warning	चेतावनी दें/भेजें।
468.	I suggest	मेरा सुझाव है।
469.	It has been noticed that...	यह देखा गया है कि...
470.	It is a side issue	यह गौण प्रश्न है।
471.	It is for consideration whether...	अतः यह विचारणीय है कि क्या...
472.	It is not feasible	यह व्यवहार्य नहीं है।
473.	It is notified for general information	आम सूचना के लिए इसे अधिसूचित किया गया।
474.	It is obligatory	यह अनिवार्य है।
475.	It is respectfully submitted	सादर निवेदन है...
476.	It may further be added	यह भी बताया जाता है/यह और कहा जा सकता है।
477.	It requires prior approval	इसके लिए पूर्व अनुमोदन आवश्यक है।
478.	Its issue is authorised	इसे जारी किया जा सकता है।
479.	It was manipulated	जोड़-तोड़ भिड़ा लिया गया था।
480.	It will be construed	इससे यह समझा जाएगा।

481.	It will be inexpedient	यह समीचीन नहीं होगा।
482.	It would be incumbent upon...	...के लिए यह आवश्यक होगा।
483.	I wish you inform you that...	मैं आपको बताना चाहता हूँ कि...
484.	(His) Joining date may kindly be informed	(उनके) पद-ग्रहण की तारीख की सूचना दी जाए।
485.	Judgement, the best of my	अपनी सर्वोत्तम विवेक बुद्धि से।
486.	Justification for the proposal may be proved	प्रस्ताव का औचित्य सिद्ध किया जाए।
487.	Justification is necessary	औचित्य आवश्यक है।
488.	Keep in abeyance	स्थगित (मुल्तवी) रखा जाए।
489.	Keep pending	विचाराधीन रखा जाए/लंबित रखा जाए।
490.	Keep with the file	इसे मिसिल (फाइल) के साथ रखिए।
491.	Kindly accord concurrence	कृपया सहमति प्रदान करें।
492.	Kindly acknowledge receipt	कृपया पावती भेजिए।
493.	Kindly check	कृपया जाँच कर लें।
494.	Kindly confirm	कृपया पुष्टि करें।
495.	Kindly expedite reply	कृपया शीघ्र उत्तर दें।
496.	Kindly instruct further	कृपया आगे अनुदेश दें।
497.	Kindly look into it	कृपया इसे देख लें।
498.	Kindly permit	कृपया अनुमति दीजिए।
499.	Kindly refer to my D.O. letter...	कृपया मेरा अर्धसरकारी पत्र देखें।
500.	Kindly refer to your D.O. letter no.	कृपया अपना अर्धसरकारी पत्र संख्या देखें।
501.	Kindly review the case	कृपया मामले पर पुनर्विचार

	करें।
502. Laid down inpara...	पैरा...में दिए गए/बताए गए।
503. Laid down procedure may be rollowed	निर्धारित कार्य-विधि अपनाई जाए।
504. Liable to disciplinary action., he is	वह अनुशासनिक कार्रवाई का भागी है।
505. Linked file is kept below	सम्बद्ध मिसिल नीचे रखी है।
506. Link the file	फाइल जोड़ें/सुंयक्त करें।
507. Look into the matter	मामले पर ध्यान दें।
508. Lucid and precise, the notice	नोट (टिप्पणी) स्पष्ट और ठीक है।
509. (Please) Make a note of this matter	(कृपया) इस मामले को नोट करें/क.
510. Marginally noted	हाशिये में नोट किया।
511. Marginal note must be seen	हाशिये की टिप्पणी अवश्य देखी जाए।
512. Material for reply is being collected	उत्तर के लिए सामग्री इकट्ठी की जा रही है।
513. Matter has been examined	मामले की जाँच की गई है।
514. Matter is dropped	मामले को समाप्त कर दिया गया।
515. Matter is receiving attention	मामले पर ध्यान दिया जा रहा है।
516. Matter is still under consideration	मामला अभी विचाराधीन है।
517. Matter is under correspondence	मामले के संबंध में पत्र-व्यवहार चल रहा है।
518. Matter is under investigation	मामले की जाँच की जा रही है।
519. Matter is of extreme urgency	(यह) अत्यंत आवश्यक मामला है।